「肌色」の憂鬱

近代日本の人種体験

眞嶋亜有

中公叢書

「欧化」することが、すなわち西洋のそれぞれの国民的特殊風習を学び取ることが、普遍人間化することででもあるように感ぜられたのである。

和辻哲郎「日本精神」一九三四年

まえがき

人種という語はほとんど運命を表示する名称となった。しかし西洋の「人種」とは多くの大国民の創造者ではなく、その結果である。〔中略〕今日個々の国民のなかに人種として感ぜられ、体験されることを完成したのである。[*1]

オズヴァルト・シュペングラー『西洋の没落』一九一八年

身体という運命

この世に目に見える運命があるとするなら、それは顔と体ではなかろうか。人は誰しも、生まれてから死ぬまで、与えられたひとつの顔と体にのみ生きる宿命にある。しかし、顔と体は、誰も自ら選り好んで得たものではない。ゆえに惑わされるときがある。なぜ自分は、この顔、この体を持って生まれてきたのだろうか、と。

身体は目に見える自己である。特に顔は瞬時にして誰もがその個人を特定できる。そのため、自他ともに圧倒的な影響力を持ち続けてきた。また、顔はいかなるときも露出されていながら、自分で自分の顔を見ることは生涯できないでいる。

この世に生を享けて以来、人はあらゆる差別化とともに自己を形成してきた。その多くは、学校など集団生活でのさまざまな体験から、受験、収入、地位、名誉といった社会的価値基準。他者との差別化は、自己実現と社会的承認を図るうえでひとつの尺度となり、自己確認の手段となる。いうなれば、人は「差別」されることを自ら求め、努力してきた。しかし、身体はそうはいかない。顔や身体は自らの努力で獲得できる領域ではなく、それでいて人が生涯逃れられない可視的運命である。なかでも、人の力では永遠に変えられない側面がある。

その最たるものが「肌の色」、つまり人種的差異ではなかっただろうか。

肌の色は、身体部位のなかでも特異性を持ってきた。人間の身体を覆う皮膚は、顔と同様、常に露出され隠されることなく、かつ人が決定的に変えることはできない。医学が発展をしたとされる現代でもなお、全身の皮膚移植や改造は不可能でいる。

近年、ヒトゲノム研究によって、遺伝子における人種的要素がわずか「〇・〇一%」に過ぎないと検証された。[*2] だが、肌の色に基づく人種的差異は、特に二〇世紀以降、人々の自己認識や他者認識、そして世界観にも圧倒的影響力を持ち続けてきた。

第二次世界大戦は「人種戦争」とも呼ばれる一面を持ち、「〇・〇一%」の人種的差異は、数千万人の死者を出すほど、人々の憎悪や嫌悪の要因になった。[*3] アメリカにおける黒人初の大統領としてバラク・オバマが大きな注目を得たように、人種的差異への関心は二一世紀に入ってもなお消えてはいない。

一体、人々の感情をそこまで揺れ動かす「人種」という「運命」(シュペングラー)とは、何を意味していたのであろうか。そして日本人は、「肌の色」という自らの可視的運命を、どのように体験したのであろうか。

西洋という最も重要な他者

近代日本にとって、「肌の色」という可視的運命をめぐる自己規定は容易ではなかった。なぜならば、近代日本にとって、最も重要な他者とは西洋だったからである。

明治以降、日本は、日本が日本として存続するために、「西洋化」、つまり最も重要な他者への模倣を国家存続の手段として選択した。それは国家レベルのさまざまな制度だけではない。衣食住から心性、そして価値観といったミクロレベルにまで及ぶ。

しかし、日本が日本であるための「西洋化」の現実には、乗り越えられない矛盾が二つあった。それは、「西洋化」によっては具現化できない非西洋としての日本の自己規定、そして西洋と日本を最も明確に分かつ「人種」という宿命的差異である。

近代日本が国家として人種的差異に直面し始めたのは、日露戦争（一九〇四―〇五）後といえよう。日露戦争の勝利は、日本に「一等国」としての国家的自尊心を与えたと同時に、西洋に人種的嫌悪と排除の感情を芽生えさせる契機となった。

明治以降、近代日本は「西洋化」を追求し続けてきたが、西洋と同様に「文明」を獲得したかに見えた日露戦争後、唯一の非西洋として列強に参入していった日本を待ち受けていたのは、昂揚する黄禍論、パリ講和会議における人種平等案挿入の「失敗」、米国の排日移民法制定など、西洋からの人種的排除という「身体」の限界であった。

開国以来、驚異的速さで西洋を規範にした近代国民国家の形成を果たし、非西洋の一国として、西洋列強の支配する国際政治の舞台に台頭した近代日本にとって、「人種」という「運命」は、避けることも離すことも、そして消すこともできぬ影のように、自己認識につきまとう。

非西洋の「文明国」として西洋から承認を受けること、すなわち条約改正こそが国家的指針であった近代日本にとって、西洋と日本を分かつ「人種」とは、きわめて厄介な問題であり、直視しがたい憂鬱な「運命」であった。

西洋と日本を分かつ差異には、文明や宗教、文化、風土など、実にさまざまな差異があったが、人種的差異とは、最も可視化された宿命的差異であった。

そして人種的差異とは、西洋とのさまざまな差異の投影として、また、それに対する人々の感情的意識的反応の投影として、人々に認識されていった経緯がある。

一体、近代日本は、「肌の色」という可視的運命を、果たしてどのように体験したのであろうか。そして、近代日本の人種体験が意味したものとはなんであったのだろうか。

本書は、西洋と日本を分かつ「差異」をめぐる心性の系譜を、近代日本エリート層の人種体験、つまり「身体」という可視的媒体を通じて考察する。

*1　オズヴァルト・シュペングラー著／村松正俊訳『西洋の没落　改訂版』第二巻、五月書房、一九七七年、一四九頁

*2　竹沢泰子編『人種の表象と社会的リアリティ』岩波書店、二〇〇九年、二二三頁。二〇〇〇年六月米国国立ヒ

トゲノム研究所とバイオベンチャー・セレラ社のヒトゲノム解読終了宣言の共同記者会見時に、米国国立ヒトゲノム研究所所長フランシス・コリンズが述べた。なお、二〇〇七年 セレラ社のクレイグ・ベンター博士は、九九～九九・五％程度の一致度で、個人差は〇・五～一・〇％程度あると推定されると発表した（http://usatoday30.usatoday.com/news/health/2007-09-03-dna-differences_N.htm 二〇一二年一二月二一日閲覧）

＊3 ジョン・ダワー著／斎藤元一訳『容赦なき戦争――太平洋戦争における人種差別』平凡社、二〇〇一年、三二一―五一頁

「肌色」の憂鬱——目次

装幀　細野綾子

「肌色」の憂鬱

近代日本の人種体験

凡例

・引用文は、本文より二字下げるか、「　」で括った。

・引用文中の旧漢字は基本的に新漢字に改めたが、人物名についてはそのままとした。仮名遣いは原文通りにした。また、片仮名は原則的に平仮名に改めたが、作品内であえて片仮名表記されたものについてはそのままにしている。振り仮名はそのままにした。

・引用文中の数字は、算用数字を漢数字に、また、十→一〇、百→一〇〇と改めた。ただし、「何百」「数千」など概数表記はそのままにした。

・年代表記は原則的に西暦を基本としたが、和暦を付したところもある。ただし、太陰暦から太陽暦に切り替わる明治四年から五年にかけては、逐次西暦と和暦を併記した。

・註記の資料名については、原則として初出時に出版社、刊行年などを記した。ただし、頻出する資料名については略記し挿入したところもある。

・引用文中のキーワードを複数回用いる場合や、複数の人物の言及引用が重なる場合は、誰が用いた言葉であるかを明確にするために「　」の後に（　）で人物名を記した場合がある。

・引用文中には、現在では不適切な表現があるが、歴史用語としてそのまま引用した。ご理解頂きたい。

・〔　〕は筆者による補足である。

序章

近代日本の自己矛盾

西洋の権威化

「西洋化」の選択

かつて、西洋は、天皇の向こうにあった。

一八八五年（明治一八）、三二歳の高橋是清（一八五四―一九三六）は、特許庁開設に向けて欧米視察（米英仏独）する直前、天皇拝謁をしている。

是清は、幕府御用絵師・川村庄右衛門が四七歳のとき、女中・きん（一六歳）に身ごもらせた子であり、のちに仙台藩の足軽・高橋家の養子となった。

一八六七年、是清は一四歳のときに、藩からの用命という名目で渡米するが、その後、維新の戦争状況を知るために帰国した際、米国事情を知りたいという仙台藩主・伊達慶邦から増上寺に呼ばれている。

そのとき、是清は周囲の人々から口々に言われたことがあった。

「外国へ行ったおかげで、足軽の身分で御目見得が出来た。有難き思召しがあったことを忘れるな」、と。[*1]

それから十数年後、是清は二度目の洋行時、天皇に拝謁する。省庁派遣とはいえ洋行は、「足軽の身分」だった者にさえ、天皇拝謁をさせるほどの意味と影響力を持っていた。

いわば、近代日本にとって西洋は、天皇の向こうにあった世界だった。

莫大な国家予算を投入し一八七一年に欧米に向かった岩倉使節団も、その後のおびただしい数にわたる留学・海外視察も、すべてが、「皇基を振起」するために「智識を世界に求め」（五ヵ条の御誓文第五条）、「外国《とつくに》におとらぬ国となす」（明治天皇御製）発想に基づいている。

当時の洋行者が、出自がいかなるものであれ、天皇拝謁にあずかることができたのも、西洋の技術・文明の摂取こそ、日本の国家的存続手段の主軸とみなされたからだった。

つまり日本は、日本が日本であるために「西洋化」を選択する時代を迎えていた。

蒸気船で太平洋を横断し、サンフランシスコから汽車でロッキー山脈を越え、米国東海岸の「新文明」に接しようとしていた岩倉使節団が、その向こうに目指した到達点とは、「世界的の大改革」を仕遂げようとする日本であり、使節一行が洋装・断髪し洋行したことに象徴される「西洋化」という道のりは、「日本が日本」であるために、日本が選択した唯一の道であった。西洋が天皇の向こうにあったのは、「西洋化」こそ、日本が日本であるための、ほぼ唯一の手段であったからである。*2

日本の悲哀

しかし、日本にとって西洋化とは、大いなる自己矛盾であった。

欧化主義の象徴であった鹿鳴館も、政府高官らによる衣食住の洋式化も、「西洋化」によって日本を西洋に「証明」することを意味した。*3

日本が日本であることを、「西洋化」によって自己証明する。この明らかな自己矛盾を、単なる一時代の欧化主義に過ぎないと言い切れないだろう。

「西洋化」とは単なる西洋文明の導入ではなく、西洋を規範に「日本を改造しようとする直接的な試み以上の意味」を持ち、さまざまな「文化的連鎖反応」を生み出す思想的概念をめぐる過程でもある。[*4] 換言すれば西洋化とは、西洋の「歴史的精神的地盤」から「内面的に生ずる」結果的産物である西洋文明を、日本という固有性を持った土壌に適用させようとする試みである。そうである限り、西洋の歴史的思想的精神的文化的土壌から形成された西洋文明が、西洋と異質の土壌を持つ日本で、同様に生み出されるはずがない。[*5]

さらに、異質の文明が導入され、その社会に安定的に定着し機能するためには、異質の文明は、その土壌の持つ文化によって「支持」されなければならない。

その点で西洋化とは、文化・文明の「摩擦と融合」が複雑に交錯する歴史的変動の過程であり、日本の西洋化は純然たる西洋化になりえない。それはいわば、日本社会の「体質」に取り込むための「日本化」の過程であり、日本は、「こころのどこかに日本化という解毒剤を用意」することで「はじめて「文明」の摂取に没頭できた」のである。[*6]

志賀重昂が、『日本人』創刊号において、「泰西の開化を輸入し来るも、日本国粋なる胃官を以て之を咀嚼し之を消化し、日本なる身体に同化せしめんとする」と論じ、大隈重信が、「開国五十年の歴史」を「泰西文明の消化史」としたのも、ここにある。[*7]

しかし、近代日本における「西洋化」には、どうしても避けることのできぬ悲哀があった。なぜなら、日本は国家的存続手段として西洋化を選択したが、日本が日本であるための西洋化には、日本を否定せねばならない、自己肯定のための自己否定の過程をも意味していたからである。つまり、日本の「欧州文化を受け容れる仕方そのもの」が、すでに「日本的特性を否定するという日本的特性」を示していたからである。[*8]

日本が日本であるために、自身の個性ないしは本質を自ら否定し、抹消しようとする。この明らかな自己矛盾さえも、日本は「咀嚼」し「消化」できたのであろうか。自己否定を内包した自己肯定ほど、葛藤を強いるものはない。なぜなら、自己にのみ生きる宿命にありながら、自己否定を内に秘め、どこまで自己を生きえようか。

ましてや、日本が日本である限り、たとえ自ら「西洋化」したとしても、それは真の姿には到達しえない。それはあくまで「西洋」という仮面（ペルソナ）をまとった姿に過ぎないからである。そして、西洋の模倣を自己規定の手段とする限り、常にこころのどこかで、西洋という「一流」に対する「二流」意識がぬぐい切れない。

自己認識とは、他者の存在を必要とするが、だからといって、他者認識が必ずしも常に自己否定と結びつくとは限らない。しかし、西洋を最も重要な他者とした近代日本の自己認識には、自己否定の要素がきわめて強かった。それはひとえに、日本の「西洋化」とは、非西洋の「西洋化」という明らかな自己矛盾からすべてが始まっている。

明治以降続く、西洋への愛憎の念といえる「自己分裂的」ないしは「アンヴィヴァレント」な意識や、常に表裏一体にある「外国崇拝と自国蔑視」もそのあらわれである。*9 さらに「日本文化の全体」さえ、「明治以後の西洋文化の吸収によって一応否定せられ、否定せられることによってその独自性を自覚して来た」面を持っていた。*10

日本の西洋化とは、こういった自己肯定のための自己否定という表裏一体の自己矛盾なくしてなしえない変容であり、日本の否定を意味した西洋化によって、日本というものの本質的追求が促された矛盾こそ、近代日本の思想的原型をなすものであった。

明治維新以来、さまざまなかたちであらわれた欧化主義・国粋主義、拝米・排米（亀井俊介）、拝外・排外（牛村圭）、国際主義・日本主義（園田英弘）といった一連の反応も、自己否定を内包するがゆえの矛盾と葛藤が表層化されたものであり、近代日本の精神構造とは、この自己矛盾が生み出す不安定さが根幹にある。

猿真似と嘲笑された鹿鳴館も「欧化とナショナリズムの両極」が不可分にあり、この自己矛盾こそ近代日本の精神であった。そして鹿鳴館の「華やかさのうしろにあった悲哀」は、鹿鳴館時代が「終幕」してもなお、途絶えることはなかった。[*11]

臨床心理学や精神医学、そして哲学など、西洋の学問的手法と思考をそのまま日本人のこころの分析に適用することは無謀であったにもかかわらず、そこに疑いすら抱きはしなかった。[*12] 西田幾多郎・田辺元・和辻哲郎らによる、西洋哲学に対する日本哲学の誕生は、その反応のひとつであるが、あたかも西洋が模範であるかのごとく、「西洋化」を、「普遍人間化」のように捉える傾向は、明治で終焉を迎えたとは決していえまい。

近代における「西洋化」も、戦後における「国際化」も、そして現代における「グローバル化」も、つきつめれば本質的にはみな同じ、「世界」という名の西洋に対する積極的受動性から逃れられてはいないからである。[*13]

こういった自己矛盾をめぐる一連の心性の系譜が、近現代日本の人々と社会・文化、そして精神に及ぼした影響は、計り知れない。その痕跡は、英語教育への強迫観念的姿勢、留学に対する根拠なき過大評価、「日本人離れした」顔立ちや体格にこめられた西洋的身体への憧憬と日本的身体への否定、さらには、いわゆる親日家と呼ばれる西洋人に対する無防備なまでの親近感などからもみてとれる。そして、そのすべての根本に潜むものは、西洋への漠然とした、しかし根強く根深い人種的劣等感ではなかろうか。

というのも、近代日本の「西洋化」において、ただひとつ決定的に不可能であったのが人種的側面であった。要するに人種的差異は、非西洋である日本の「西洋化」の限界を象徴し、また近代日本の自己矛盾を可視的に露呈したものでもあった。

人種的差異は、どれだけ「西洋化」しても変えようもないことである限り、西洋と日本を分かつこの宿命的差異をどのように乗り越え、解釈するのかが、西洋を最も重要な他者とした近代日本の自己認識とその心性において大きな課題であり続けていた。

つまり人種意識とは、近代日本の「西洋化」と不可分にあった自己認識であり、「西洋化」にともなう自己否定は、近代日本の人種的劣等感に反映されているといえる。

では、日本人の人種意識とは明治以降、いかに形成されたのであろうか。そして、戦後、または現代にいたるまで漠然とした、しかしながら根深い人種的劣等感は日本人の自己認識において、何を意味していたのであろうか。

エリート

本書はこの問いを、近代日本エリート層の人種体験から論じる試みである。

なぜなら、近代日本において西洋が権威化されていく過程で台頭した新たな社会集団であるエリート層は、国家的自尊心をもって「西洋化」に直面し、またせざるをえなかった人々であった。

つまり、日本のなかで最も西洋の近くに位置し、ゆえに人種的差異に最も敏感に反応し、人種的自己認識を形成した人々であったからだ。

なにより、エリート層の台頭はひとえに近代日本の社会構造における「西洋化」の特徴にあった。まず日本は、近代西洋を規範にした社会構造を導入しようと試みたが、近代日本には、上流階級といえる社会集団が欠如しており、その代わりに文化的威信を担ったのが西洋であり、それを体現しようとしたのがエリートであったからである。

近代西洋では、資本主義社会の成立により台頭した新興ブルジョワジーは上流階級の文化を模倣することで社会的上昇と卓越化を試みた歴史があった。

しかし、日本には近代西洋の上流階級に値する社会集団はなかった。なぜなら、「階級」とは、経済・政治・文化的地位の一貫性に基づいた「水平的社会的連帯」を前提とする。他方、江戸時代の身分は「職分論的」な、「家職・家業意識」に基づくものであり、そのいずれにも、経済・政治・文化的地位の一貫性に基づいた「水平的社会的連帯」は存在しなかったからである。[*14]

にもかかわらず、岩倉使節団の正使として世界巡遊し、日本が倣うべき欧米社会には「階級」というものがあると知った岩倉具視は、公家出身として当然ながら、「栄誉ノ淵源」(『岩倉公実記』下)である「天皇を中心とする上流階級の「形成」」に力を注いだ。[*15]

一八六九年(明治二)に、華族という名称が成立し、八四年には、公家・旧大名・維新の功労者などをメンバーとした華族制度が成立したことは、公家出身の岩倉にとっても、「上流階級」を形成するうえでの大きな一歩であったが、華族は決して「上流階級」といえる実態ではなかった。彼らは「確実な財産の裏打ちなしで、家柄を優先原理」としたがために、その多くは働かざるをえない俸給生活者であり、経済面では「事実上の中産階級」にあった。[*16] 公家が持っていたのは文化的威信のみ、大名は、「支配の実行者としての無能力性においては同様」であり、社会経済的実力を持ち合わせていなかった。[*17]

事実、英国の宮中席次では貴族が中心であったものの、日本の華族は「官僚制的序列の補完物としての地位しか」与えられておらず、文化的側面でも、公家・大名・功労のあった士族などの「複合体」だったために、共有しえる文化的基盤に欠けていた。たとえ婚姻などによって「公家と大名の文化的融合」がはかられても、その文化の溝は埋めがたく、それは勲功華族にとっても同様だった。

確固たる社会経済的土台がなく、生活様式に基づくエートスさえも共通しない華族が、「上流階級」となりえるはずがなく、一方の豪商や豪農も、「社会的威信が低く、政治的にも未成熟」であり、「経済的実力が政治的力に転化するには至らなかった」。[*18]

したがって近代日本は、人々が社会的上昇のために模倣し模範とすべき対象となるはずの上流階級の実態とその文化双方の形成に「失敗」した。

その代わりに確固たる文化的威信となったのが西洋であり、上流階級に代わって台頭した社会集団こそ、本書で扱う「エリートという存在」だったのである。[*19]

ゆえに、本書で捉えるエリートとは、さまざまな身分、出身、階層的背景を持つ人間であったが、国家行政・軍事・実業の諸分野に拡大し、ともに、「国家への忠誠心」ともいえる国家的自尊心を持って、それぞれの立場から身をもって、「西洋化」に直面していった人々である。[*20]そして、この近代日本のエリートが、エリートとなりえた唯一の共有基盤となったのが西洋の学問体系を礎にした学歴となったのである。

皇族・華族の多くが通った学習院が、大正期頃までその高等科を卒業さえすれば、無試験で東京帝国大学（その後は京都帝国大学）に入学できたように、近代日本の社会的上層の実態も、地位や収入と文化の非一貫性によって形成されていた。

だからこそ、エリートと華族双方の文化的威信を担ったのが西洋であった。西洋の学問を学び西洋風の生活様式並びにエートスを習得することこそ、近代日本の社会的上層としてのあるべき姿となったのである。

いわば、近代日本のエリート層は、日本のなかでも、最も強く国家的自尊心を持ち、自らが西洋の権威として「西洋化」に向き合わざるをえなかった。だからこそ、その延長線上にあった人種的差異は、近代日本エリート層の自己認識に決定的影響を及ぼすものとなったのである。

近き、そして遠き他者

人種的同質性

本書は、明治以降、いわゆるエリート層がいかなる人種体験を持ち人種的自己認識を形成していったのか、その歴史的過程を考察するが、近代日本の人種的自己認識は、中国をはじめとする東洋との人種的同質性と米国をはじめとする西洋との人種的異質性のはざまを揺れ動きつつ形成されていった。

もともと日本の自己認識は、古代から中国という他者を抜きには形成しえず、日本知識層には、中華文明を生み出した中国の辺境に位置した小国意識から生じる対抗意識が常にあった。日本の開国も、アヘン戦争（一八四〇―四二年）による中国の衰退と西洋帝国主義の東アジア進出を目の当たりにしたからである。

アヘン戦争で浮き彫りになった中国の衰退は、日本における指導者層の中国離れを生んだが、中国離れ、すなわち東アジアの否定ともいえる脱亜意識は、日本の「西洋化」並びに「近代化」を強く後押しする動機づけとなる。

その後、西洋を規範にした近代国民国家の形成を日本が急速に実現できたのは、当時の日本における教育水準の高さと商業資本の蓄積だけではなく、西洋帝国主義による中国の衰退を目の当たりにしたことによる恐れと不安、そして長年にわたり培われてきた強烈な対抗意識が働いた面がある。とはいえ、一九世紀中葉の中国と日本とでは、取り巻く国際情勢や時代的機運に、かなりの違いがあった。

一九世紀後期は、当時世界の約四分の一を支配していた大英帝国を中心に、西洋帝国主義的拡大の全盛期であった。当時の大英帝国にとって日本は、広大な国土と資源を持つ中国に比べ、植民地としての魅力に欠けていた。そのうえ、英国が日本に関心を示すようになったのはアヘン戦争から一〇年後の一八五〇年代で、その頃の大英帝国の海外戦略は軍事的制圧よりも通商貿易に転換し始めていた。

日本は英国植民地支配の対象から免れただけではなく、不平等条約を締結させられたとはいえ、アヘン戦争後の敗戦条約であった中国の不平等条約に比べ、日本のそれはあくまで交渉条約であり、その過酷さは比べるまでもなかった。

開国を促したとされる新興国・米国のペリー艦隊も、捕鯨船の物資補給などの価値を日本に見出していたため、比較的友好的であった。

とはいえ、のちに日本は英米などとの不平等条約解消に五〇年以上の歳月を要することになる。その間、近代日本の一貫した国家的指針とは、日本が西洋から「文明国」として承認を受けること、さらに日本が西洋と「対等」に位置付けられ、待遇されることであった。

それは、西洋という最も重要な他者から承認を得るために、中国という長年の近き他者からの離脱を意味した。いいかえれば、日本が「西洋化」を選択して以来、日本にとって中国は、最も近き、そして最も遠き他者となっていくのである。

しかし同時に、日本にとって中国とは決して切り離せぬ他者であった。それは西洋を前にしたときの人種的同質性である。そのため近代日本のエリートは、中国との関係に煩悶することになる。脱亜を果たそうとする日本人エリート層は中国をはじめとする東洋の人種的同質性をいかに捉えていったのであろうか（第1章「差別化という模倣」）。

人種的異質性

他方で近代日本にとって、西洋との人種的異質性は、「根本的に不都合な点」（伊東巳代治）であった。なぜなら、人種的差異は、近代日本が決して乗り越えられぬ「西洋化」の限界であり、西洋と日本を分かつ宿命的差異であったからである（第2章「〈一等国〉の栄光とその不安」）。近代日本にとって「西洋化」が、日本が日本であるための唯一の道であったのは、西洋諸国の帝国主義的拡大が迫りつつあった一九世紀中葉、西洋を規範とした近代国民国家の形成こそ、日本の最大の国家的存続手段であったからである。

事実、極東の小国に過ぎなかった日本は、二〇〇年以上にもわたる「鎖国」から瞬く間に近代国家としての地位を獲得した。開国以来、半世紀にも及ばぬ間に、日清・日露戦争に勝利し、第一次世界大戦にもまがりなりにも参戦、その後、世界五大強国の一国として、さらには非西洋諸国としてはじめて国際政治の舞台に台頭していった日本の歴史的過程は、それまで欧米の支配下にあった世界史的観点からみても、著しいものがあったといえる。

しかし、「文明国」としての地位を獲得したかのようにみえた日露戦争後の日本を待ち受けていたのは、パリ講和会議における人種平等案の挿入「失敗」に米国の排日移民法制定など、西洋からの人種的排除であった（第3章「華麗なる〈有色人種〉という現実」）。

開国以来、一九一一年の条約改正にいたるまでの五三年間、西洋から「文明国」としての承認を受け、「対等」の地位を獲得することを根本的な国家指針に掲げた日本にとって、西洋列強の一国に勝利した日露戦争は、その確実な「達成」を意味したはずだった。にもかかわらず、自らの努力ではいかんともしがたい人種的差異により最も重要な他者である西洋から承認が得られない。日本は、「文明」と「人種」の交錯と拮抗のなかで自己のありかを模索し続けるが、その心性の系譜は決して安定したものではなかった。なぜなら、開国以来、日本にとって「西洋化」とは、単なる西洋文明の摂取による制度・組織・産業等の「西洋化」にとどまらず、日本が「文明国」として西洋から承認を得るための、国家的自尊心をめぐる切実な指標を担っていたからである。

しかし人種的差異が明らかにしたものは、日本人はどれだけ「文明」を獲得しても、アジアからは脱しえぬ「東洋人」との人種的同質性であり、どれだけ「文明」を獲得しても乗り越えられぬ、西洋との人種的異質性であった。

言うまでもなく、政治外交はあくまでマキャベリズムによって動くのであり、国際政治上でも、人種偏見にまつわる問題は、断片的に表面化するものの、それはあくまで政治外交における交渉や自己正当性などの口上に用いられることも少なくなかった。

事実、一九二〇年代以降、国際政治上の政治力学が複雑化していく過程で、日本は人種主義的には相反するドイツと同盟を組むなど矛盾もみられたが、マキャベリズムへと傾いていったその過程にさえ、人種と乖離しえぬ面があった（第4章「〈要するに力〉――日独伊三国同盟とその前後」）。さらに、一九四五年の敗戦による連合国軍の日本占領は、日本人の人種意識におけるひとつの決定的な人種体験となった（第5章「敗戦と愛憎の念」）。そして、日本にとって西洋とは、あらゆる異質性を持った完全なる他者であったが、そのなかでも最も顕著な差異である人種的差異や宗教的差異を、エリート層はいかに捉えようとし、「消化」しようとしたのであろうか（第6章「永遠の差異」）。

近代日本は、西洋というあらゆる異質性を持つ、かくも完全なる他者を、自己の最も重要な他者として承認を求めた心性の系譜を持つが、だからこそ、近代日本は、常に西洋と東洋のあいだを不安定に揺れ動き続けていった。

日露戦争後、日本人エリート層に芽生えた人種的疎外感や不安感とは、近代日本の不安そのものを投影していた。もはや東洋にも西洋にも居場所を見出せない日本の不安定な自己規定は、「孤独寂寥の感」（徳富蘇峰）となってその後の日本を包んでいく。では、近代日本エリート層はいかなる人種体験を経て、人種的自己認識を形成してきたのであろうか。また、近代日本エリート層は、この二つの他者のあいだで、いかなる自己を見出していったのであろうか。そして近代日本が見出した自己の居場所とは、果たしてどこにあったのであろうか（終章「近代日本の光と影」）。

本書は、近代日本の人種的自己認識の形成過程を考察すると同時に、そこに投影された日本をめぐる自己認識をも明らかにするものである。

＊1　以上、上塚司編『高橋是清自伝』上巻、中公文庫、一九七六年、一六、八三、二〇四頁
＊2　以上『久米博士九十年回顧録』早稲田大学出版部、一九三四年、上巻二五九頁、下巻二二五頁。なお、一八六七年（慶応三）に徳川昭武一行の渡仏に随行し、パリで髷を切った渋沢栄一の写真をみて、妻は「なさけなき姿」と言った（伊藤隆『日本の近代16　日本の内と外』中央公論新社、二〇〇一年、五八頁）
＊3　飛鳥井雅道『鹿鳴館』岩波書店、一九九二年、五頁
＊4　以上、園田英弘『西洋化の構造』思文閣出版、一九九三年、三、四頁
＊5　以上、カール・レーヴィット「ヨーロッパのニヒリズム（三）」『思想』一九四〇年一一月号、五二一頁
＊6　以上、園田英弘、前掲『西洋化の構造』四、一二頁
＊7　志賀重昂「〈日本人〉が懐抱する處の旨義を告白す」『日本人』創刊号、政教社、一八八八年、五頁。大隈重信『経世論』一九一二年、冨山房、一三頁
＊8　以上、和辻哲郎「日本精神」梅原猛編『近代日本思想大系二五　和辻哲郎集』筑摩書房、一九七四年、一八九、一九〇頁
＊9　カール・レーヴィット、前掲「ヨーロッパのニヒリズム（三）」五一八頁、和辻哲郎、前掲「日本精神」一八三頁
＊10　以上、和辻哲郎、前掲「日本精神」一九五頁
＊11　以上、磯田光一『鹿鳴館の系譜』講談社文芸文庫、一九九一年、二五、三九頁

＊12　以上、木村敏『人と人との間』弘文堂、一九七二年、一八三、一八四頁
＊13　さらに日本は、敗戦による全面的自己否定とそのトラウマ、そしてルサンチマンもかけあわされる。それらは、戦後日本の絶望感として、戦後知識層の中心的課題となる
＊14　園田英弘「近代日本の文化と中流階級」青木保ほか編『近代日本文化論5　都市文化』岩波書店、一九九九年、一〇五頁
＊15　園田英弘、前掲「近代日本の文化と中流階級」一〇九頁。多田好門編『岩倉公実記』下、皇后宮職、一九〇六年、一九八二頁
＊16　園田英弘、前掲「近代日本の文化と中流階級」一一〇、一一一頁
＊17　園田英弘、前掲『西洋化の構造』一九一頁
＊18　園田英弘、前掲『西洋化の構造』一九二頁
＊19　園田英弘、前掲「近代日本の文化と中流階級」一一二、一一三頁
＊20　園田英弘、前掲『西洋化の構造』一九三頁

第1章
差別化という模倣――日清戦争後

余は未だ曽て余の黄色人種なることを愧たることなし[*1]

内村鑑三『余は如何にして基督信徒となりし乎』一九三八年

内村鑑三とスコッチコリー

「日本人離れ」

キリスト教思想家で伝道者の内村鑑三（一八六一―一九三〇）は、容貌も体格も、そして性格や個性さえも、「日本人離れ」していた。

野上彌生子は、女学生時代にみた内村の容貌を、次のように述べている。

とにかく一度見たら忘れられない顔であり、後年かなり良種なスコッチコリを一匹飼つた時、すぐ思ひだしたのは内村さんの顔であつた。またカーライルにも似てゐると思つたし、ニーチェは、もし彼がもつと細面であつたら内村さんの従兄ぐらゐにはあたるだらう、と考へたこともある。[*2]

ロシア文学者の昇曙夢（直隆）も、野上彌生子と同様の印象を持つ。

講演中時々感情が昂じて熱を帯びて来るようなことがあったが、そんな時には一段と先生の持って生れた予言者的もしくは改革者的風格が自然に発露して、それが日本人離れのした西欧人タイプの風貌と共に強く印象づけられ、それだけでも大きな魅力であった。[*3]

志賀直哉は、師である内村から「いちばん古狸だネ」といわれるほど長く師事していたが、内村のことを次のように描写している。

先生の浅黒い、すべて造作の大きい、なんとなく恐ろしいようで親しみやすいその顔が好きだったのである。高い鼻柱から両方へ思い切ってぐッと彫り込んだような鋭い深い目をしている。それがニーチェにもカーライルにもどこか似ている。ベートーヴェンがヨーロッパ第一の好男子であるというような意味で、先生は日本第一のいい顔をした人だと私はひとり決めこんで居た。[*4]

かくも数々の弟子に言わしめることとなった内村は、神格化した存在でもあったが、少年期に軽井沢で内村に世話になっていた軽井沢の星野リゾートで知られる星野温泉の創業家の子孫である三代目・星野嘉助は、晩年の内村を、次のように語る。

先生はお弟子には、厳しかったようですが若年の私には、子供のようにやさしく接して下さいました。先生の身体は偉丈夫の如く、眉毛が長く、こわい方であったが、時々にっこり笑われるとき、金歯が光って、私には思ったよりも、近づき易かったのでした。

星野温泉の創業は一九〇四年（明治三七）で、星野温泉が一軒宿として開業したのは、その一一年後のようである。島崎藤村も利用し、軽井沢では藤村と内村との交流もあった。内村は一九

図1　内村鑑三、1912年

二一年の夏に、息子の祐之の一高野球部練習に、家族とともに訪れたのが始まりで、内村は星野温泉に約二ヵ月滞在し、「あの大きな身体を浴槽にとっぷりと沈めるのがお好きで」、浴場で土井晩翠らと世間話を楽しんでいた。[*5]

内村は、とにかく「日本人離れした」風貌だった。体格は、それに輪をかけるように、「とにかく体格のいい」「偉丈夫」であり、背丈は、長男の祐之に比べ、約一〇センチ高かった。祐之も、「とても肩幅が広い」スポーツマンだったが、鑑三は「それよりも肩幅が狭くて胸が厚く、足が長かった。若いころには「ロング」とか「長すね彦」とかいう仇名があったくらい」だった。「祐之は一六七、八センチぐらい」となれば、鑑三の背丈は約一七八センチほどであり、「とにかく父の形見のオーバーが長すぎたことは確かです」と、祐之の嫁・美代子は、義父・内村鑑三を回想する。[*6]

この頃の日本における成人男性の平均身長は約一六〇センチであったなかで、それより二〇センチも上回る内村の背丈は突出していた。[*7]

さらに、「激しいはつきりした性格」を持った内村は、「日本人中にも数の少ない個性の強い人だつた」（安倍能成[*8]）。また、「日本人で最も頭のいゝ一人」といえるほど、「頭の動きの鋭さでは無類のものがあり、その顔もニイチェを思はせるやうな鋭さがあり、それ以上のものがあつた」（武者小路実篤[*9]）。

内村を崇拝していた北一輝は、「内村鑑三の四字は過去数年間の吾人に於ては一種の電気力を有し」ていた。[*10]

その「電気力」は、礼拝でもいかんなく発揮され、植村正久の説教は「滋味」で「心の豊かにされる趣き」はあるものの「眠気さす思ひ」がした。一方の内村は「雄弁型で、論調鋭く」、警句や諷刺にあふれ、「聴衆の眠気を醒まさせる」血気に満ちていた。[*11]

英文学者の斎藤勇も、当時まだキリスト者ではなかったものの、「先生のはげしさ、強さ、そして確信にみちた態度に心打たれた」という。[*12]

かくも人々のこころに圧倒的影響力と存在感を持った内村は、まさに「明治の光」だった。一歳違いで内村鑑三と同時代を生きた徳富蘇峰は、内村の死後二〇年を経過した頃、内村を「非常な天才」と評し、「天は内村に十を与えたが、私たちには四か五しかくれなかった」、そして「内村さんのような人が明治に産出したことは明治の光」であり、「あの人は必ず後に伝わる人」と回顧する。[*13]

だが、天才と評される内村鑑三の生涯は、決して平穏なものではなく、むしろ苦悩と葛藤に満ちていた。

「日本人離れ」した風貌と烈しい性格、天才的資質と闘争的性質は、十分過ぎるほどのカリスマ性を持っていたが、それだけに、無用な敵や、要らぬ誤解を招くこともあった。

たとえば華族制度を国の「恥」とし、公卿華族は「貧乏なるに依て」、大名華族は「馬鹿なるに依て」、新華族は「俗智に富めるに依て有名」、「民の生血を吸ふて生き居る」華族は「智識」も「深情」もない「蚊族」であり、日本は「糞塊に等しき者に貴族の名称を」与えているにすぎないなど、遠慮がなかった。[*14]

内村による社会批評は、忌憚のない意見であったため相当の人気を博したものの、一部からは、その外見もあいまって、攻撃的・好戦的に映らざるをえなかったはずである。

さらに、理想が高すぎるために実行がともなわない内村を、世間は「言行不一致」といって咎めることもあった。徳富蘇峰は、「ああいう天才」だから言行不一致は当然のことと回顧するが、あまりにも俗世間からかけ離れていた内村は、世間からの批判に、逐一烈しい反応をみせてしまう。[*15]そのうえ、つい「激しく他人に対立する傾きがあつた」ため、「この世間と他人との否定が、結局は罪深い自己の否定となつて」罪悪感にも苛まれた。[*16]

家族や周囲も、内村によって少なからぬ苦労を背負っていたが、蘇峰はそのような内村を、「友人、親戚にずいぶん迷惑をかけたらしいが、私のみたところによると、最も多く自分自身に迷惑をかけたんじゃないか」と、核心をつく。[*17]

二つのコード

かくも強烈な風貌と性格、そして才能を持って生まれた内村鑑三は、まぎれもない「日本のアウトサイダー」（河上徹太郎）であった。しかし、日本人であるはずの内村が、カーライルだのニーチェだの、さらにはスコッチコリーを思わせるほどの西洋的風貌となるまでには、少なくとも、二つのコードがあった。

洋装と髭である。これが、本章「差別化という模倣」のテーマでもある。

内村が周囲から、まるで「西欧人」のようと言われるようになったのは、単に内村の生まれつきの顔立ちや体格によるものだけではなく、外見を西洋化した内村の意思によってつくられた自己像でもあった。

髭は、自らあえて蓄え、日々維持管理する意思がなくては成り立たない。ましてや、内村の髭は毛量も多いため、特に入念な手入れを要した。また、あれだけの量の髭を保つことは、食事や風呂、洗面などの日常生活でも、なにかと手間がかかったはずである。

しかし内村は、一八八四年、二三歳で米国に渡って以来、生涯、蓄え続けていた。

江戸時代、髭を生やすとは「降職された武士」の「一種の服喪」を指し、卑しさを醸し出す身体的意味を持っていた。[*18] だが、明治維新以降、髭が文明の象徴となり、エリートのステータス・シンボルとなったのは、西洋の権威化を意味しただけではなく、髭が、江戸体制の権威の「否認」をも含んだ「西洋化」の象徴でもあったからである。[*19]

もっとも、一八六一年（万延二）に高崎藩士の息子として生まれ、その一〇年後の廃藩置県によって武士身分が解体されたのちも、旧武士層としての自己認識が強かった内村には、札幌農学校在学中も髭はみられなかった。[*20]

だが、アマースト大学に在学した頃から髭を生やし始め、以降、一八八八年に帰国してから厚みを帯びていく。一般的に日本人は西洋人に比べ顔立ちが幼く見えるため、留学すると髭を蓄える日本人男性は少なくない。しかし、増え続けるその厚みをみる限り、内村の髭への執着は、むしろ米国から帰国後、顕著になっていった。[*21]

そして、留学時代から晩年にいたるまでの写真をみても、帰国後、髭に厚みを増していくにつれ、内村の風貌は着実に、そして益々「日本人離れ」していく。

また、内村は、生涯にわたり、洋装姿しか、公に見せることはほとんどなかった。
一九三〇年春の死後、五〇年ほど経った頃、長男・祐之の嫁であった内村美代子は、鑑三の衣食住について、編集者との対談（QA式）で取材に応じている。

その際に、編集者からの第一問目が、「写真などに写っている姿はほとんど洋服姿」であるが、「家では和服を着て」いたか、というものだった。[*22]

このような質問が一八六一年生まれの日本人に向けられることは興味深い。

なぜなら、洋装が完全に国民的普及をみせるのは、戦後の高度経済成長期以降である。明治から昭和初期にかけて、日本国内でみせた内村の洋装は、日本では特異な姿だったことを意味するからである。

内村美代子によると、鑑三は「家では和服」で、近所の散歩も和服のままだったが、「改まって外出する時は洋服」で「背広」だった。星野嘉助によると、内村は、礼拝以外では「いつも別荘では和服」だった。[*23]

残されている写真もほとんどが洋装であり、晩年、軽井沢や御殿場で、家族が撮影したのであろう、浴衣での散歩風景や執筆の様子を写した写真数枚をのぞき、公の写真や集合写真などは、農村地帯であれ、周囲が和装であれ、洋装姿で一貫していた。数ある集合写真でも、皆が和装姿のなかで、ただ一人洋装でいる内村は、たしかに逸した存在感を放っている。

しかし、自宅では和装を好んでいたところをみると、内村の洋装にも、髭と同様、ある種の執着とすらいえる、きわめて意識的な選択によるものを感じさせる。

なぜ内村は、かくも外見の西洋化にある種の執着をみせたのだろうか。

もし内村に、そこまで目立つ髭がなければ、そして徹底して洋装を着用していなければ、編集者の一問目の問いはもちろん、野上がスコッチコリーをみて、内村を連想することも、皆が異口同音に「日本人離れ」した風貌と回想することもなかっただろう。

実のところ、洋装や髭といった外見の西洋化は、内村の人生に決定的影響を及ぼした約四年間の米国での人種体験を考察するうえで、重要な鍵となっている。

内村が、自身の英語で出版した第一作『余は如何にして基督信徒となりし乎』には、内村の米国でのさまざまな人種体験が綴られているが、一九〇五年のフィンランド語版の序文に内村は、「余は未だ曾て余の黄色人種なることを愧たることとなし」と記している。*[24]

内村が渡米した一八八四年からの四年間は、米国で「モンゴロイド」すなわち黄色人種をめぐる人種問題が先鋭化し始めた時期だった。その時代的背景を反映した内村の米国体験とは、近代日本のエリート層の人種体験の初期的段階として位置づけられるべきものである。

かくも外見の「西洋化」に固執した内村は、その契機となったであろう米国でいかなる人種体験に遭遇したのであろうか。そして、「余の黄色人種なることを愧たることとなし」と記した背景には何があったのであろうか。

本章では、一九世紀後半の日本人の人種体験が、のちの日本人の人種的自己認識の形成にいかなる意味をなしていたのか、内村鑑三ならびに同時代人の米国における人種体験とその諸相を論じたい。

「シナ人」との同化

「最果て」の終焉

近代日本の人種体験とは、一九世紀中葉の「グローバリズム」の起源から始まっている。世界の「球形」化を指すグローバル化は、蒸気船・鉄道・電信によって、西洋からみれば極西の辺境に位置した新興国・米国から、「世界の中心」へと変貌を遂げる過程と連動している。そして、黄色人種をめぐる人種問題は、その米国の台頭により生まれた問題であった。[*25]

というのも、一九世紀中葉まで、日本と米国は、互いが東と西の最果てに位置する、最も離れた国同士だった。[*26]

しかし、蒸気船の発達による米国への大量の労働移民の流入、急速な工業化の発展、そして大陸横断鉄道の完成によって、米国は大西洋から太平洋までの文字通り巨大な大陸国家となっていく。[*27]

一八五二年（嘉永五）の米国議会では、「合衆国は大陸横断鉄道の完成によって世界の中心となる」と報告されたが、米国は、たしかに「極西」に位置した辺境の国から、「世界の中心」へと変貌を遂げていく時代を迎えたのである。[*28] そして、このとき日本と米国は、太平洋を挟んだ「隣国」となったのだった。

黄色人種をめぐる人種問題は、この米国が大量の労働力を要するなか、東海岸ではアイルランド系労働移民、西海岸では中国系労働移民の流入から生じた、米国の労働市場をめぐる両者の人種的軋轢を起源としている。

そして、近代日本の人種体験は、まさに内村が、大量の中国人労働移民とともに、横浜から太平洋を横断し渡米した米国体験から始まるのである。

中国系労働移民は、北南米で衰退した黒人奴隷に代わる労働力として、一八四〇年代半ばに始まった。ただしその実態は、一八四五年から誘拐や脅迫、借金、賭事、飢餓、また広東省や福建省の氏族間の戦争捕虜などがリクルーターやブローカーに「売りとばされ」てきたものも少なくなかった。契約移民として売買されたクーリー貿易は、米国では「ピッグ（豚）・ビジネス」と呼ばれ、中国では猪仔買売や「子豚商売」と呼ばれた奴隷貿易だった。[*29]

こうした中国系労働移民は「豚なみ」に扱われ、船に送り込まれる前は裸にされたうえ、胸には行き先別に「C（カリフォルニア）、P（ペルー）、S（ハワイのサンドイッチ諸島）などとスタンプを押されたりペンキを塗られ」、奴隷船に積みこまれて、「何千人もが航海途上で死」んでいく。[*30]

米国では、一八四八年に始まる西海岸でのゴールドラッシュや、大陸横断鉄道建設のため、中国系労働者はアイルランド系労働者に優る労働力として求められた。彼らは、「クーリー」と呼ばれ大量に米国へ送り込まれることになる。

一八五二年にはカリフォルニアの総人口の六分の一は中国人で占められ、七〇年には、九トンに及ぶ鉄道建設労働者の約一二〇〇人分の遺骨が、中国に送られたという。[*31]

駐清米国公使を務めたジョージ・F・セワード（一八四〇―一九一〇）は、西部鉄道の枕木の下は、中国人の骨で埋め尽くされていると記している。[*32]

幕末から明治中期に日本人が渡米する際に乗船した外国船にも、多くの中国人が乗船していた。当時、外国船は毎月一回、香港から上海、横浜を経由してサンフランシスコを往復していた。外国船に乗り込んだ日本人乗客がまず目にし、衝撃を受けたのは、船底にひしめきあう多くの中国系労働移民であった。二週間から二〇日ものあいだ完全に閉鎖された船内でうごめく、多くの中国人労働者の存在は、日本人の人種意識の形成に大きな意味があったであろう。

一八六七年七月、一四歳の高橋是清の乗船したコロラード号は、七〇〇トンほどの小さい外輪船だったが、上等室と下等室では「非常な区別」があり、「下等の者」は自由に上等へは行けなかった。下等室は「薄暗くて、臭気がムッと胸をつく」もので、船内は船底から漂う異様な臭気であふれ、見送りにきた是清の祖母は、船内で出された紅茶も気分が悪く飲めなかったという。さらに「下等」室は、大勢の中国人労働移民が広い部屋に「同居」し、寝床は「四本柱に布で作ったハンモックが上下三段に吊ってある」だけで、朝八時には掃除のため是清らは甲板に出され、部屋は唐辛子によって燻される。

食事は、大きなブリキの桶に入れられ、「支那人と一緒に食わされ」る。「立派な御馳走」が出される上等室の食堂と「下等」とは「雲泥の差」だった。

是清は、上等室にいた日本人・富田による厚意で、上等船客が食堂にいるあいだ、富田の部屋に入って、菓子や果物などをもらうことができた。そのため、「支那人の下等の食物は食べずに済んだ」ものの、トイレは、「外輪車の上の床に四斗樽見たような桶が三ツ四ツ列べてあって、その上に板が渡してある。それを跨いで皆が大小便をやる。行って見るとたくさんの支那人の男女が、これを取捲いて用を足している」、「とても堪らん」ものだった。

是清はそのうち上等船客が食堂に出ているあいだに上等便所に入ることを覚える。是清は、横浜で英国人銀行家の家庭の小間使いをしていたとき、ネズミをフライパンで焼いて食べていたほど、衛生観念には無頓着であったが、下等室にはかくも耐えがたい印象を持ち、帰国時には五〇ドルで切符を買い、「支那人と一緒でない部屋に入れてもらいたい」と頼み込むほどであった。以来、是清は、海外渡航で外国船に乗るたびに、「下等船客の状況を視察する癖」がついた。[*33]

船底にひしめきあう中国系労働移民は、その後もしばらく続き、一八七二年に岩倉使節団が乗船した汽船でも同様であった。「最下等室」では「棚の蚕同様に支那人が起臥」していたことを久米邦武は記している。[*34]

その一二年後の一八八四年、内村鑑三は、四〇〇〇トン級の汽帆船シティ・オブ・トウキョウに乗って渡米する。そのとき横浜から乗船した日本人は一一人だった。

内村は、小野英二郎と家永豊吉という筑後柳川立花藩の士族で同志社を中退し、私費遊学目的で渡米する二人とともに、「ユウロピアン・スティアリッジという白人用船室で同室」となるが、[*35]その船にも、三五〇人ほどの「支那クーリイ」がいた。

中国人苦力は一階ハシゴを降りた船尾に集中していた。船酔いした者は「死人のごとくに横たわ」り、元気な者は「昼夜の別なく盛んにバクチを開帳し」、「うす暗い石油ランプの光、息ぐるしい腐ったような空気、吐き気を催すニンニクの嗅い、ケンケンゴウゴウとこわだかい支那語の叫び」に満ちており、内村らが、「なけなしの旅費の中から一階上の船室の切符を買ったのも無理ではない」状況だった。[*36]

同年にシティ・オブ・ペキンの上等船客だった三島弥太郎（一八六七―一九一九）もまた、その猛烈な「臭気」を体験している。シティ・オブ・ペキンの下等室には、三島と農学校で一緒だった者など合計七、八名がいたが、下等室は待遇も悪く、下等室の人間は甲板も自由に歩けず、喫煙室や上等室にも入れず、寝室も不潔で、「その上支那人の部屋に近いため臭気は猛烈」だった。[*37]

当時、日本人エリート層の洋行とは、船底にひしめきあう大量の中国系労働移民の存在との遭遇から始まり、米国に向かう船旅で形成された、中国人に対する強い嫌悪感が、彼らの米国体験の第一幕となったのである。

さらに、米国到着後、日本人エリート層を待ち受けていたのが、アイルランド系労働移民と中国系労働移民の人種的軋轢であった。

「黄色い大河」

一九世紀の米国には、じゃがいも飢饉から逃れてきたアイルランド系移民をはじめ大量の欧州移民が流入し、一八二〇年代から一〇〇年間で米国移住したアイルランド系移民は五〇〇万人を超えている。[*38] もともと蒸気船も、多くのアイルランド系労働者が造船業に従事したことで著しい発展をみせたのであり、二〇世紀初頭、世界最大級の蒸気船として、最短日数での大西洋横断を試みたタイタニック号も、J・P・モルガンの出資のもと、造船業が盛んであった北アイルランドで、約四〇〇〇人が従事したことで完成したものだった。[*39]

米国東海岸に向かい大西洋を横断する蒸気船の船底にも、当時多くのアイルランド系労働移民が乗船していた。基本的な英語を解していた彼らの多くは、新天地の米国でも他の欧州移民に比べて、就業しやすく、米国社会への同化も容易であったが、それだけにカトリックである彼らは、アングロサクソン・プロテスタントから強い排斥を受けていた。[*40] 特に、一八五五年までに総人口の三分の一をアイルランド系で占めるようになったボストンでは、「アイルランド人お断り」との看板も見かけるようになる。[*41] このように、米国でアイルランド系労働移民はアングロサクソンから社会的下層の白人として差別されていた。

他方で当時、大陸横断鉄道の計画が進んでいたが、鉄道王たちは、既存の労働者であったアイルランド系移民だけでは到底鉄道建設などの重労働をまかなえないとし、より安価で重労働に耐えうる中国人労働者を招き入れた。[*42]

鉄道王らは、「黄色い大河」と呼ばれるほど蒸気船で米国に流入する中国系労働移民を「歓迎」したが、鉄道が完成されれば、彼らは不要者となる。[*43]

あぶれた中国系労働者は、非熟練労働、清掃、土木作業などに従事していたアイルランド系労働移民の労働市場に進出し始め、労働の既得権益を奪われ始めたアイルランド系は、排華運動を起こすようになる。南北戦争後の不況下にあったカリフォルニア州や西海岸を筆頭に、略奪、放火、虐待、リンチ、殺害など、過激な排華運動が繰り広げられた。その惨い様子はマーク・トゥェインの作品にも描かれるほど、米国の日常的風景となっていた。[*44] なかには、中国人にさまざまな暴行を振るったのち、平然と教会へ向かう白人の風刺画も描かれており、それだけ中国人排斥は、自らを守るしかるべき自己防衛措置とみなされていた。

市場の既得権益争いはどこでも起こるが、アイルランド系労働移民の中国系労働移民に対する排斥では、人種的差異によって嫌悪や憎悪が助長されていった。

一八七〇年代、フランク・レスリーが出版した『レスリー画報』（*Leslie's Illustrated Newspaper*）は、「カミングマン」と呼ばれた中国人労働者が、米国でさまざまな職業に就いていく様子を排華的な風刺画で定期的に掲載していた。そこで描かれた中国人は皆、長い弁髪と中国服、そして、「汚い黄色でほとんどヒンドゥーの死体のような色」をした、黄緑に濁ったような肌の色で描写されていた。[*45] 弁髪はピッグ・テイル（豚の尻尾）と呼ばれ、服装も肌の色も明らかに白人と異なる中国人の存在は、排除すべき格好の他者として、醜く描かれるようになる。中国人の醜さには、アイルランド系をはじめとする白人の敵意と嫌悪と不安が表れていた。

また、風刺画で中国人が排斥の対象となるのは、人口増加の点でも、米国社会から認知されるほどの存在となったことを意味している。

米国統計局による国勢調査（センサス）では、それまで白人と黒人並びにムラトー（混血）のみの人種分類であったが、鉄道完成時期の一八七〇年には中国人並びにネイティブ・アメリカンが加わる。センサスに日系が加わるのは、その二〇年後の、排日運動が始まる一八九〇年であり、人口増加と排斥運動は連動性を持っていたといえよう。[*46]

事実、米国の人種的排斥は、おおまかにいえばネイティブ・アメリカンから黒人、中国人、次いで日本人となっていく。

米国は、貴重な労働力として中国系労働者を必要としたにもかかわらず、一八八〇年には、天津条約で中国人の米国渡航を自発的に制限、二年後には中国移民は米国社会に〝同化不能〟であるとし中国人移民排斥法が連邦議会の上下両院で可決、さらに、一八八四年から一九〇四年まで八回にわたり排華法が修正され、中国系労働者は熟練・不熟練にかかわらず入国が全面的に禁止される。

内村鑑三や三島弥太郎が渡米した一八八四年とは、まさに排華法が生まれる渦中にあった。この年はまた、奇しくも日本からの渡米者も急増した年でもあった。日本では、その前年に徴兵令が改正され、満一七歳以上四〇歳以下は兵役が義務化され、徴兵を逃れるための手段として渡米熱が高まっていたからである。[*47]

他方で米国は、排華法によって中国人労働者が減少する穴埋めとして、新たな労働者を必要とするようになっていた。

排華運動による中国人労働移民の減少と、日本人の渡米増加は連動していたが、日本人青年は、そのような米国事情は知る由もなく、排斥された中国系労働移民の穴埋めとしての社会的需要を担いつつ渡米した。そして、排華運動が高まるなか渡米した内村らを待ち受けていたのは、中国人をはじめとする黄色人種への嫌悪や憎悪の念であった。

「支那人」という「蔑称」

内村鑑三や三島弥太郎の行き先は東部であったため、二〇日以上にも及ぶ太平洋横断の船旅に加え、約八日間の「中央大鉄道」の鉄路の旅が必要であった。

鉄道による移動は、汽船よりも「つらきこと幾倍なるを知らず」と語るように、内村は、東部に到着するまでに疲弊しきっていた。[*48] それに輪をかけて内村を「閉口」させたのが、大陸横断鉄道で幾度も「支那人」と間違えられたことだった。「然し一度日本人と知らるる」と、「甚だ深切なる取扱」を受けたとも、書きとめている。[*49]

高橋是清もまた米国人船長や船員らは、中国人に比べ、日本人に対しては「非常に好感を持っていた」と記している。[*50]

のちに日本銀行総裁となる三島弥太郎は、フィラデルフィアに到着後、自分が「支那人」という「蔑称」や「悪口」で軽蔑され嘲笑されることに露骨な不快感と嫌悪感を抱いてやまなかった。「いつもながら支那人といわれるのは全く残念」、郊外では、「支那人、支那人と面と向って嘲り」、「全く獣同様にみなされ」、「当国では支那人は犬のように扱われ」、三島の友人の幾人かは雪の球を投げられたりもした。三島が立腹し日本人であることを言うと「大変驚いた様子で、ようやく人間の取扱いをうけ」た。

日頃から「支那人」といわれることに嫌気がさしていた弥太郎は、サーカスを見に行こうと誘われても、また「支那人」呼ばわりされるのではないかと憂鬱になる。そして、この「蔑称」から逃れる手段として、米国女性を同行することを覚える。

「女とみれば神様のように尊び、なんとかして機嫌をとろうと一生懸命」の、そして「女を神のように尊ぶ国」米国社会に呆れ返りながらも、女性を同行する弥太郎を「支那人といって軽蔑する者も」「悪口を言う者も」いないので、「鼻を一尺も高くして」歩くことができた。

刊行されている三島の日記は、個性の強い筆跡の自筆書簡から、遺族が抜粋し現代語訳したものであるが、三島の一〇代の記録だけに、現代語訳とはいえ表現には幼さが残るものの、率直な思いが記されている。

三島は渡米以降、中国人と見間違われることで散々な思いをしてきたため、もはや「支那という語はとんと嫌い」になり、「我が国で早く支那の字が廃止せられることを願」うほど、中国嫌いになっていく。米国では「支那といえば数段低級の国」と見なされており、「日本人たるもの支那人に対して戦わざるを得」まいと、日本人の脱亜意識は米国体験を通じて着実に培われていった。[*51]

日本人とわかれば「人間扱い」されたとしても、内村らが中国人によく間違えられたのは、あらためて言うまでもなく白人からみれば外見上、日本人と中国人は同じにみえたからである。内村らは、こころで中国離れをしていようとも、外見上は中国人と人種的同質性にある。そして、両者の人種的同質性を露呈させたのが、皮肉にも間接的には中国との差別化を意味したはずの外見の西洋化にあったのだった。

洗濯屋の「ジョン」

当時、米国では、馬と中国人はともに「ジョン」と呼ばれることが多かった。白人にとってみれば中国人も日本人も同じにみえるため、内村らもニューヨークで親切な警官から「ジョン」と呼ばれることがあった。

内村は、街のいたるところで中国人が人間扱いされていないことを目の当たりにしつつ、馬車屋に正当な賃金を支払って乗車すると、同乗していた「みなりのりっぱな一紳士」が鬚をとかすために櫛を貸してほしいと内村にたずねる。

内村が櫛を貸すと、その「紳士」は御礼をいう代わりにこういった。

「ところでジョン、おまえは何処で洗濯屋をしているのかね」、と。[*52]

当時、多くの中国系が洗濯屋を営んでいた。その起源は、一九世紀後半、大陸横断鉄道完成後、仕事にあぶれた中国系が「コックや洗濯屋、召使、床屋、雑貨商、農民など」に転職していったことにさかのぼる。

特に洗濯屋は中国系移民の代表的職業であり、一九二〇年（大正九）には在米中国人の一〇人中三人は洗濯屋に従事し、「中国人と接するのは洗濯屋を通じてだけ」という白人もいた。[*53]内村が、どこの洗濯屋かと聞かれたのも、中国系すなわち洗濯屋の発想に基づいたものであり、そこに侮蔑が込められていたことは言うまでもない。

当時、米国の馬車は無等級制であり、櫛を返すときの「紳士」の侮蔑的態度は、当時の交通網がモノクラスであったために、自分の前に好まざる他者が座っていたことへの不満があったのかもしれない。[*54]

また、こんな場面でも日本人はジョンと言われたときがあるという。若い日本人技師らの一団がブルックリンブリッジの調査のために、橋の下で吊索の構造と張力について議論していた際、「シルクハットをかぶり眼鏡をかけ整った身なりの一アメリカ人紳士」が近づいてくるなり、口にした言葉も、「やあ、ジョン」だった。そしてその紳士は彼らに、「こういうものはシナから来た君たちには恐しく不思議に見えるに違いあるまい、どうだい」と言った。

一人が、この「無礼な質問」に対し、「アイルランドから来たあなたもご同様に違いない」と答えると、紳士は怒って「いや、とんでもない、僕はアイルランド人ではない」と返す。すると日本人は、「同様に我々はシナ人ではない」と返答した。

アイルランド出身と言われ腹が立った「アメリカ人紳士」には、心理的に、「モンゴール人種の出を嘲笑することに特殊の喜びをもっている」と同時に、それは「サクソン人種の長子権に特別に敏感であること」をも意味していた。[*55]

つまり、日頃、アングロサクソン・プロテスタントからの排斥に遭うアイルランド系移民にとって、中国系移民は鬱屈した感情や不満を解消する格好のはけ口であった。

言いかえれば、当時の米国におけるアイルランド系移民は、社会的最下層に位置付けられていた白人であり、人種的には白人に属しながらも、社会的には、最も有色人種に近い白人だった。それだけに、アイルランド系移民と中国系移民は異人種でありながら社会的には最も近い距離にあった者同士であった。アイルランド系労働移民は中国系労働移民からも「アイルランド人は出て行け」と排斥されており、アイルランド系労働移民の経済的地位も切迫しつつあった。

社会的位置付けの不安定なアイルランド系労働移民は、中国系労働移民による経済的排斥に加え、アングロサクソン・プロテスタントからの社会的宗教的排斥により、最下層の白人として、侮蔑する他者を求める心理的必要性にかられていた。

いわば、中国人とアイルランド人の差別とは、重層化されたものであった。米国でアジア系が盛んに「ジョン」と呼ばれていた背景は、アイルランド系移民の鬱屈した不満と不安と無関係ではなかったのである。[*56]

弁髪と pig tail

さらに、内村は馬車で同席した「聡明らしくみえる一紳士」から、いつ弁髪を切ったのかと尋ねられる。内村は、「我々にはこれまで弁髪はなかったのだ」と答えると、その紳士は「おや」、「シナ人には誰にも弁髪があるものと思った」と驚きをみせた。[*57]これには内村も当惑する。洋装し断髪した内村の姿には、たしかに弁髪はない。だが外見では日本人であることを示すものは何もなく、洋装・断髪した中国人と変わりがない姿であったからである。

当時、ごくわずかの在米中国人エリートは断髪・洋装をしていたが、多くの中国系労働移民は、中国服に弁髪の姿で、風刺画でも中国服と弁髪、そして淀んだ皮膚の色、この三点が、中国系の象徴とされていた。

清朝にとっては、西洋技術の導入は、あくまで実利のための摂取であり、服装や髪形など風俗上の西洋化は無意味であるどころか、国辱的行為とみなす見方が強かった。それは中国文明への強い自負と固執からであり、一八七六年二月一四日に、北洋大臣・李鴻章は、日本駐清公使であり「西洋化」の推進者であった森有礼との長い対談で、西洋の技術を導入するだけならまだしも、日本が制服など風俗習慣まで西洋化したことを批判していた。[*58]

清朝で断髪は反対勢力が強かったため、一八五〇年にイェール大学に入学した容閎（一八二八―一九一二、広東省出身、清末の政治改革者・実業家）も、一年次まで弁髪をしていたが、以降断髪している（断髪後、容閎は髯も蓄えるがその姿は内村と酷似している）。その後の留学生にとっても断髪は重大な懸念事項であり続けた。のちの中国人留学生は、留学する際は、弁髪を切り落とし、かつら屋に売り、帰国後は、そのかつら屋で弁髪のかつらを購入するようになる。[*59]

弁髪は、清朝統治下の民であることを示す習慣として一般化し、中国文化の一部になっていたと考えられる。それだけに、清末の弁髪拒否には、清朝に対する政治的抵抗意識によるもの（章炳麟）と、文明化の象徴として捉える二つの潮流があった。[*60]

英国でも弁髪の中国人を「豚の尻尾」と呼び、「豚」は中国人の表象であり続けた。オーストラリアやニュージーランドでは「モンゴルのならず者」、また「イナゴ」とも呼ばれた。さらに米国では中国人を「忌まわしい害虫」とも呼び、「チャイナマンズ・チャンス」とは、「まったく見込みのない」を意味する表現とさえなった。[*61]

弁髪に対する蔑視は日本でも同様で、日本人の間では、弁髪を「豚の尻尾」と呼んでいた。また、日本への中国人留学生は、たとえば孫文が一八九五年に横浜で、周作人は来日前の一九〇六年に上海で断髪したことが知られている。[*62]

図2　弁髪禁止を描いた諷刺画

日露戦争後の「日本国の時刻」（一九〇五年）で国際主義を謳った新渡戸稲造すら、中国人を「四億の豚尾頭」と、臆することなく言及していた。日本人エリート層の中国人蔑視は、内村同様、彼らの西洋体験を通じて、西洋人の否定的な中国人観を引き継いだものとも考えられる。[*63]

しかし日本人は、どれだけ西洋人と同様に中国人を侮蔑しても、どれだけ外見的に西洋化しても、同じ「モンゴール人種」という運命からは逃れることができなかった。

モンゴロイド

「蒙古症」

では、「モンゴール人種」とは、当時の欧米でどれだけ、そしてどのように偏見の込められた社会的語彙となっていったのであろうか。

もともと、「モンゴロイド」とは、一七八一年（安永一〇）にブルーメンバッハが発表した人種の五分類（mongoloid, American Indian, Caucasoid, Ethiopian, Malay）に基づいている。「モンゴロイド」の特徴として「黄色」の肌が関連付けられるようになるのは、一八五三〜五五年にゴビノーが発表した人種の三分類（White, Black, Yellow）が代表的である。[*64] だが、『オックスフォード英語辞典（O.E.D.）』の第三版によれば、「イエロー」が人種的意味合いで最初に使われたのは、イエメンの原住民を「yellow Inian」と呼んだ一七八七年で、モンゴリアンを示す人種的意味合いで用いられた初出は一八三四年とされている。

そして、一九世紀中葉から、モンゴリアンとは、英米では、「子供の先天的精神障害「蒙古症（モンゴリアン）」」という意味を含むようになる。[*65]

『O.E.D.』第三版によると、「モンゴリアン」にはダウン症の意を示すこと（The Mongolian type of idiocy）が、一八六六年のロンドン病院の初出例から記されており、九〇年には Journal of Mental Science に「Mongolian imbeciles」（知的障害）として掲載、さらに九二年にはダウン症を示す語として A dictionary of Psychological medicine にも掲載されている。[*66] 一八六六年の同じロンドン病院の報告（*Clinical Lect. & Rep*）では、先天的知的障害の多くが“typical Mongols”と記されている。[*67]

ブルーメンバッハが人種五分類を発表した時点では、「モンゴロイド」はあくまで自然人類学的人種区分の名称に過ぎなかったものの、一九世紀中葉以降、英国や米国では、「モンゴリアン」には、「先天的精神障害」や「ダウン症」を指す意味合いが込められるようになり、その起源は、同時期に多く渡米した中国人を「人間性を失格した存在」とみなしていた人種偏見と無関係ではなかった。[*68]

特に、アジア系の身体的特徴でもある一重まぶたは、当時、ダウン症の症状を示す特徴のひとつとしても関連付けられており、アングロサクソンのあいだでは上まぶたが重く腫れているように見える一重まぶたは、「堕落」した者の象徴とみなされていた。[*69]

つまり、欧米での「モンゴリアン」に対する人種偏見は、中国人労働移民に対する偏見を起源としていたために、米国で排華運動がピークにあった一八八〇年代、最も顕著に現れていた。それは、当時の欧米人の日本見聞記にも反映され、もともと中国人に向けられて形成された「モンゴリアン」に対する人種偏見が、日本人にも向けられるようになるのも一八八〇年代であった。[*70]

脱亜の共時性

欧米での「モンゴリアン」に対する偏見は、中国人労働移民に端を発していた。内村鑑三は自らを「モンゴール人種」とみなしていたものの、そこに困惑を隠せなかったのは、「モンゴロイド」に込められていた人種偏見の起源が中国人にありながら、日本人も人種的に「モンゴロイド」に属するために、同様の侮蔑や差別の対象になったからである。それだけに、日本人の中国人に対する嫌悪感は、同じ人種でありながら、いやそうであるからこそ、より強固なものとなり、より強い脱亜意識に収斂していったといえる。*71

言いかえれば、日本の脱亜意識は、欧米で台頭しつつあった人種意識と同時期に形成されていた。福澤諭吉が『時事新報』の社説として脱亜論を発表したのも、「モンゴロイド」への人種偏見がピークにさしかかる一八八五年にあたる。

もちろん、脱亜意識そのものはアヘン戦争による清朝の衰退を目の当たりにしたことに端を発している。一八六七年の徳川昭武一行の渡仏の際、渋沢栄一は上海でみた、「欧人の土人《トコロノモノ》を使役《ツカウ》する。牛馬を。駆逐《くちく》《カリタツル》するに異ならず。督可《とくが》《シカル》するに棍《むち》を似てす」との光景に衝撃を受けた。*72

また、一八八四年の清仏戦争勃発の際、『報知新聞』記者であった尾崎行雄は、清朝の街のおぞましく廃頽した様子を目にし、西洋帝国主義的拡大による清国の衰退は、日本の脱亜意識をたしかに揺るぎないものとした。

しかし、すべての偏見や蔑視が恐れから生じるように、脱亜意識に付随する中国蔑視は、〝老大国〟といえども日本にとっては十分過ぎる大国であることの認識と不可分にあった。岸田吟香は一八八〇年の『朝野新聞』で、もしも中国が日本のように近代化に目覚めたなら、「いかなる神国の日本にても」対抗できぬやもしれぬ、と恐れを抱いていた。*73 また、福澤の脱亜論自体も、一八八四年の甲申政変で朝鮮の開化派クーデタが清朝の軍事的・外交的弾圧で失敗したことに触発されたものであり、日本の脱亜意識は、中国に対する恐れなくして成立しえなかった。*74

だが、脱亜意識は、同時に、東アジアからかけ離れた米国でも、着実に形成されていたのである。内村らの米国での人種体験とは、すなわち中国人と間違えられることで受けた、いわば中国人を媒介とした間接的な人種偏見であった。当時、渡米した日本人らの多くがエリート層となっていったことを考えれば、米国で受けた同じ「モンゴロイド」としての人種体験が、日本の脱亜を支える大きな動機づけとなっただろう。

つまり、日本の脱亜意識とは日本国内、また清朝視察によってのみ形成されたのではなく、太平洋を越えた米国でも着実に培われていった、いわば共時的に形成されていった人種意識であった。しかし、たとえどれだけ強固に中国人への差別意識を持ったとしても、人種的同質性は避けることができない。

和装と洋装のはざまで

「ジャップ」

キリスト者でありながら離婚し、さらに武士の解体により「失業」し経済苦に陥った父親の借金を抱えた内村鑑三の渡米は、金銭的にかなり困窮したもので、一八八四年（明治一七）の渡米時、内村の全財産は、当時一ヵ月ほどの最低限の生活費に値する銀貨七枚に、身にまとった「日本製の無意気なる洋服」のみだった。[*75]

自身の無謀さに呆れ果てながら、米国のキリスト教精神を学ぶために渡米を決意した内村は、フィラデルフィアに到着後、まず知人を通じて「エルウィン白痴院（Pennsylvania Training School for Feeble-minded Children at Elwin）」の看護人として八ヵ月間働く。

だが、その仕事は筆舌に尽くしがたい世界で、入院者一〇名に一名の看護人が担当し、衣食の世話から寝室の整頓、そして入浴の世話など身の回りの世話をすべて任されていた。
入院者の多くは歯磨きすら無頓着であったが、入院者の衛生と健康は看護人の責任にあったため、看護人が逐次そばに寄って一人ひとりの口中検査をしなければならなかった。そのうえ、「糞尿を床に遺す」者も少なくなく、内村は朝夕にわたり「是等下劣の米国人の糞尿の世話」まで命ぜられた。[*76]
しかも、院則と宗教的信念によって、看護人はどれだけ入院者から罵られようとも、蹴られようとも、無抵抗でなければならず、内村は、「舌も碌々廻らざる彼国社会の廃棄物」に「ジャプ」と呼ばれ罵られながらも抵抗できない。そのうち内村も「自身も白痴にあらざる乎」と思う精神状況にまで追い詰められていた。[*77]
内村は、その後、米国人から米国滞在中の金銭援助の機会に恵まれるものの、頑なに「大和男子」としての体面を保つために拒む。ゆえに苦学を強いられた内村は、零下二〇度にもなるニューイングランドの厳冬を、「火の気なしに」二年過ごす。晩年、米国でかくも「日本人のプライドを守った私が、同胞から非国民とか、不敬漢とか罵られるのは余りだ」と、涙を溜めて、弟子の山縣五十雄に洩らしたことさえあった。[*78]
哀れなほどに、何事にも中庸を知ることのできなかった内村は、生涯、心身ともに人知れぬ苦労が絶えなかった。もともと、内村の渡米を決定付けた札幌農学校への進学も、父親の借金苦から官費で行ける学校としての選択だった。留学先のアマーストカレッジでの学部は一般教養であり、同時期にハーバード大学へ専門的な研究留学をした親友の宮部金吾が、帰国後の教授職を約束されていたのとは対照的に、内村の未来は不透明であった。

内村は、自身の近くに親友宮部がいることを無上の喜びと感じるものの、自らの置かれた状況のわびしさを、親友の華々しさによって再確認する。[*79]

結局、内村は、アマーストのシーリー総長の計らいによって屋根裏部屋を無料で借り、月謝は免除、食費や生活費などは、エルウィンでの八ヵ月分の労働賃金と、雑誌などに「日本魂」を寄稿することで得た原稿料で賄い、「一息」つくのであった。[*80]

少年期から続いた内村の経済苦は、その後の内村の経済観念にも影響し、内村のあまりに細かい金銭管理は公私ともに生涯、周囲が辟易するほど徹底していた。嫁の美代子は、「鑑三さんは貧のつらさを骨の髄まで感じていた人」と振り返っている。[*81]

内村の米国での苦学ぶりは、写真にも残されている。

当時、東部には社会的上層の子弟らが多く留学していたが、彼らのほとんどは、ニューヨーク総領事などの人脈を通じて、邦人と縁故のある学校や地区を選択し、社会的上層のネットワークによる庇護のもと、経済的にも潤沢な環境で米国留学を享受していた。

当時のマサチューセッツ州邦人留学生集合写真をみても、三島弥太郎や松方幸次郎をはじめ社会的上層の子息らは、写真館での撮影に、米国であつらえたのだろう一張羅を着て、エリートのシンボルであった懐中時計をちらつかせている。

一方の内村は、いまにも綻びそうな「日本製」の質素な服装で、靴も磨かれてはおらず、懐中時計など持ち合わせてはいなかった。

松方幸次郎ら子弟たちが、学校が休みとなればよく集まり、九鬼隆一公使邸で高級日本料理を堪能するほか、総領事館の行事にも頻繁に招かれていたのに対して、内村は、邦人ネットワークの庇護にも、潤沢な資金にも無縁であり続けた。それだけに内村は、米国では日本人のキリスト者として、米国社会の一端をつぶさに観察することとなる。そして、内村は教会活動を通じて白人優越主義と、「有色人種」の卑屈な姿を目の当たりにすることになる。

「サーカス・ショー」

内村の留学目的は、米国におけるキリスト教精神を学ぶことであった。そのため、内村にとって教会活動は最も重要な課題のひとつであった。だが、内村が米国の教会員らから求められたのは、日本人のキリスト者という「見世物」としての役割であった。

米国の教会では、異人種が出席しているのを見つけると、たちまち「ショー」に呼び出され、皆の前で、数分のスピーチをするよう言われる。なぜ、異教徒だったお前はイエス・キリストを救い主として受け入れたのか、それを我々白人の前で告白せよ、と。

これは内村の時代に限らず、非西洋出身のキリスト者が西洋社会の教会活動に参加するときには起こることだったが、教会におけるひとつの「サーカス・ショー」だった。本書第6章で扱う遠藤周作も、これを「ミッション・サーカス」と呼び、その「ショー」や「サーカス」に利用されることに強い違和感を覚えている。

内村ら「異教徒の見本」は、西洋人の前で、「サーカス興行師が馴らした犀」のように、「ついる最近まで木や石の前にお辞儀をしていたが、しかし今はこれら白人たちの神と同じ神を告白している」こと、つまりキリスト者になったことを、手短にスピーチせよ、と指示された。その後に

「何々大神学博士から」講話をもらうので、必ず一五分以内とされ、つまり、「異教徒」のスピーチは、合間をつなぐ埋め草であると必ず付け加えられた。

　生活費を得る必要のあった内村にとっては、生活費の足しにもなり、普段お世話になっている人たちがこの「ショー」を好むのだから仕方ないと割り切ろうとする。だが、内村は、それら「白人」のキリスト者としての〝善意〟と、非西洋の「異教徒」に対する慈愛にあふれたかのようなまなざしに潜む、白人優越意識を感じずにはいられなかった。

　しかし、それよりも、はるかに耐えがたかったのは、白人優越主義に迎合する「有色人」キリスト者の卑屈な振る舞いだった。

「サーカス・ショー」に呼ばれては、喜んで言う通りに従う「異教徒」たちを、内村は「見られて甘やかされることの好きな犀ども」と呼び、彼らは「喜んでこれらの人々の命令に従い、はなはだ見苦しい態度で、どうして自分たちが動物であることをやめて人間のように生き始めたか」、つまり「余は如何にして基督信徒となりし乎」を「物語る」。

　あるとき、内村が教会でみた「土民服をきた一ヒンドゥー青年をしてトプレディを彼自身のパーリ語で歌わせて集めたあの寄附金」は、「馴らされたオランウータンをショーにして集めた金」に変わりはしまいと批判する。

「土民服」で民族舞踊を舞った「有色人」のキリスト者が、白人優越主義に迎合しているかのように内村に映ったのは、自ら土着の文化・精神をあえて誇張し披露することによって、「どうして自分たちが動物であることをやめて人間のように生き始めたか」を一目瞭然に示そうとした卑屈さにあった。さらにそのように自国の文化を「サーカス」に用いることに恥意識すら抱かなかったことにあった。[*82]

ただ、教会関係者にとって、「サーカス・ショー」は、キリスト教の布教とその成果を教会員らに示す格好の可視的媒体であることはたしかだった。

この「サーカス・ショー」は、『余は如何にして基督信徒となりし乎』の序文に記すほど、米国のキリスト教を学びに渡米したキリスト者・内村にとって象徴的な米国体験だった。だがここで重要なのは、内村の自己矛盾である。

内村は、「土民服」を着てスピーチした「有色人」に軽蔑のまなざしを向けたが、後述するように、和装でスピーチした内村もまたその「土民服」の「有色人」と違いがなかったからである。あらためて申すまでもなく和装は「土民服」であり、内村は彼らと同様に「有色人」であった。

「**大和魂**」

内村は、米国人らから招待される会合などで、「度々日本服を着し諸氏を楽まし」たりした。[*83]

また、内村が以前働いていた「エルウィン白痴院」のケルリン院長も、一八八五年頃に「全国慈善矯正会議」出席のためワシントンへ出張した際、内村を同伴させ、内村の演説の時間を設けるが、そこでも和服着用を命じていた。

「全国慈善矯正会議」で和装の内村を待ち受けていた会場には、四〇〇名ばかりの「当国有名の紳士貴女」が集まり、午後一〇時頃に内村は紹介され、壇上で「大和魂の性質」について演説をした。

内村の演説は大いに喝采を浴び、内村が壇上から降りると、多くの女性たちが内村に握手を求め、「演説の成功を祝」した。和装の内村は、「嗚呼日本開国以来ワシントン府の中央に立て大和魂の何物たるかを弁解せし」ことに、深い恍惚感にひたった。[*84]

渡米当初から、あらゆる苦労が絶えなかった内村は、米国ワシントンでの演説の成功を興奮とともに嚙みしめていた。それは内村にとって、自分の志した使命がようやく現実のものとなりつつあった瞬間でもあり、このとき内村が着用した和装は、まさに「大和魂」の象徴として、内村の英語演説のインパクトを決定付けたものでもあった。だが、ケルリンが和装による講演を指示しそれに従った内村は、教会で祖国の民族衣装を身にまとい演説した「土民服」の彼と同じ立場であった。

内村は、アマーストカレッジの卒業式でも、袴を着用している。それは同時期、同地区の、アマースト農科大学に留学していた三島弥太郎から借りたものであった。

内村が三島を初めて知ったのは、幼年時代の有馬学校、そして留学時代であり、後年、日銀総裁となった三島弥太郎が死去した際、内村は、自分が三一年前、「アマスト卒業の日に礼服なきが故に君の最上等の日本服を借りて式を済ませ」たことを思い出す。[*85]

内村は経済的困窮にあったが、三島は警視総監となる三島通庸を父に持ち、官費留学でありながらも頻繁に実家からの送金・仕送り・物品支援などを受け潤沢な資金のもと留学生活を送っていた。三島は内村の経済状況に同情していた。

三島の「最上等の袴」は、相当高価なものだったようである。単に資金力があっただけではなく、三島は米国留学中、日本の体裁を意識し、日頃から西洋人に見せる日本の写真、贈答品や礼状など、西洋人の日本の印象形成に、細心の注意を払っていた。

そして、内村の羽織袴にかけた「大和魂」は米国人にたしかに強い印象を与えている。卒業式で、その袴姿をみた、内村の友人で牧師ストラダースは、「内村がアマスト大学を卒業する時、日本のキモノを着てきて非常に印象的だった」と、内村の弟子である天達文子が留学中、内村の紹介をもって訪れた際に語っている。

また、ストラダースは、内村から白足袋片足を受け取っており、天達が訪問したとき、すでに「お年の故でブルブル震えていた」頃でありながらも、大切に保管していた。[*86]

三島の日記には、帰国時には、和服を売るか、土産として贈呈し処分するとあり、また三島は、米国人に馬鹿にされないよう、足袋は絹でつくってほしいと実家に依頼しているところから、和服・小物類を贈呈する習慣が、当時の日本人留学生にはあったのかもしれない。

内村は、滞米中、機会あるごとに日本服を着用してさまざまな会合に出席したが、内村の米国での和装姿の写真は、筆者が調べた限り、残されていない。

米国では、あえて和装することの有効性を十分認識し、和装を実践していた内村であったが、帰国後、少なくとも公の場で、和装を選択することは一度もなかった。

米国での和装による内村の演説は、果たして国威発揮であったのか、それとも「サーカス・ショー」に過ぎなかったのだろうか。その差異とはどこにあったのだろうか。[*87]

見世物か国威発揮か

実のところ、服装をめぐる問題は、内村が渡米する以前から、日本が西洋から「文明国」として承認を受けるうえで、きわめて切実な国家的問題であった。

というのも、岩倉使節団の特命全権大使であった岩倉具視は、一八七一年（明治四年一一月一二日）、「羽織袴に公家特有の結髪」で横浜を出発、一八七二年一月一五日（明治四年一二月六日）にサンフランシスコに到着した翌日、「紫色の小直衣を着用して演説」し、その後も「小直衣と羽織袴を用途に応じて使い分け」和装を貫いた。

サンフランシスコで撮影された、岩倉使節団の最も代表的、そして象徴的な写真をみると、袴姿に公家特有の髪型をした岩倉を囲む、伊藤博文、大久保利通ら四人の副使は皆、出発前に横浜の「西洋店」で洋服などを購入し、洋装をしている。

刑部芳則によれば、使節団出発までに「洋式礼服の制定が間に合わなかった」ことから、岩倉使節団の服装は、「大統領や皇帝などに謁見する際」は「従来の小直衣、狩衣、直垂を着用」、それ以外では「洋服着用を任意」としていた。[*88]

岩倉は横浜を出港後、約一ヵ月の太平洋横断を含めた三ヵ月ほどは、和装に徹していたものの、岩倉の和装は、方々で米国人から好奇の目でみられる。

公家出身の岩倉にとって和装は、公家としての文化的威信であり、条約改正を目的とした米国視察という状況を考えれば、それは心情的にはすなわち日本の国威発揮を意味したといっても過言ではなかろう。しかし、米国人にとって岩倉具視の姿は、物珍しい民族衣装を着た者に過ぎず、岩倉に向けられた彼らのまなざしは「サーカス・ショー」と変わりがなかった。[*89]

条約改正の事前交渉という派遣目的があった岩倉使節団は、日本が「文明国」であることをさまざまな形で証明することこそ、使命であった。

当時少弁務使として米国にいた森有礼は、岩倉の和装を、「文明化」しきれていない旧体制の日本を象徴する姿であるとみなし、岩倉の息子で留学中であった岩倉具定・具経に、岩倉を洋装に変える説得を依頼する。岩倉は、サンフランシスコに到着したちょうど二ヵ月後の一八七二年三月一四日（明治五年二月六日）の晩餐会で、小礼服を着用、その一一日後にはシカゴで、ついに髷を切ることになる。[*90] このとき岩倉は米国で、日本の「文明化」を示すために、公家としての文化的威信であった直衣を脱ぎ、髷を捨てたのだった。

岩倉の洋装・断髪を促した森有礼は、その後、直衣姿の岩倉の写真と、洋装に断髪した岩倉の写真を、米国の弁務使館の客室に並べ、「古い日本」と「新しい日本」として、日本の「近代化」のありようを来客にみせていた。[*91]

明治初期に日本語廃止論並びに英語公用論を説いたほどの森有礼にとって、この二つの写真は、日本の「近代化」を証明する格好の媒体であった。

岩倉の公家特有の和装から洋装・断髪した姿は、まさに日本が「文明国」となっていく過程を如実に示したものと森有礼は解釈したが、忘れてはならないのは、岩倉の直衣姿には、日本を代表する特命全権大使として、さらには、もとは下級公家の出身でありながらも、着実に政治的権力の中枢に近づき、華族制度をはじめ、天皇を頂点とした文化的威信を築き上げようとした明治維新期の政治家として、純然たる国家的自尊心があり、同時に、その国家的自尊心があったからこそ、シカゴで髷を切り、洋装を着用した、この切ないまでの自己矛盾である。

なによりも、岩倉の和装姿にも、洋装姿にも、たとえ外見は相反するものであっても、そこには、まったく持って同じ国家的自尊心があったからだった。

岩倉が、日本における「栄誉ノ淵源」とした明治天皇が洋装し断髪し髭を蓄えたのは、実は一八七二年から七三年（明治五年から六年）にかけてのことである。

明治天皇の肖像画は、衣冠束帯によるものが一八七二年夏に残されているが、翌年の秋には、断髪し洋風の軍服を着用し髭を生やした姿が、撮影された。[*92] 明治天皇の洋装と断髪の時期は、岩倉が米国で公家特有の和装から洋装に変え、そして断髪したときと、ほぼ同時期であった。

日本の権威としては頂点にあった明治天皇の洋装と断髪は、それ自体、近代日本の国家的存続をかけた西洋化への決意表明であり、同時期に行われた米国での岩倉の洋装・断髪は、「文化的威信」[*93]だけを頼りに生きてきた公家の、文化的威信そのものの西洋化を意味したのであった。

近代日本とは、この日本が日本であるために、日本が日本であることを否定した、まぎれもない自己矛盾からすべては始まっている。

公人の服装は選択できる媒体である。しかし、西洋列強の帝国主義的拡大を前に、外見の「西洋化」は、もはや日本の国家的存続のために避けられない自己選択と認識されており、その自己矛盾は、「文明」と「人種」をめぐる拮抗によって浮き彫りになるのであった。そして、近代日本の屈折した自己認識は、内村の帰国前に得た「土人学校」の視察によって、明確にあらわれるのであった。

「日本の天職」

内村鑑三は帰国する直前の一八八八年頃、慈善家でありフィラデルフィアの富豪・名望家であったモリスから、ペンシルヴァニア州で大尉プラット氏の監督する「土人教育事業」を視察すべしと旅費をもらい、一泊で視察に行く。そこでの夕食後の祈禱会で説教をするが、そこでみたものは、日本人と外見が「酷似」した「土人」、ネイティブ・アメリカンたちだった。

この学校の教職員たちは「悉く敏腕屈指の白哲人種」だが、生徒は皆、「其頰骨の角立ちたる、其頭髪の濃黒なる、其眼形の巴旦杏形なる、何ぞ我同胞に肖る酷だしきや」と驚くほど、日本人の外見に酷似していた。

六〇〇名ほどの生徒たちは、フロリダ半島からロッキー山脈、はてはアラスカまでのさまざまな少数民族で、「銅色人種の全部を代表し、今余の不完全なる英語の演説を聴かんとて」集まってきた聴衆である。すでに、離日し四年が経とうとし、「邦人を見ること甚だ稀」だった内村にとって、この「土人」たちは、まさに日本人と「類似の民」だった。

内村は、「日本人種」と「亜米利加土人」は、「両人種の容貌骨格の相類似するの甚しき」ことから、「日米両人種は相距る遠からざる親類」であろうと説く。

それと同時に、ともに「非白人」としての「開明」に強い共感と結束を抱き、「亜米利加土人は日本人に類似する民」である限り、「開明」は遠からぬことと論じた。

当時、米国人は、「概ね銅色人種を見て殆んど禽獣に均しきもの」とみなし、「彼等を文明に導くの愚を嗤ひ、彼等を根絶するの利を説く」風潮のなかで、日本人との「類似」性を説き、それを「恥となさず」内村は、プラットから絶賛される。

内村本人も約二時間の演説を「心大に満足」して終えるが、長時間にわたる演説の中核にあったのは、ほかでもなく「日本の位置と希望と天職」の確認にあった。

「亜米利加土人」は皆「白哲人種の横行に苦しみ、其掠奪を忍び、其貪慾の犠牲となり、今は逐はれて居を失ひ、山野林沢に幕を張るもの」、その苦難を憐れんでやまないが、「天に正義の神あり」、そして、「日本起て亜細亜を救ふの時は亦汝の頭を擡げ得る時にして我今汝に接して我が責任の益〻重且大なるを知る」。

日本がアジアを「救ふ」ときこそ、日本が汝をも救うときであり、内村は、六百余名の、日本人に酷似した「土人」を前に、「我が責任の益〻重且大」なるを感じる。そして「余は二時間余の長演説に日本の位置と希望と天職とを述べ、心大に満足する所ありて壇を下れり*94」。

内村にとって、苦学の末に帰国する直前の、この「日本の位置と希望と天職」、そしてその「責任」を謳った講演は、強い使命感と恍惚感に満ちていた。

いまや日本は、アジアを「救ふ」のみならず、「土人」をも救おうとしている。外見が酷似した、我々「モンゴール種」を先導するのは、日本において他はない。

内村の使命感は、生徒らの二枚の集合写真を日本に持ち帰っていることからもうかがえる。それは、学校に送られてきた当初の「土人」たちの様子と、入学後「直ちに其頭髪叢林の如きものを調理せしめ、文明人の衣服を供し、堅く蕃語の使用を禁じ、各自適応の職業を授け、清潔なる、秩序ある生涯に就かしむ」ことで、いかに「改善」されたかを「例証する」写真であった*95。

内村は、「土人」と日本人の身体的類似性に驚きながらも、そこには「文明」という明確な境界が、内村の心にはあった。内村にとって、外見上酷似している「土人」は「同胞」であるが、日本人は「文明」の長兄であった。

洋装・断髪し髭を蓄えた姿で「土人」の「開明」、さらには「日本の位置と希望と天職」に熱弁をふるった内村のこころには、アジア並びに「白哲人種の横行に苦しみ」続けている「土人」たちを「救ふ」日本としての自己認識が着実に芽生えつつあった。しかし「土人」の長兄としてあるべき姿とは、決して袴姿でも直衣でもなく、ほかならぬ「文明人の衣服を供し」た、「西洋化」された日本人の姿にあった。

二つの写真

先述したように森有礼は、公家の服装と髪型に固執した岩倉具視を、米国で洋装・断髪させることに〝成功〟した。そして、その〝成功〟を、日本の「近代化」を示す象徴として、米国ワシントンの日本公使館の客室に、岩倉の和装・結髪姿の写真と、洋装・断髪姿の二枚の写真を並べ、堂々と飾った。

一方の内村は、東海岸で「土人」学校を訪問した際、「土人」が「開明」されていく様子を撮影した二枚の写真を持ち帰り、そこに「日本の天職」を見出している。

天皇の直臣としての岩倉の二つの写真と、「土人」学校の生徒らの二つの写真は、その被写体の持つ社会的性格において、並列に比べられはしまい。しかし、本質的には、「モンゴール種」の西洋化を可視的に示すという点で、共通したものであった。

二つの岩倉写真を掲げた森の感慨も、「土人」学校を視察し抱いた内村の感慨も同じだったのは、西洋化こそ〝文明化〟への一途と信じてやまなかったからである。

ただ、明治初期、岩倉具視と森有礼の時代には、まだ人種的観点は介入していなかった。そこにあったのは西洋を規範とした「文明」をめぐる境界のみであり、日本は「文明」さえ獲得し、体得すればいいという単眼的方向性だった。

しかし、その約一〇年後、洋装・断髪に髭を蓄え、外見上は西洋化された内村鑑三が米国でみたものは、〝文明化〟の過程で浮き彫りになる、アングロサクソンを中心とした西洋との人種的異質性であり、中国人を筆頭とする東洋との人種的同質性、つまり人種をめぐる境界であった。

　西洋との人種的異質性も東洋との人種的同質性も、本質的には同じ意味を持っていたが、近代日本の自己認識においては、その二つは両立もしくは統合できるものではなかった。なぜなら、近代日本が目指していた「文明」の概念に、「人種」という可視的媒体は、どうしても融合しえないものだったからである。言いかえれば、近代日本の目指した「文明」とは、西洋にこそあり、だからこそ「文明国」日本とは、清朝という〝東洋の老大国〟からの訣別、そして東アジアの中華秩序からの離脱にこそあった。

　にもかかわらず、「文明」の過程で浮き彫りになっていくのは、訣別すべき、離脱すべきアジアとの人種的同質性であった。

　かつて森有礼が二つの写真を飾ったように、内村自身、和装と洋装の二つの姿を米国で意図的に選択し披露していた。そして、内村の二つの姿には、かつて岩倉具視が、日本人が日本人であるために和装し、洋装したように、いずれにもまったく同じ国家的自尊心があった。

　洋装や髭といった外見の西洋化は、日本国内においてこそ文明の象徴となりエリートの証となりえたが、米国でみたのは、皮肉にも、外見の西洋化によって差別化すべき中国人との同化であり、同じ「モンゴロイド」としての日本人の姿だったのである。

　ゆえに内村は、国威発揮のためにあえて集会では和装した。和装によって日本人であることを可視的に示そうとしたのである。それでも、「英米宣教師ら」にとって内村は、民族衣装を着た「黄色人種」並びに「モンゴリア人」に過ぎず、彼らの「黄色人種」に対する態度には、「尊敬と深遠と愛慕」など微塵もなかった。[*96]

それでも自分は「黄色人種」であることを「愧たることとなし」とフィンランド語版に記したのは、フィンランド人と日本人は同じ「ツラン民族」に属していることから、自分はアングロサクソンから軽侮されるたびに、日本人はフィンランド人と同じ「ツラン民族」であるゆえに劣等ではないことを主張してきたことを記すためだった。[*97]

内村は、中国人を起源に形成されつつあった「モンゴロイド」に対する人種偏見に遭遇した日本人としては初期的位置にあった。内村の和装と洋装のあいだで揺らぐ自己認識が示すように、内村の渡米時代から、「文明」の座標軸に「人種」という可視的な媒体が交錯し始める複眼的世界が形成されつつあった。そして、「文明」と「人種」の拮抗のもと、近代日本は屈折した自己認識を形成し始めていく。

「土人」に対し長兄的立場をとり、「開明」されていく「土人」の姿を前に、「日本の位置と希望と天職」を強く感じ、日本は「亜細亜を救ふ」のみならず、世界で「白哲人種の横行に苦しみ」続ける有色人種の長兄となって、西洋の帝国主義的支配から解放しえるとの使命感と希望的観測に内村があふれていたのも、それこそが非「白哲人種」としての「文明国」日本のあるべき姿であり、格好の位置付けにあったからである。

しかし、「文明」と「人種」の拮抗は、その後の日本の自己規定に、決して安定したものをもたらさず、むしろその拮抗は、その後、非西洋の「文明国」・日本の人種的ジレンマとなって顕れていくのである。

内村は帰国後、少なくとも公の場で和装をみせることはなかった。内村の和装は、帰国とともにに封印され、そのときから、「日本人離れした」洋装姿こそ、内村鑑三の証となっていった。

しかし、内村の著作には、たしかに近代日本の屈折した自己認識の系譜が刻まれていた。なかでも人種体験は、内村の米国体験の核心ともいえるものであったことは間違いない。たとえ内村がどれだけ皮肉めいてその体験を描こうとも、和装と洋装に揺らいだその痛々しいほどのせつなさまで封印することはできなかった。

それは、明治初期の日本人エリート層が直面せざるをえなかった「西洋化」の悲哀であり、その後、多くのエリート層が折々で体験させられるせつなさであった。

いわば、内村の米国体験とは、近代日本の自己矛盾に、身体を通じて遭遇した初期的段階にあった。内村鑑三とは、当人が好むとも好まざるとも、その後の日本が避けることができなかった「文明」と「人種」の拮抗を具現化した、先駆的存在であったのである。

＊1　内村鑑三著／鈴木俊郎訳『余は如何にして基督信徒となりし乎』岩波文庫、一九三八年、二六七、二六八頁。引用箇所は、同書に掲載されたフィンランド語版序文（一九〇五年）から引用したものである。この作品自体は、まず英語で記され、内村自身米国での刊行を試みるも出版にこぎつけず、初版は一八九五年五月に日本語版が日本で刊行され、その後約半年経った一一月、米国人の友人の協力で、原文である英語版が米国で出版された

＊2　野上彌生子「私が女学生時代に見た内村さん」鈴木俊郎編『回想の内村鑑三』岩波書店、一九五六年、二一四頁

＊3　昇曙夢「内村先生の思い出」、前掲『回想の内村鑑三』二一八頁。

＊4　志賀直哉『大津順吉・和解・ある男、その姉の死』岩波文庫、一九六〇年、七頁

＊5　以上、星野嘉助「内村鑑三先生と私」『内村鑑三全集』月報一八』（『内村鑑三全集』第一九巻、岩波書店、一

九八二年）、二、三頁
＊6　以上、内村美代子「内村鑑三の日常生活（一）」『内村鑑三全集』月報二〇（『内村鑑三全集』第二一巻、岩波書店、一九八二年）、五頁
＊7　文部省「学校保健統計調査」総務庁統計局『日本長期統計総覧』第五巻、日本統計協会、一九八七年、一二四頁
＊8　安倍能成「内村先生のこと」、前掲『回想の内村鑑三』四四頁
＊9　武者小路実篤「内村さんに就て」、前掲『回想の内村鑑三』三四頁
＊10　北一輝「咄、非開戦を云ふ者」『北一輝著作集』Ⅲ、みすず書房、一九七二年、八八頁
＊11　以上、正宗白鳥「内村先生追憶」、前掲『回想の内村鑑三』一一、一二頁
＊12　斎藤勇「内村鑑三氏　英語講演などの思出」、前掲『回想の内村鑑三』二四〇頁
＊13　徳富蘇峰「思い出」、前掲『回想の内村鑑三』五、七、八頁
＊14　内村鑑三「時の兆候」『内村鑑三全集』第八巻、岩波書店、一九八〇年、二七頁。同「英和時事問答12」『内村鑑三全集』第七巻、岩波書店、一九八〇年、二六二―二六四頁
＊15　徳富蘇峰、前掲「思い出」七頁
＊16　以上、安倍能成「内村先生のこと」、前掲『回想の内村鑑三』四四頁
＊17　以上、徳富蘇峰、前掲「思い出」四頁
＊18　水谷三公『日本の近代13　官僚の風貌』中央公論新社、一九九九年、一一頁。なおこの描写は、ゴロウニン著／井上満訳『日本幽囚記』下、岩波文庫、一九四六年、七七頁に基づいている
＊19　同前、一二頁
＊20　盛岡藩士の三男であった新渡戸が米国人女性と結婚したとき、武士たるものが西洋女性を娶ることに露骨な嫌悪感を示していた（古屋安雄「新渡戸稲造――武士道から平民道へ」『キリスト教と日本人』教文館、二〇〇五年、一二〇、一二一頁）。なお、内村の、札幌農学校で首席を競い合うライバルであった新渡戸に対する嫉妬心と対抗意識も相当であった。そのためか、日頃、武士道精神を自らの指針としていたにもかかわらず、内村は、新渡戸が米国人妻の英語添削により刊行した英文著書『武士道』にも一切触れることはなかった
＊21　以上、国際基督教大学図書館所蔵内村鑑三文庫デジタルアーカイブ：http://lib-archive.icu.ac.jp/uchimura/html/01-01.html（二〇一二年七月二九日閲覧）
＊22　内村美代子、前掲「内村鑑三の日常生活（一）」四頁
＊23　内村美代子、前掲「内村鑑三の日常生活（一）」四頁。星野嘉助、前掲「内村鑑三先生と私」二頁

＊24　内村鑑三、前掲『余は如何にして基督信徒となりし乎』二六七、二六八頁

＊25　園田英弘『世界一周の誕生——グローバリズムの起源』文春新書、二〇〇三年、一一一一三頁

＊26　園田英弘、前掲『世界一周の誕生』一一、一二頁

＊27　一八七一年末から七三年、岩倉使節団の一員として太平洋を渡り大陸横断鉄道に乗って世界周航を果たした久米邦武は、その衝撃を、自身の一生とは、あたかも「歴史の最大変化の時運」を描いたかのようなものであり、その「最大変化」とは、久米が生まれる前の三〇〇年と、一〇〇年にも及ばぬ久米の生涯に起きた変化が、「殆比較にならぬやうな」歴史的転換期であったと記した（『久米博士九十年回顧録』上、早稲田大学出版部、一九三四年、二、三頁）

＊28　園田英弘『西洋化の構造』思文閣出版、一九九三年、四九頁が引いている議会報告書 32d Longness, 1st Session. Rep. Con. No.344 の訳

＊29　リン・パン著／片柳和子訳『華人の歴史』みすず書房、一九九五年、五三、五六頁。米国で「ピッグ（豚）・ビジネス」と呼ばれていたことについては、大森実『大陸横断鉄道』講談社、一九八六年、二三四頁。移民業者との契約書は、片面が英語で、片面が中国語のものもあり、その二つが同じ内容とは限らなかった（『華人の歴史』五六頁）。そう考えれば、高橋是清の「奴隷」契約書も、同様であったかもしれない

＊30　以上、リン・パン、前掲『華人の歴史』五五頁。前半の引用は、同書同頁が引く Wang Sing-wu, *The Organisation of Chinese Emigration 1848-88*, San Francisco, Chinese Materials Center Inc., 1978 P.72。なお彼らは人間として扱われず、J・コンラッドの『台風』（一九〇三年）でも、船が台風に見舞われ、「乗客の安否のために航路を変えるべき」という船員に対し、船長はそれが中国人と知ると、「クーリーが乗客だなんて、聞いたこともない。乗客！　何てこった。お前は頭がどうかしたんじゃないか？」とまで言ってはばからなかった（ジョゼフ・コンラッド著／三宅幾三郎訳『颱風』新潮文庫、一九五一年、三七頁）

＊31　ハインツ・ゴルヴィツァー著／瀬野文教訳『黄禍論とは何か』草思社、一九九九年、二四、二五頁

＊32　若槻泰雄『排日の歴史』中公新書、一九七二年、二一頁が引く George Seward, *Chinese Immigration in its Social and Economical Aspects*, 1881.

＊33　以上、上塚司編『高橋是清自伝』上、中公文庫、一九七六年、三九—四一、七〇、三〇四頁

＊34　『久米博士九十年回顧録』下、早稲田大学出版部、一九三四年、二〇四頁

＊35　鈴木俊郎『内村鑑三伝——米国留学まで』岩波書店、一九八六年、四五八頁

＊36　小野俊一「留学生内村鑑三——未知のドキュメント若干」『中央公論』一九五一年二月号、中央公論社、二一七頁

＊37　以上、三島義温編『三島弥太郎の手紙』学生社、一九九四年、二八、二九頁。なお、上等室の邦人乗客は他に、九鬼隆一公使夫妻、摂津三田藩主九鬼隆義の次女（のちの松方幸次郎の嫁）、銀座の森村の弟、川崎（造船所長の子息）、そして西園寺などがいた

＊38　http://aboutusa.japan.usembassy.gov/j/jusaj-ejournal-immigrants1.html　（二〇一〇年九月一一日閲覧）

＊39　タイタニック号は、豪華絢爛の一等船室には工業化により巨万の富を得た新興成金を乗せ、最下等のステアリッジには、大量のアイルランド系移民をはじめとする欧州移民を「家畜」同然に乗せていた、階級的閉鎖空間だった（以上、嶋田武夫対談「第一章　客船の歴史」『日本造船学会誌』第八六五号、日本造船学会、二〇〇二年、三、四頁）。「沈まぬ船」といわれたタイタニック号が、氷山を避け切れずに沈没にいたった原因には、船長の指示ミスや、大西洋横断の速さをめぐる船舶会社の競い合いもさることながら、船内での電信の私的利用を一等船客向けサービスの目玉として宣伝したことで、電信係が一等船客から大量に受け取った私的通信文処理を優先せざるをえなくなり、結果、氷山追突の危険性を知らせる無線を後回しにしたことにもよる（『進水一〇〇周年　豪華客船　タイタニック号展』二〇一一年、一三、三〇頁）。沈没原因には諸説あるものの、タイタニック号の竣工と沈没とは、新興国・米国の勃興と巨大資本、大量のアイルランド系労働者と造船業の発展、移民という人口流動を可能にせしめた大型客船、そして一等船客の関心を惹かせた電信サービスと、それを優先せざるをえなかった電信部の従業員など、まさにこの頃急速に台頭した米国とその時代の光と影を反映したものだった

＊40　一八〇〇年のアイルランド人口の約半数にあたる二〇〇万人が英語話者並びにバイリンガル（英語とアイルランド語）であったが、一九世紀末期に近づくと、英語話者は二五〇万人ほどに増加し、アイルランド語話者は一五〇万人ほどに減少した。(Jeffrey L. Kallen, "The English Language in Ireland," *International Journal of Sociology of Language*. 70(1988), pp.127-142.)

＊41　渡辺靖『アフターアメリカ』慶應義塾大学出版会、二〇〇四年、一〇、一一頁。一九六一年にボストン出身のアイルランド系カトリックであるジョン・F・ケネディが米国大統領選に当選した衝撃は、二〇〇八年に米国初の黒人大統領となったバラク・オバマの社会的インパクトと同様のものがあった

＊42　以上、リン・パン、前掲『華人の歴史』六五頁。なお、米国における中国人移民の研究としては、貴堂嘉之『アメリカ合衆国と中国人移民――歴史のなかの「移民国家」アメリカ』名古屋大学出版会、二〇一二年を参照

＊43　ハインツ・ゴルヴィツァー、前掲『黄禍論とは何か』二三、二四頁

＊44　渋沢雅英『太平洋にかける橋』読売新聞社、一九七〇年、一二八―一三〇頁

＊45　リン・パン、前掲『華人の歴史』四四頁が引く Payne, Robert *The White Rajaho of Sarawak*, Singapore. Oxford University Press. 1986 P.22

＊46　中條献『歴史のなかの人種』北樹出版、二〇〇四年、三六頁

＊47　胡垣坤ほか編、村田雄二郎、貴堂嘉之訳『カミング・マン』平凡社、一九九七年、一〇頁。鈴木俊郎、前掲『内村鑑三伝』四三五―四三六頁

＊48　鈴木俊郎、前掲『内村鑑三伝』四七〇頁

＊49　鈴木俊郎、前掲『内村鑑三伝』四七一頁

＊50　前掲『高橋是清自伝』上、七一頁

＊51　以上、前掲『三島弥太郎の手紙』六七、六八、七五、七六、九三、一二七―一二九頁

＊52　以上、内村鑑三、前掲『余は如何にして基督信徒となりし乎』一二一、一二二頁

＊53　以上、リン・パン、前掲『華人の歴史』六六、一三一頁。中国系の洗濯屋の歴史について米国大学出版会から学術書まで刊行されている。また、ブライス卿の一八八〇年代の米国旅行記には、ニューヨークのある高級クラブのウェイターが、中国大使に洗濯物の袋を手渡したことさえあったという（『華人の歴史』一三二頁）。だが、このようなことは珍しくなく、一八九〇年（明治二三）に桑港領事館に着任した珍田捨巳も、四年後の明治二七年一一月に帰国するまでの在任中に、白人から「ボーイ」と間違えられる経験をしている。「体軀は低く髯もなく、有体に言へば余り風采は揚らなかつた」珍田は、当時通勤していたアラメダ島から領事館に向かう船中で知り合いになった白人からボーイだと思われており、ある日、礼服にシルクハット姿で乗船した珍田にその白人が「へい、チャーリー今日は大層おめかしだなー、処で此の間お前に頼んだ事はどうなつた」と聞いた（菊池武徳編『伯爵珍田捨巳伝』共盟閣、一九三八年、二九四頁）

＊54　交通手段の等級制は、英国の鉄道開業時の三等級制から始まり、一八七〇年のミッドランド鉄道は二等級制に、フランスでは一九世紀末まで四等級制で、以後三等級制となり、一九五六年には二等級制となる。米国だけは無等級制をとっていたが、急速な工業発展を背景に、豪華列車が登場した一九世紀末から等級化される（以上、小島英俊『文豪たちの大陸横断鉄道』新潮新書、二〇〇八年、一二八、一二九頁）

＊55　以上、内村鑑三、前掲『余は如何にして基督信徒となりし乎』一二二頁

＊56　なぜ馬やアジア系が「ジョン」と呼ばれていたのか。ひとつには、聖書で「ヨナタン」とは兄弟愛にまつわる名前で、「ヘイ、兄弟よ」というニュアンスがあったかもしれない（この点は国際基督教大学名誉教授・並木浩一先生に御助言を頂いた。なお、ジョン万次郎のジョンは、拾われた船の名前がジョンだったため名付けられたようである）。事実、内村鑑三は札幌農学校時代、洗礼名を自ら選ぶにあたり、兄弟愛を示すヨナタンを洗礼名として選び、手紙にも「John. K. Uchimura」と署名している。アジア系をジョンと呼ぶ理由の資料的証拠は摑めていないが、戦後米国に滞在していた亀井俊介も、西洋人から「ジョン」と呼ばれていたことを考えると（亀井俊介『バスのアメリ

カ』冬樹社、一九七九年、二〇頁)、相当広範囲で長期間見受けられたかもしれない。だが、戦後生まれの米国人教授数名に聞いても、アジア系を「ジョン」と呼ぶのは聞いたことがないとのことだった

＊57　以上、内村鑑三、前掲『余は如何にして基督信徒となりし乎』一二二頁

＊58　劉香織『断髪』朝日選書、一九九〇年、一二九頁

＊59　同前、一三七、一三八頁

＊60　さらに、太平天国軍は髪をそらずに清朝と対決した。詳しくは、菊池秀明「反乱と色——太平軍の旗織と衣装」中国民衆史研究会編『老百姓の世界』五号、研文出版、一九八七年、一一一—四六頁。吉沢誠一郎『愛国主義の創成』岩波書店、二〇〇三年、一一九—一五六頁を参照。そして、中国における人種観の諸相に関する研究としては、坂元ひろ子『中国民族主義の神話——人種・身体・ジェンダー』岩波書店、二〇〇四年を参照

＊61　以上、『華人の歴史』六七、七七頁。なお、同書一一〇頁の引く「忌まわしい害虫」「チャイナマンズ・チャンス」「まったく見込みのない」のみ Robert Louis Stevenson, The Amateur Emigrant, New York:C.Scribner's sons, 1920 三〇頁による。

＊62　劉香織、前掲『断髪』一三〇、一三六、一三七頁

＊63　新渡戸稲造『随想録』丁未出版社、一九〇七年、六三頁

＊64　「イエロー」が人種分類に用いられたのは、一八五三年から五五年のゴビノーによる人種三分類(White, Yellow, Black)からである(中條献、前掲『歴史のなかの人種』五四、五七頁)

＊65　劉香織、前掲『華人の歴史』一一〇頁

＊66　http://www.oed.com.ezp-prod1.hul.harvard.edu/view/Entry/121212?redirectedFrom=Mongolian&print(二〇一二年八月一二日閲覧)

＊67　http://www.oed.com.ezp-prod1.hul.harvard.edu/view/Entry/121211?rskey=WphGBe&result=1&isAdvanced=true#eid36253450　(二〇一二年八月一二日閲覧)

＊68　リン・パン、前掲『華人の歴史』一一〇頁

＊69　http://www.oed.com.ezp-prod1.hul.harvard.edu/view/Entry/121211?rskey=WphGBe&result=1&isAdvanced=true#eid36253450　(二〇一二年八月一二日閲覧)

＊70　一八七八年に四九歳で単身来日した英国人女性旅行作家であるイザベラ・バードも、一八八〇年に著した日本滞在記 *Unbeaten Tracks* で、「蒙古系」の日本人の身体に対し総じて「堕落」した印象を持ったことを記している(『日本奥地紀行』平凡社東洋文庫、二九一、二九二頁)。日本人妻を持ち日本在住経験の長かったドイツ人医師・ベルツは一八八五年に、モンゴロイドに共通する身体的特徴として「蒙古斑」を発表する(小野友道「蒙古斑」『臨床

科学』三四巻一二号、一九九八年、一六九五頁)。さらに、一八七五年に一五歳で来日した米国女性クララ・ホイットニーは、来日から四ヵ月後、英国女性が日本男性に嫁いだことを知り、「アングロ・サクソン民族の一員が、モンゴル人とそんな親しい関係になるなんて、胸がむかつく」("it disgusted that a member of Anglo-Saxons race should contrive such intimate relations with a Mongolian".)と人種的嫌悪感をあらわにした。日記の原文には、「Chinaman」と結婚するよりまだいいが、とも記されているが、かくも露骨な人種偏見を抱きながらも、クララは一八八六年に、勝海舟の三男・梶梅太郎(勝海舟の長崎での妾の子を、その妾の死後、三男として引き取った)と結婚した。その理由は、一八八五年、すでにクララはキリスト者としての強い自意識がありながらも妊娠六ヵ月で、梅太郎の子を宿していたからであった。このときすでにクララの両親は亡くなっており、それまでもホイットニー家の経済援助をしていた勝海舟だけがクララの頼りであった。結婚後も、生活力のない梅太郎と結婚したクララを支えたのは勝海舟であったため、勝海舟死後、クララは離婚、六人の子どもを引き連れて米国に帰国する(クララ・ホイットニー著/一又民子訳『クララの明治日記』上、講談社、一九七六年、一一、五二頁。英語版は、*Clara's Diary: An American Girl in Meiji Japan* p.22, 54.)。さらに、一八九一年、米国の教会で新渡戸稲造がメアリー・エルキントンと結婚した際、メアリーの両親は同じ宗派のキリスト者でありながら新渡戸との結婚に反対し、挙式に参列しなかったが、その理由が人種偏見に基づくものであろうことは想像に難くない(NHK「内村鑑三と新渡戸稲造」二〇一二年八月放映、メアリーの子孫の取材)。他方、英国では、一八九七年、南方熊楠が大英博物館で白人の「東洋人」に対する蔑視に対し怒り殴打事件を起こしているが、これも同時期の「モンゴロイド」に対する偏見と無縁ではなかろう(南方熊楠「履歴書」『南方熊楠全集』第七巻・書簡I、平凡社、一九七一年、一八頁)。なお、この時期の西洋における日本人に対する人種意識に関しては、Rotem Kowner, "Lighter than Yellow, but not enough: Western discourse on the Japanese "race", 1854-1904", in *The Historical Journal*, Vol43. No.1, Cambridge University Press, 2000, Pp.103-31.

*71　一八九〇年には「蒙古人種拒絶法案」(Mongolian Exclusion Bill)がワシントンDCの中央議会に提出された際、まだ日本人は対象になっていなかったが、「之れを放置すれば日本人も其の捲添へを食ふ運命に置かれて居た」。そのために公使館では「両院議員間に運動して握り潰し策を講ずると共に、桑港領事館に於ては公使の命を奉じて、日本人は蒙古人種にあらざることを宣伝することになつた。其の内珍田伯の着任となり」、珍田は新聞・雑誌や演説会等で、「日本人は支那人と人種は勿論、語源を異にし決して蒙古人種ではない」こと、さらには「日本人及朝鮮人等は波斯人、アフガン人又は北部印度人等と同一人種に属するもの」と主張した。これは「畢竟法案中の蒙古人種に対する弁駁に重点を置いた結果に外ならないが、日本人を以て波斯人等と同人種なりとの断案を下したのは随分大胆でもあつた」(前掲『伯爵珍田捨巳伝』一〇頁)

＊72　渋沢栄一「航西日記」渋沢青淵記念財団竜門社編『渋沢栄一伝記資料』第一巻、渋沢栄一伝記資料刊行会、一九五五年、四六四頁

＊73　以上、並木頼寿『日本人のアジア認識』山川出版社、二〇〇五年、二九、三〇頁。同書三五頁の引く岸田吟香「淡々社諸君ニ寄セシ書牘」『朝野新聞』一八八〇年五月一九日号

＊74　並木頼寿、前掲『日本人のアジア認識』三九頁。橋川文三「福沢諭吉と岡倉天心」竹内好ほか編『近代日本と中国』朝日選書、一九七四年、上、一八、一九頁

＊75　内村鑑三「流竄録」『内村鑑三全集』第三巻、五二、七四頁

＊76　以上、同前、六二、六三頁

＊77　以上、同前、六三頁

＊78　以上、山縣五十雄「眇たる内村鑑三」、前掲『回想の内村鑑三』二〇七頁

＊79　内村美代子「内村鑑三の日常生活（三）」『内村鑑三全集』月報二二（『内村鑑三全集』第二三巻、岩波書店、一九八二年）、三頁

＊80　内村鑑三、前掲「流竄録」七一頁、鈴木俊郎『内村鑑三伝』七〇七頁

＊81　内村美代子、前掲「内村鑑三の日常生活（三）」三頁

＊82　以上、内村鑑三、前掲『余は如何にして基督信徒となりし乎』一六〇―一六二頁

＊83　『内村鑑三全集』第三六巻、岩波書店、一九八三年、一二四頁

＊84　同前、一六七頁

＊85　『内村鑑三全集』第三三巻、岩波書店、一九八三年、八一頁

＊86　以上、天達文子「十字架にすがる幼児」、前掲『回想の内村鑑三』二七六頁

＊87　内村鑑三が自身の後継者とみなしていた愛弟子・有島武郎（一八七八―一九二三）が、一九〇五年、弟の有島生馬と欧州を周遊していた際、イタリアの知人を通じて、ヴァチカンの法皇謁見の機会を得ようとしたことがあった。ヴァチカンとの長い交渉を経て、最終的な大詰め段階にいたって法王庁から届いたのが、「和服を着て謁見をしろ」との命令だった。有島武郎はそれに憤慨し、謁見の労をとっていた仲介者が言いなすのを遮り、自らヴァチカン宮に出かけ、謁見を断る。有島武郎は、このときの紀行に、「和服を着るのを私達は恥ぢた訳ではない。和服を着て見参しろといつた彼等の心を私達は恥ぢたのだ」と記している（有島武郎「旅する心」『有島武郎全集』第六巻、筑摩書房、一九八一年、七八頁）。有島武郎は、内村が米国に滞在してから約二〇年後、内村が米国で経験した「サーカス・ショー」に通ずるものを、ヴァチカンの法皇謁見交渉の際遭遇するが、オリエンタリズムへの抵抗ともいえる有島の憤慨は、内村には見られなかった

＊88　以上、刑部芳則『洋服・散髪・脱刀――服制の明治維新』講談社メチエ、二〇一〇年、四八―五一頁
＊89　岩倉使節団に同行した金子堅太郎の自叙伝によると、一八七二年一月二四日、一行がシカゴに到着すると、米国留学中の岩倉具定及びその随行員が岩倉具視を出迎えた。だが、「一たい衣冠束帯の父を見て大いに驚き、斬髪洋服に改めざれは米人は日本の見世物来たりと嘲笑せんと勧告したけれども、右大臣は官候相当の正服は改むること能はずと拒絶したり。然らば玆より以東外出は勿論旅館に於ても両人は父君の通弁は相断ると主張したるに依り、右大臣は華府到着の後、終に斬髪して洋服を新調したりと言ふ」（高瀬暢彦編『金子堅太郎自叙伝』第一集、日本大学精神文化研究所研究叢書一一、創文社、二〇〇三年、七五頁）
＊90　以上、刑部芳則、前掲『洋服・散髪・脱刀――服制の明治維新』五一頁
＊91　犬塚孝明・石黒敬章『明治の若き群像――森有礼旧蔵アルバム』平凡社、二〇〇六年、七八頁
＊92　多木浩二『天皇の肖像』岩波新書、一九八八年、一一六―一二二頁
＊93　園田英弘、前掲『西洋化の構造』一九一頁
＊94　以上、内村鑑三、前掲「流竄録」九七、九八頁
＊95　同前、一〇〇頁
＊96　内村鑑三「フィンランド語版序文」（一九〇五年）、前掲『余は如何にして基督信徒となりし乎』二三七頁
＊97　ツラン人種（Turanian）とは、中央アジアのトルキスタンを中心とする人種で、コーカソイドとモンゴロイドの移行型とされている（ブリタニカ国際大百科事典）

第2章
〈一等国〉の栄光とその不安——日露戦争後

三四郎は一生懸命に見惚《みと》れていた。これでは威張るのも尤《もっと》もだと思った。自分が西洋へ行って、こんな人の中に這入ったら定めし肩身の狭い事だろうとまで考えた。〔中略〕「ああ美しい」と小声にいって、すぐ生欠伸《あくび》をした。〔中略〕〔そばにいた男も〕「どうも西洋人は美くしいですね」といった。三四郎は別段の答も出ないのでただはあと受けて笑っていた。すると髭の男は、「御互は憐れだなあ」といい出した。「こんな顔をして、こんなに弱っていては、いくら日露戦争に勝って、一等国になっても駄目ですね。*1」

夏目漱石『三四郎』一九〇八年

語られぬみじめさ

夏目漱石の風貌

一九〇二年（明治三五）、英国留学から帰国し、東京帝国大の英文科講師に就任した夏目漱石（一八六七―一九一六）は、まさに「当時の知識階級人としては最高の出世」を遂げつつあった。[*2] 講師就任当時、三五歳であった漱石の内に秘めた喜びと嬉しさ、それと同等の気負いと緊張感は、その服装と振る舞いからもみてとれた。漱石は、いかにも「新帰朝者」で「大学講師」らしいハイカラーの洋服にカイゼル髭を蓄え、「よく磨いたキッドの靴の、尖の細い、踵の高いのを穿いて、リズムをとるやうな歩き方で教室に入つて」くる。[*3]

教壇に立つやいなや、「一時間に何十回となく」ハンカチで髭に「みがきをかけ」、「やたらにカフスを廻転させ」、しまいには、「諸君の御希望に依りては英語でお話ししてもよろしい」とさえ、述べている。

いつしか学生から、「きざな誇学的紳士《ペダンティックスノッブ》」と言われるようになるが、漱石の風貌にかけた意気込みは、当時の漱石をとりまく経済状況を考えればなおさらだった。[*4]

官費による極貧の留学生活から帰朝したとき「家族は無一物同様の貧しさ」にあり、住まいすら友人から借金せねばならなかった。[*5] 漱石の長女・筆子によると、漱石はまだ教師という定職があったからよかったものの、小説家として名が売れるようになってからも、家を買う経済力はなく生涯仮住まいで、なおかつ当時、富裕層のあいだから少しずつ設置されはじめつつあった電話が漱石の住まいには当然なかったため、母の陣痛が始まると漱石が産婆を呼びに行ったのだが、三番目の妹・愛子が生まれたときは間に合わず、漱石が取り上げたことすらあった。[*6]

一方の筆子の母方の叔母たちは裕福な家に嫁いだため、筆子らは叔母からしばしば「憐れみや侮り」を受け、あるとき筆子と妹が叔母の家に遊びにいったときも、叔母は「あんた達、どうせ電話なんかかけられないでしょう。もしかけたら御褒美にゆかたを買ってあげるわよ」といった。筆子は電話が恐ろしくかけられなかったものの、妹の愛子は、浴衣ほしさに「全身汗だくになり、震えながら」電話をした。

二歳おきに七人の子どもが生まれた夏目家では、浴衣すら新調できず、筆子の母・鏡子は毎晩遅くまで薄暗いランプのもとで縫物をし、家族九人の衣類を維持管理し、父・漱石は常に懐具合を気にしていた。[*7]

にもかかわらず、ロンドン帰りの東京帝国大学の英文科講師としての漱石は、傍目には「最高の出世」にあったがために、漱石の幼年時代の養父は、漱石のもとに「金をせびりに来る」ほか、相場に手を出して失敗し困窮に陥った義父が金を借りにくるなど、「親戚中のものが夏目の懐をあてに」した。

漱石は、兼任していた一高の同僚かつ親友に借金をして義父に用立て、「親戚のために無理をした借金の穴埋め」のために、明治大学にも出講する。[*8]

筆子の回想と伊藤整の記述、さらには鏡子の回想記を照らし合わせると、晩年にいたるまで家族が経済的困窮を強いられたことは事実であり、そのようななかで、かくも服装と外見にこだわった漱石の自意識は相当であったと言わざるをえない。[*9]

図3　夏目漱石、1914年

漱石の自意識過剰ぶりは一般に知られる写真の数々にも見受けられるだろう。当時のエリート層の写真はそれぞれが相当の修正を施していたとはいうものの、数年違いで撮影された写真家による写真と、自宅で撮影されたものの違いをみるだけでも、漱石の自意識の強さはうかがえる。

特に漱石の身体的特徴のひとつである顔のあばたは、本人も強く意識していたことであり、修正ではことにあばたを削除することを意識した。そのためか、見合いのために、仲人が漱石の写真を鏡子に持ちこんだ際、「これは大変きれいに写っているが、あばたはありませんよ」とわざわざ断ってきたので、鏡子は「私も妹の時子も、その妙な言葉つきからそのことが頭にこびりついて」しまい、実際見合いした際、ついあばたに目が行ってしまったと回想する。[*10]

漱石の作品の折々にはあばたを醜悪視する描写が散見され、なおかつ、西洋の社会的上層にはあばたを持つ者はいないなどと論じるなど、あばたは漱石にとってどこまでもつきまとう「傷」であり、また、あばたによって、漱石はとりわけ外見に自意識過剰であったともいえる。[*11]

このように自意識過剰であった漱石が、自身の洋行帰りに向けられた人々の羨望と注目と期待に応えようとしないわけがなく、それだけ漱石の渡英はたしかに華々しさに満ち溢れていた。しかし、その一方で留学の現実は、漱石の栄光とその現実的落差を示すように、みじめさにも溢れていた。

漱石にとって、ロンドンでの二年間ほど「尤も不愉快」で「あはれ」な日々はなく、誰もがうらやむ大英帝国での留学生活は、「五百万粒の油のなかに、一滴の水となつて辛うじて露命を繫」いでいるかのような疎外感のなかにあった。[*12]

その疎外感は、英国人との身体的差異に投影され、漱石は、ロンドンの街を歩けば「逢ふ奴も〳〵皆んな厭に脊いが高い」とし、自分と比べ西洋人はあまりに背が高いために嫌味のひとつや二つ付け加えたい気分になるが、とにかく外見は「向ふの方がどうしても立派だ」ということは否めないとして次のように記している。

何となく自分が肩身の狭い心持ちがする。向ふから人間並外れた低い奴が来た。占たと思つてすれ違つて見ると自分より二寸許り高い。此度は向ふから妙な顔色をした一寸法師が来たなと思ふと、是即ち乃公自身の影が姿見に写つたのである。[*13]

漱石は留学中の自分を、五〇〇万人のアングロサクソンのいる英国社会にひとり佇む「妙な顔色をした一寸法師」で、自分よりもはるかに背の高い英国人の集まるロンドンを歩いていると「何となく自分が肩身の狭い心持ち」を抱く。しかも、その「妙な顔色」については、日本にいるまで漱石がついぞ気付かなかったものだったと次のように語る。

我々黄色人――黄色人とは甘くつけたものだ。全く黄色い。日本に居る時は余り白い方ではないが先づ一通りの人間色といふ色に近いと心得て居たが、此国では遂に人―間―を―去―る―三―舎―色と言はざるを得ないと悟った*14――

さらに、ロンドンで英文学を研究している自分は、所詮「ポットデの田舎者のアンポンタン」に過ぎず、「山家猿」のような「チンチクリン」の小柄さで、「土気色」の顔色をしているために、西洋人から馬鹿にされるのは当然だと感じる。*15

特に肌の色を考えれば、ロンドンにいる自分など「清らかに洗ひ濯げる白シャツに一点の墨汁を落したる」存在であり、「墨汁に比すべき余が乞食の如き有様」で街を徘徊しているのは、「白シャツ」の「持主」である英国紳士には「定めて心よからざらん」ことと思う。漱石が留学中に抱いた疎外感とは、まぎれもなく人種的疎外感であった。

アングロサクソンに対する漱石の人種的疎外感は帰国後も残り、一九〇八年の新聞小説『三四郎』では、浜松駅のプラットホームにいた西洋人の美しさにみとれ、かくも「西洋人は美くしい」のだから、彼らが「威張るのも尤も」であり、そのような西洋人ばかりが揃う西洋社会に日本人が入れば、「定めし肩身の狭い事」に違いない、と三四郎に語らせる。

　一方の日本人は「憐れ」であり、「こんな顔をして、こんなに弱っていては、いくら日露戦争に勝って、一等国になっても駄目」である、と、日本人の身体をみればいくら「一等国」と言ったって、とても現実はともなっていないことは一目瞭然であろうことを述べる。それはすなわち自国認識と国力の落差を物語るものであったが、漱石はその落差を、容貌や体格といった外見の落差に見出し、そしてその落差を埋めようとするかのごとく、黄色人種である自己を醜悪視していったのである。[*16]

神経衰弱と人種意識

なぜ漱石は、栄光の留学先で、自己醜悪視するほどのみじめな思いをしたのだろうか。

日露戦争後の日本の「一等国」としての台頭は、たしかに華々しさを持っていた。

人種的観点からみても、日本が日露戦争に勝利したことは歴史的な事実であり、たとえ講和による勝利であっても、ロシアに黄色人種の日本人が勝利したことは既存の人種的序列の概念を覆しうるものであった。その点では、日露戦争後、非西洋の唯一の「一等国」として、西洋列強の支配する国際政治の舞台に台頭しつつあった日本の姿は、漱石と同様、まぎれもなく「最高の出世」ともいえるものだった。

　だが現実は、漱石の記すように、日露戦争のために巨額の借金を軍事費にあてたことで財政は疲弊し、「日本程借金を拵らへて、貧乏震ひをしてゐる国」はなく、それでも「無理にも一等国の仲間入をしやうと」する日本は、まるで「牛」に競争しようと「腹が裂ける」ような無理をする「蛙」のように、実に「哀れ」な姿でもあった。

それは国力・経済力の問題だけではない。漱石がアングロサクソンとの身体的格差から抱いた劣等感にも映し出されているように、日露戦争後の日本が直面したのは、西洋列強の支配する国際政治に、唯一の非西洋、つまり唯一の〝有色人種〟として、参入しつつあったことからくる人種的疎外感とも密接に重なり合ったものだった。

漱石は、かくも「西洋の圧迫」を受けていれば、日本が「神経衰弱」になるのも当然で、「精神の困憊と、身体の衰弱とは不幸にして伴なつてゐる」ため、明治以降、日本人は心身ともに「衰弱」しつつあると言及するが、いずれの観点から捉えても、西洋人にはとてもではないが敵わないという感覚が、漱石の人種意識を形成していたといえる。[*17]

漱石自身の「神経衰弱」は、よく知られている。洋行を命ぜられた一九〇〇年、三三歳の「中年」期にあった漱石は、妻子をおいて英国へ単身赴任するのは気が向かず、渡英後も、つましい家計のなかでの育児とつわりに苦しんでいた妻から連絡が来ずノイローゼになった。その点では、独身の二〇代の若さで自ら望んで渡独した森鷗外とは、はじめの動機から精神状況まで違う。

漱石の長女・筆子の娘となる半藤末利子は、折に触れ母から聞かされた漱石の思い出が、「余りにも惨憺たるもの」で、特に「神経衰弱という病気」によって、「漱石は出発前とは別人となって帰国し」、「生活は殺伐としたものとなった」。漱石の家庭内暴力は凄まじく、「筆子自身もよく殴られたが、おおかた髪でも摑まれて引き擦り廻されたのか、髪をふり乱して目を真赤に泣き腫らして書斎から走り出てくる鏡子を、筆子はよく見かけたものだった」と回想する。[*18] 渡英したがために変わり果ててしまった漱石の精神状況による家族の悲惨な日々を考えれば、たしかに漱石の「神経衰弱」は相当であり、その精神状況を考えれば、漱石の人種的な醜悪視に関する言及を一般化することはできないだろう。

ましてや、この神経衰弱が、どれだけ漱石の人種的疎外感と関係性があるかの客観的判断も容易ではない。だが、漱石がいみじくも肌の色に関して右に言及していることが物語るように、漱石にとって渡英前と後では明らかに異なる認識をもったひとつが人種的認識であることを考えれば、神経衰弱と人種的疎外感は、まったく相互関係性がなかったとは言い切れないだろう。現に、人種的疎外感は、漱石に限らず、当時留学した日本人エリート層の多くが感じた共有意識のようなものだった。

そしてとりわけ漱石の時代が日本の自己認識をめぐって不安に満ちていたのは、その頃形成されつつあった日本の「一等国」としての人種的自己認識に深く関係していた。つまり、非西洋の「一等国」として近代日本が直面しつつあった人種的不安と呼応していたのである。

たとえ西洋列強と対等の地位を築きつつあったとしても、西洋と日本のあいだには人種的境界がある。それは西洋との人種的異質性であり、東洋との人種的同質性でもあった。両者は同じ意味を持つが、明治以降、不平等条約改正を国家的指針とし続けた日本にとって、「文明国」として西洋からの承認を得ることこそ、成し遂げるべき到達点のひとつであり、西洋と対等の「文明国」として承認を受けるためには、西洋との宿命的差異である人種的異質性も、「脱亜」すべき東洋との人種的同質性も、ともに「根本的に不都合な点」（伊東巳代治）となったからである。

日露戦争後の日本には、非西洋の「一等国」として、西洋との人種的差異をどのように解釈し、克服していくか、そして迫りくる人種的問題をどのように捉えていくかが課題となっていた。言いかえれば、日露戦争後から一九一一年の条約改正に始まる一九一〇年代は、日本にとって、いかなる人種的自己認識を形成すれば、人種的異質性を持つ西洋と、人種的同質性を持つ東洋の狭間で揺らぐ不安定な人種的自己認識を安定させることができるのか、模索せざるをえない時代を迎えつつあったといえる。[*19]

では、日本が日露戦争勝利によって「一等国」となっていく前後に留学した夏目漱石をはじめとするエリート層は、さまざまな身体的差異から、人種的差異をいかに捉えていったのであろうか。また同時期に浮上しつつあった排日問題や、他の「東洋人」との人種的同質性をいかに解釈し、人種的自己認識を形成していったのであろうか。

日露戦争を契機に見られ始める日本人の背丈や体格、容貌や肌の色をめぐる自己醜悪視は、漱石だけに限らず、多くのエリート層にみられた。日本人の背丈や体格、容貌や肌の色を醜悪視する傾向は、その後、エリート層のあいだで長きにわたり、懸念され続けていくこととなる。その点で、漱石は、幸か不幸か、日本人の人種的劣等感に直面した代表的存在であったといえる。

本章では、おもに日露戦争後の洋行エリート層がどのように人種的差異を認識していったのか、その差異としてよく論じられた身体部位である背丈、体格、容貌、そして肌の色に関する言及を考察する。

そのうえで、社会背景としてこの時期から台頭しつつあった排日問題や人種的異質性と人種的同質性をどう捉えていたか、その相互関係性についても考えたい。

自己醜悪視

「小人国」

背丈も体格も能力の優劣を示すものではない。だがいずれも可視的であるだけに、一九世紀後半から西洋の風刺画に描かれる典型的な日本人が、決まって小柄で細身の男性像であり続けたことは、それが日本人男性の典型的姿と西洋人がみていたことを示唆するものといえるだろう。[*20]

同様に、背丈や体格などの身体的差異は、洋行経験を持つ近代日本エリート層にとっても、人種的差異を示すひとつとして認識されていた。では、当時の日本男性の背丈は、どれだけ西洋人と平均的に異なっていたのであろうか。

ロンドンを徘徊した漱石は自身を「一寸法師」と称したが、一五七センチほどの身長であった漱石は、当時の日本の成人男性の平均身長にあり、とりわけ小柄であったわけではない。[*21]

一方、当時の英国人男性の平均身長は一六七センチであり（米国男性は一七一センチ）、日本男性の平均身長とは約一〇センチの差があった。[*22]

また、当時の英米女性の平均身長は約一六〇センチで、一七〇センチの女性も少なくなかった。一九一〇年（明治四三）から三年間ドイツのハイデルベルクへ留学した吉野作造（一八七八—一九三三）は、身長が一六五センチであり、ドイツ女性の平均身長は自分と同じくらいと記しており、少なくとも当時の日本男性の多くは、西洋女性より小柄であった。[*23]

日本では「巨人」とされた劇作家の中村吉蔵（一八七七—一九四一）ですら、カリフォルニアの「通行人の体格の立派なのは羨ましいやう」で、欧米では自分よりはるかに背の高い男女が多くいたことに驚きを隠さなかった。[*24]

西洋男性とは大きな身長差があるため、日本でも小柄の森次太郎は、ニューヨーク郊外での見世物小屋に「小人国」を見つけたとき、自分も「小人国の一人と怪しまれ」ないか不安を抱く。[*25]米国の中年女性からは、森の顔つきが中国人にも日本人にも見えぬが一体何人かと聞かれたので、森は浮かれて「天から降つた人間じや」と答えると、どうりで「貴下の如き小さい御方は見たことがない」と切り返されたこともあったという。[*26]

西洋人は男女とも一六〇センチは超えているため、日本であれば必ず停車場の乗り場に設置されている踏み台が西洋にはない。洋行した日本人は、「停車毎に踏台を乗降口に置けり、日本人こそ足短けれ、長大なる国民には何の不自由もなからん」と、日本では想像もしなかった気苦労を洋行先では強いられる。[*27]

西洋男性とも大きな身長差があり、西洋女性からも見下ろされる。また、日常生活のさまざまな場面でも小柄さを痛感させられる。漱石がロンドンで「一寸法師」にでもなったかの感覚に陥ったのは職業作家の誇張でもなく、いたって素朴な実感だった。

もともと見下ろされることを本能的に好まぬ男性にとって、身長差とは自尊心に関わる問題であり、身長が一六三、四センチの後藤新平より背が低い身長一五〇センチ程度の児玉源太郎は、後藤と並んで写真撮影する際は、自ら箱を持ってきてその上に立ち身長差をカバーしたほどだった。[*28]

日本人同士ですら懸念するのだから、洋行先での西洋人との身長差は、小柄の日本人エリート層にとっては小さからぬ不安材料とならざるをえない。

警視総監を務めた三島通庸（一八三五—一八八）は、徳富蘇峰に「三島通庸五尺の身体を以て政府の長城たり」と言わしめるほどの背丈（約一五〇センチ）だったが、同様に小柄の息子である弥太郎（一八六七—一九一九）の留学先をニューヨーク総領事・高橋新吉に相談したときも、米国の学校では日本人の「体形の悪さを軽蔑する者」もいるため、高橋自身も学んだ縁故のある学校ならば差別されまいと西フィラデルフィア中学を薦められ、弥太郎をそこに留学させている。

多少の親譲りもあったのか、当時一〇代の成長期にあった弥太郎も「私の身長が低いこと」は悩みの種で、マサチューセッツ農科大学在学中も校内で自分は「小人島の小人」のようで、米国人と並ぶと「子供とおとっさんのよう」で肩身が狭く、ある晩、ホームステイ先でガスランプに火をつけようとしても「悲しいことに」手が届かず、自分より背の高いその家の姉令嬢がきて、「苦もなく火をつけ、もう少し高くおなりなさい」と冗談を言われ赤面する。[*29]

第1章で触れたように、同時期同地区に留学した内村鑑三（一七八センチ）が国内でかくも「日本人離れ」した姿と絶賛されたのも、それだけ大柄の日本人は皆無に近かったからであり、多くの日本人エリート層にとって洋行や留学とは、自分の小柄さを痛感させられ、西洋人に対し外見的威圧感を抱く体験の連続だった。

安住の地である日本

逆を言えば、小柄な西洋人にとって日本は外見的威圧感から解放される国となる。明治期の来日外国人の多くは、日本を訪れまず日本人の小柄さ、「人形の家」のような日本家屋をはじめすべてが小さいことに驚きを隠さなかった。そして自分が小柄であることに引け目を感じていた英国人作家のラドヤード・キプリング（一八六五―一九三六）は、妻を連れての再来日の際、何よりも身長差で悩まされないですむことの安堵感を次のように記している。

小柄な人間は、日本に来るとほっとする。はるか上から見下ろされなくともよいからだ。婦人たちを見る時も、見上げなくてすむ。これこそは男が女を見るのに最も正しく、ふさわしい見方である。[*30]

キプリングの日本見聞記には、警官や旅館の亭主、人力車の雇い主や街を歩く日本人がいかに小柄であるかを描写した記述が多いが、それをあえて幾度も言及したのは、それだけキプリング自身が、背丈に負い目を感じていたからといえよう。

また、日本に長く在住し日本人妻を持ったドイツ人医師エルヴィン・ベルツ（一八四九―一九一三）も、日本人は男女ともにかなり小柄であることを来日するたびに痛感する。[*31]ベルツは、人類学的視点を持っていたことも反映してか、行く先々での人々の容貌や肉体的特徴の観察を多く残しているが、ベルツ自身の容貌と体格についても「無骨で小太りの体型と、きりっとした輪郭と繊細さに欠ける顔だち」では、「私のような者を喜んで夫にしたいと思う女性がいるだろうか。少なくとも肉体的にみて、これといった魅力がないことはたしかだ。たぶん、もっと醜い男もいるだろうが、このさえない容貌、ずんぐりとした体つきは自分でも気に入らない。私が女だったら、別の男を選ぶだろう」と記している。[*32]ベルツの、自身の容貌では結婚できないのではないかとの懸念と、日本女性との婚姻関係を持ったことは、まったく無関係ではないかもしれない。
同様に、一七歳下の日本女性と結婚し永住しようとするがのちに離婚し、フランスに帰国したフランス人風刺画家のジョルジュ・ビゴー（一八六〇―一九二七）も身長は一六〇センチほどで日本人の平均身長と変わらなかった。[*33] 平均的にフランス人の背丈は、アングロサクソンや北欧系と比較すればそれほど高くないが、それでも日本人の平均身長よりは高かったため、ビゴーはフランス人のなかでも小柄であったといえる。[*34]
さらにラフカディオ・ハーン（一八五〇―一九〇四）が、日本を愛し四〇歳で日本女性と再婚、日本に帰化するまでにいたった動機のひとつに、ハーンの身体的特徴との関連を見出す論は多い。ハーンの背丈は約一五四センチで、「猫背でひょこひょこ歩いた」癖があり、アイルランド人の父とギリシャ人の母を持つハーンの肌の色は浅黒く、左目はほぼ視力を失い、右目は「とびだして、その上はなはだしい近目」だった。[*35]
ハーンが被写体の写真には、正面から撮ったものがなく、常に目を下に向け、つむった形で撮影したものや、横顔のものに限られており、妻や家族との写真も同様だった。妻と撮影する際は、妻を着席させ自分は直立姿勢にすることで、自らの小柄さが目立たぬようにするなど、撮影者をはじめ周囲はハーンの身体的特徴に常に配慮していた。
小柄であることで西洋では社会的疎外感を抱いていたキプリングやハーンにとって、自分たちよりも小柄な人間の多い日本は「安住の地」となった。[*36]
特に、キプリングは英統治下のインド・ムンバイに生まれ、ハーンは英領のレフカダ島に生まれている。ともに英国社会の価値体系が影響力を持つなかで育っており、体格の問題は、社会的圧力を多分に帯びたものであったかもしれない。

というのも、スポーツマンシップを尊ぶ階級社会である英国では、体格も階級と相関関係を持ち、英軍では小柄で細身な人間は士官になれなかった。英軍の士官と下士官並びに兵とでは、「体格の隔絶」といえるほどの「決定的な相違」があり、戦後英軍捕虜となった会田雄次（一七五センチ、六四キロ）によれば、英軍の下士官や兵に、自分より背の高い者はほとんどおらず、小柄な者ばかりで体格も「見事なもの」は多くなく皆「貧弱」だった。一方、士官は一八二センチ以上の「大男」ばかりで「ほとんどが堂々たる体軀で私たちを圧倒」させ、彼らに接していたときほど「日本人の体格のみじめさ」を痛感させられたことはなく、日本人としては高身長だった会田ですら、彼らを前にすれば「蚊トンボ」に過ぎなかったという。さらに大柄の士官の動作は「自信にみち」、たとえ低俗な雑誌をめくっているだけでも、その姿は威厳にあふれているようにみえた。

英軍では体格と階級は合致しており、学歴があるために小柄で細身でも社会的上層に属する「青白きインテリ」など社会的に存在しえないと会田は指摘する。[*37]

つまり、かくも身長と体格が自己の社会的位置付けに関与するならば、ともに英国社会の価値体系と無関係ではなかったといえるキプリングやハーンの身体的劣等感は社会的圧力を多分に帯びたものであり、男女ともに小柄な人間ばかりが揃う日本に親近感や安心感を覚えたのも自然な感情だったかもしれない。[*38]

小柄であることが「劣位」を証明することには一切ならないが、日本人エリート層がかくも身長差で不安を覚えたのは「一等国」意識と人種意識の芽生えにあった。

つまり、日本は日露戦争に勝利して「一等国」になったにもかかわらず、こんなに小柄で「貧弱」な体格では、西洋列強とは対等の地位にあるとは言いがたい。[*39] どれだけ「一等国」意識を持とうとも、外見がそれにそぐわないとの不安である。

身体的格差は国内では直視せずにすんだが、洋行先では避けられない現実であった。

一九〇八年、東京・大阪両朝日新聞社主催の「世界一周会」に参加した野村みち（一八七五―一九六〇、当時三二歳）は、横浜を出発した汽船「モンゴリア号」の船内で、西洋人と日本人の体格の歴然とした差異に、「常には左迄に感ぜざりし日本人の体格も、かく外国人の中に打交りては、いたく見劣らるゝは口惜し」と、国内にいては気付かなかった日本人男性の体格の「見劣らるゝ」姿を日本女性として憂えていた。

また、野村みちは、乗船していた西洋男性から、「日本人は何故に体軀の発達せざるやを知り給ふか」と聞かれ、野村は日頃聞かされていた「日本人は幼きより座居するの習慣あれば、脚部の発達を害するなり」と答えている。[*40] 日本人の体格をめぐる問題意識は、国内でも社会認識として浸透しており、この頃東京市長だった尾崎行雄（一八五八―一九五四）も、床に坐る生活様式が日本人の身長を低くせしめる要因として捉え、「人種改良の上より、国民競争の上より、早く座居の弊を改めたきもの」と訴えていた。

体格改良の必要性は国内ではあくまで知識や情報、問題意識として人々は捉えていたが、洋行は、その「弊」を現実の問題として、目の当たりにする連続的体験であった。[*41]

一九〇一年から四年間文部省留学生としてドイツ・米国に心理学研究のため留学した塚原政次（一八七二―一九四六）も、帰国後の帰朝雑感「日本人の短軀と顔色」を『新公論』に発表、その題目通り、「実に日本人は身体が小さい」に始まり、「日本人の短軀と顔色」がどれだけ西洋人からの軽蔑の対象となり、日本人自身も卑屈になる要因であるかを次のように力説した。

日本人は概して小柄であることは皆の知るところではあったが、欧米に行くと日本人は「比較にならぬほど」「大変小さい」がゆえに、日本人に話しかける西洋人は、いつも上から見下ろすように話し、日本人はいつも上を向いて話さねばならない。

そのためいつも日本人は西洋人に「制される気味」があり、現地の大学一年生と話すときでさえ、彼らの背が高いがために、たとえ学問的知識はこちらのほうがあっても相手は「何だか軽蔑をして掛る」ので、物理的に見下ろされるだけでなく、精神的にも見下されているようにも感じる。洋行先では、「ひがみかも知れぬが非常に身体の小さいと云ふこと」を感じざるをえなかった。[*42]

かくも日本人が皆小柄であると、日本の国力さえも小ぶりではないかとの印象を与えかねない。それはまぎれもなく日本の自国認識にある非西洋の新興国としての不安を指し示していたが、その不安が、人種的不安と呼応するかのように、身体を通じて表面化されていくのだった。[*43]

特に欧米の政府高官らと関わり合う日本人外交官の体格は、報道関係者の撮影する写真が流布するため、日本の国威を背負った可視的媒体としての注目を受けてしまう。

国内でも「ねずみ公使」と呼ばれた身長一五六センチの小村寿太郎（一八五五―一九一一）が一八九八年に駐米公使として渡米した際も、西郷従道は「小村さん、貴方は体が小さい。その体で、大きな外国人の中に混じったら、子供のように思われましょう」と言い、小村は「日本は小さくても強いですから」と答えている。[*44] だが、のちに日露戦争後のポーツマス講和会議で全権を務めた小村の秘書官・本多熊太郎は、一五六センチの小村と、一八二センチ以上もあるロシア全権ウィッテとの講和会議は、その「対比」から万人の関心の的だったと回想している。公人の身長差は、あたかもその国力の差を可視化させるかのように、身長以上の意味も持っていた。[*45]

小村は、幕末に欧米各国と締結した条約改正時の一九一一年に外相を務めており、その偉業は近代日本においては重要な意味をなしたわけであり、能力と背丈は当然ながら一切無関係である。しかし、日本にとって、西洋と対等の地位を獲得することこそ国家的指針であり続けたために、公人の背丈に関心がいったのは、日本人エリート層の集合意識の反映であったかもしれない。

またワシントン駐在経験が長く、語学力に長け、一九二二年一二月、四六歳という若さで駐米大使を務めた埴原正直（一八七六—一九三四）もかなり小柄で、米国では「リトル・ハニー」と呼ばれていた。

埴原は高等小学校でも最も小柄で、同級生の回顧談でもまず思い出されるのはその小柄さと優秀さだった。そのため米国人との身長差はさらにははなはだしく、埴原が書記官時代、ニューヨークの晩餐会に招かれた際、タフト大統領から「ハニー」と呼ばれ、ともに会場へ入ったとき、待ち構えていた報道関係者にタフトが、我ら二人はまるで日米の国土面積の象徴だと笑いをとり、そのコメントは『ニューヨーク・タイムズ』が掲載している。

公人の背丈は本人が気にしようとしまいとにかかわらず周囲の注目を受けるが、タフトの発言が物語るように、カリフォルニア州ほどの国土しかない日本を代表していた駐米大使がきわめて小柄な人物だったことは、たしかに象徴的でもあった。一九二四年に排日移民法が制定されたのを機に埴原の帰国が決定し、ブラウン大学が埴原に名誉博士号を授与することになった際、埴原は授与式で黒の上等のウールのガウンをはおり演説するが、米国人仕様のガウンは、埴原の背丈に合わせるために布地が「背中まで上げがしてあった」[*46]。

気が引ける

一方で、一九一六年に父・飯田義一の一存で埴原正直と結婚し、六年後大使夫人として随行した妻・充子は、その後の父の病状悪化で一年未満のワシントン滞在となったが、ワシントンで晩餐会に招かれた際、ドレスコードはローブ・デコルテで、色はたいてい白と決まっているところを、充子は「私は肌が黄色いから、黄色で作らせたの。それを着た時の私の何と醜かったこと」と、晩年、孫娘に笑いながら回想している。

充子は当時、自身が周囲のアングロサクソンと異なり「肌が黄色い」ことを認識していただけではなく、そこに醜さを感じていた。

充子は日本ではヒールさえ履いたこともなく、渡米確定直後から、急遽女中に両腕を持たせ、中庭でヒールで歩く練習をしたほど西洋文化には不慣れであった。充子の自己醜悪視には、突如、外見を「西洋化」せねばならなかった非西洋人の苦痛や困惑もあるが、そのすべてが人種的不安に収斂していた[*47]。その人種的不安は、西洋人の支配する外交の世界に遅ればせながら参入し、彼らに受け入れられなければならないと感じていた多くの日本人男女が多かれ少なかれ共有していたことだろう。

事実、日露戦争後から、日本人外交官は外見的に配慮すべきとの議論がなされていた。特に外交官夫人は語学力もなく見た目も劣り貧弱で、そのような女性を随行せねばならぬ外交官はさぞ「気が引ける」との声もあった。だが、日本男性の日本女性に対する醜悪視は日本男性自身の自己醜悪視の反映であり、不安のあらわれに過ぎない。[*48] また、野村みちが日本男性に対し同様の印象を抱いたように、洋行する日本人エリート層は、男女双方が互いをこころのうちで醜悪視しあっていた。[*49]

要するに、西洋人に対し、日本人が抱いた自己醜悪視は、人種的不安にほかならなかった。背丈や体格は変えようもない身体的特徴ではあるが、大柄な人間に対し抱く「制される気味」は動物的本能ともいえる生理的感覚である。[*50] それも言語を介さぬ視覚的領域だからでもある。

石橋湛山は洋行経験がなく、西洋に対する劣等感も自分には一切ないと公言していたにもかかわらず、体格に関する劣等感を否めず、次のような言及をしている。

　姿勢の立派でないということは日本人が外国人に対した時など、如何にも貧弱国の国民であるというような感じを起さしめて、啻《ただ》に彼等外人の侮蔑を招くのみならず、自らも亦気が引ける。

小柄で細身の日本人はみるからに「貧弱」で、だから西洋人から「侮蔑」されるだけでなく、日本人自身ですら、引け目を感じる。体格がすべてを決定付けるわけではないが、石橋が一九一二年（明治四五）に日本国民の体格と姿勢を憂え、その改良を重要としたのも、「此の気が引けるということは国民の元気の上に至大な関係がある」、つまり体格や外見が、人間に相当の心理的影響力を及ぼすとみなしたからだった。[*51]

石橋自身は約一六〇センチから一六二センチほどの身長で体重が七五キロから八〇キロであった。[*52] だが、日露戦争に勝ったことで、日本人は決して「白人に劣れるものではない」との「自信」を得たように、ここで「体格姿勢の点に於ても堂々彼等を圧倒するだけのものを作り出して以て黄白人種間の懸隔というものを総ての点に於て一掃し去ってしまいたい」と願う。[*53] 西洋に対する思いいれも劣等感もないという石橋さえも、その体格差に歴然とした人種的劣位を認めざるをえなかった。

つまり、近代日本エリート層は、背丈や体格といった可視的な差異から、人種的差異を認識していた。そこから生ずる身体的劣等感は、人種的劣等感となり、エリート層の人種意識を形成していく。そして、そういった劣等感は、日本が「一等国」の自意識を持ち始めたからこそ、生まれた不安でもあった。

「猿の顔」

「一等国」として見合わぬとの自己醜悪視は背丈や体格だけでなく、容貌にもあらわれた。日露戦争の勝利から三年が経ち、漱石が『三四郎』を発表した一九〇八年、詩人・歌人・評論家の大町桂月（一八六九―一九二五）は、「日本人の面は残念ながらお粗末なり」と題し、次のように嘆いている。

日露戦争を経て、いまや日本は「世界一等」となったものの、「面貌だけは、到底白皙人種に」は比べようがないほど、「甚だお粗末」である。男女とも風貌に威厳はなく、日本男性に多いのは「ひょっとこ面」、日本女性には「お多福美人あるも女神的美人なし」。そもそも日本人は、「全体の形がまづき上に」、「殊に甚しき欠点」とは「幾んど表情なき」ことにあり、表情の乏しいその顔は実に嘆かわしく、「あゝ日本人の顔は、猿の顔」である、と。[*54]

たしかに、仏人風刺画家のジョルジュ・ビゴーが描いた日本人は、前歯が出た「猿顔」に目が細く鼻が反り、上げ底のような高い下駄を穿いて猫背の姿勢で、西洋列強に参入しようとする姿であったが（図4）、大町桂月にとっても日本人の顔とは、漱石の印象と同様に、とても「一等国」に見合わない、「むしろ猿の顔に近し」ものだった。

一方、「西洋人の顔のいき〳〵したるこそ、見ても気持よきもの」であり、動物の表情の有無は優劣の尺度であるとすれば、「最も表情に富」んだ西洋人の顔に比べ、無表情の日本人の顔は、やはり人間と猿の違いを示すかのように劣ってみえる。[*55]

日露戦争後の経済状況を考えれば顔つきの暗さは社会的なものともいえたが、日本人の顔つきを醜悪視する傾向はこの時期特に目立ち、「日本人には消極的な顔面」がとにかく多く、電車に乗ると、「憂鬱の色ある顔色を多く目撃」した。[*56]

新渡戸稲造（一八六二―一九三三）も、日本の美意識には「無表情」を尊ぶ傾向があるとはいえ、日本美術でみかける「男性美の儀型」は「鼻長く、眼は小さく、眦は垂れて睡を催し、口は窄まりて、決意を欠くもの」で、日本女性も「正にこれ偶人、生気を有せざるもの」であり、日本人の肖像は「非情画の如くに生命無し」であるとする。[*57]

日本人が「無表情」で「陰鬱」な顔つきであるのに対し、米国人は「快活な」顔立ちをしてい

CLUB
— Tiens voilà Monsieur Sodeska !! Que désirez vous Monsieur Sodeska ???
— Je désire faire partie de votre Club, dozo ô négaïmasse

図4　ジョルジュ・フェルディナン・ビゴー「列強クラブ」、1897年

るとの対比は、この時期の渡米経験者に一貫してみられたものだった。

牧師の田村直臣（一八五八―一九三四）も、「米国の別嬪は世界で一二の地位を占めて」いるが、「日本の美人は何だか悲しい顔つき」で、「顔に志ま《〔ママ〕》り」がないことを憂えている。[*58] さらに、歴史学者・思想家・翻訳家の木村鷹太郎（一八七〇―一九三一）も、日本人の無表情で平坦な顔つきは「活動」の欠如にあるとし、人生経験も社会的交際も勤労経験もなく「遊情安居」していれば、容貌は自然に表情を失い「「ノッペリ」としたる締りなき顔面となるべし」と、顔つきは社会交際など積極的活動に付随するものであり、日本人の平面顔は、その欠如によるものとした。[*59]

だが、どれだけ理由付けをしても、日本人の容貌が西洋人に比べ劣位を感じたことには変わりない。もとより人前で感情をあ

らわにしないことこそが「東洋の美徳」であることは、皆わかっていた。[*60] 同時に、米国人にみられる過剰な身体表現も、さまざまな国からの移民によって成立した国家ゆえに必要とされた文化であったからである。

身体表現にも文化的型がある限り、表情も文化的差異に過ぎないが、日本人エリート層の自己醜悪視を決定づけ、優劣を感じさせる要因となっていたのは、表情といった文化的問題よりも、目や鼻などの顔立ちと肌の色、すなわちやはり人種的差異にあった。

「劣等人種」

一八九一年に米国のハートフォード神学校に私費留学し、一八九四年（明治二七）に卒業して帰国後、同志社大学、早稲田大学教授となる安部磯雄（一八六五—一九四九）は、日本人の体格が劣位にあるのは、「白色とか黄色とか」の人種的問題ではなく、「骨格、姿勢、容貌等」身体的問題であり、体格や容貌などを改善すれば、「顔色の少しく黒い位は殆んど顧みるに足らない」と主張した。

とりわけ日本人の容貌が劣ってみえるのは、日本男性の「趣味」の問題で、彼らが「芸者風」や「ヒステリー的の婦人を美人と思ふ」ばかりに、「我国民の体格は益〻堕落する」。現に不活発で「蒼白なる顔色」の都会の日本婦人は「如何にもヒステリー症」の典型であり、「健康」も「生気」もなく、「唯あるものは憂鬱」だった。

他方、積極的に運動する欧米女性は「大きい、強い、紅い、快活」である。日本女性も運動することで、「身長も延び、姿勢もよくなり、筋肉も引締り、皮膚も光沢《つや》を増し、挙動も快活となり、顔色も紅を表はす様になる」のではないかというのである。

つまり、日本人の身体的劣位は人種という先天的要因からではなく、あくまで趣味傾向によるものであり、「適当なる運動」など後天的努力を重ねることで、「少し色の黒い位」、克服できえると安部は主張した。ただ、それでも安部は、もしアングロサクソン女性がより一層体育に励めば、「人種として更に有力者となることは決して疑のないこと」と、アングロサクソンの人種的優位性を否定することはなかった。*61

同じ頃、二代目・伊藤忠兵衛（一八八六―一九七三）は、二〇代前半で二年間の英国留学をする。伊藤は約一八〇センチで七五キロと日本人としては大柄な体軀であり、英国女性との親密な関係にあり、「美貌で、教養はあり常識に富み、スポーツも好む良家の令嬢との結婚の可能性もあった」が、日本に老母を残してきたために悩んだ末に断念する。伊藤は親が決めた日本女性と見合い結婚するが、伊藤は晩年も「知能的に、体格的に、どう考えても婦人はアングロ・サクソンが最優秀で偉大だといまだに思っている」と回顧している。伊藤にとっても日本人はアングロサクソンに比べ、劣位にあることは生涯疑いないものだった。*62

では日本人は英米人に比べ本当に劣っているのか。

一九一三年五月、大隈重信は『新日本』に掲載した論考「日本民族は優等人種か劣等人種か」で、「白人種と有色人種との体力を比較して見るに如何も我々は劣つて居るらしい」と、日本人が劣位にある理由を次のように論じ始める。*63

先づ、其色が悪い。白人とて必ずしも皆美しくはない、が概して我々よりも皮膚の光沢が宜い。それから容貌、姿勢、挙止動作に至つても如何も日本人は彼等より見劣りする様である。ペコ／＼御辞儀して意味なく笑ふ。如何にと媚ひるやうで自然でない。姿勢も直立して前面を見るべきに俯き勝が多い、〔中略〕それから丈が低い。固より個人に就いて見れば六尺若くは七尺足らずの巨人もあらう。三十貫四十貫といふ掛け目のものもあらう。が平均を見ると如何しても白人に劣る。

また、特に背丈において大隈は「同じ東洋人でも支那の北部の人種になると大部高い、即ち北京辺になると平均五尺四五寸から五六寸もある」のに対し、南下していくうちに低くなり、「日本になると甚だ低い。されば従つて重量も不足に相違なく、又体力も弱いと思はねばならぬ」と語る。さらに、身長は高く体格は大きいほうが優れているはずであると信じ、ある医学者の唱えていた「人間の脳力は其脳の容積並に其重量に比例する」との言葉も振り返り、次のように悲観した。

歴史上から観察しても、日本人には何等偉大なる発明を以て世界に現はれたものがない。名高い哲学者も、宗教家も、将た文学者も、其他の芸術家もない。大切な器械の発明の偉功を世界の人から認められる様のものもない。長き此歴史的事実に徴するに、日本人は究竟白人種より一等下の民族でないかと思ふ。然らば遂に之を救ふの術はないのであらうか。

大隈は、西洋文明を前に、日本がそれを生み出せなかった要因を、人種的差異に投影させながらその優劣を説いた。つまり、大隈の人種的劣等感には、日本や東洋が生み出せなかった西洋文明に対する劣等感と身体的劣等感が合わさり、人種的劣等感として表出されている。特に、「文明」の「消化」こそ近代日本の偉業とみなしていた大隈にとって、「文明」の模倣者である日本は、どうしても西洋の劣位に位置せざるをえなかった。ゆえに大隈は、日本人は「白人種より一等下の民族でないか」と憂えたのだった。[*64]

同時期、雑誌『太陽』(一九一三年五月一日号)にも大隈は八頁にもわたりカリフォルニアの排日問題にみる人種問題についての長文の論考を載せているが、ここでも同様に身体的差異の観点から人種的差異の諸問題を論じた。

「人種的僻見より生ずる人種問題」とは「白哲〔ママ〕人種と夫れ以外の有色人種との優劣によつて定まる」と認識していた大隈にとって、目に見える明らかな差異である身体的差異は、あたかも西洋人の優位性とそれに対する日本人の劣性を物語るかのように映った。

白人に比べ、外見上の「長短、大小、軽重等の点に於て、日本人は負けて居るが、さらば身体は健全に発達して居るか否かと云ふことになると、是れも日本人は劣つて居るのである」。では、日本人の身体は、なぜかくも劣等なものとなったのか。

兎に角日本人は一般に遺伝と境遇の結果として、不自然なる発達をなして、甚だ不釣合たるを免がれぬ。又姿勢が至つて悪いが、是れも上よりの圧力によつて抑へられ、無意義の間に下を向いて歩行するやうになり、夫れが萎いて憂鬱となり、卑屈となり、更に其の結果として、厭世的悲観的に陥いり易くなつたのである。〔中略〕斯様なる病的思想と不完全に発達した身体とが結び付いて、自然に卑屈、劣等なる民族となつたのである。

歴史的に形成された日本の社会構造や気候などの「境遇」と「遺伝」が、日本人の身体を「不完全に発達した身体」にし、日本人は「自然に卑屈、劣等なる民族」となった。「姿勢が至つて悪い」のも、「上よりの圧力」がかかる社会的体質ゆえに、皆、うつむきになり「憂鬱」に、「卑屈」に、そして「厭世的悲観的」になった。言うなれば、日本社会の体質と価値観、社会的規範すべてが、「斯様なる病的思想と不完全に発達した身体とが結び付いて、自然に卑屈、劣等なる民族となつた」のであるという。[*65]

他方、常に直立姿勢で闊歩する「英米人」の身体は「完全に発達」しているためにその面持ちは「何となく威厳が現はれて」みえ、「性質も極めて快活のやうに見える」。

この点では、どれだけの「国自慢」であろうと、「日本人の方が英米人よりも優れて居る」とはいえまい。ただ、それは「決して本来の資質が彼等より劣等に位して居るにあらずして、習慣と境遇とが永き歳月の間に劣等のものとなした」のである。ゆえに、大隈は「日本民族たるものは、四囲の圧迫に抵抗して、優等民族と競争を続行し、自己を鍛錬して以て新運命の開拓をなさねばならぬ」と述べている。[*66]

当時、今後進むであろう生活様式の西洋化や、「英米人」との競争などによって、日本人は身体的劣位から脱するといった体格改良をめぐる希望的観測はさまざまなレベルで論じられていた。

大隈の身体的劣位からの脱却も、同様のものであった。しかし、大隈の身体論にある種の切実さが込められているのは、身体的差異を論じながらもその本質的意味は変えようもない人種的差異にあったことにある。

身体的差異はある程度の努力で変えることもできようが、人種的差異は人間の力ではいかんともしがたい。身体的差異の克服を幾度も言及していながらも、大隈は人種という変えられない「運命」がそこに横たわっていることを認識していたからこそ、「新運命の開拓」という言葉を用いたのである。

「黄色の汚名」

結局、いかなる身体的差異を説いてもその核心は人種的差異にあり、日本人エリート層にとって「黄色人種」であることは、受け入れがたいものであった。

経済学者で歴史家の田口卯吉（一八五五―一九〇五）は、『破黄禍論』（一九〇四年）で、昨今の欧米人観光客による「日本人種」論は、「大和民族」の「男子をして黄色の汚名を蒙らしむる」内容ばかりであることに不平を述べている。

日本男子だけが「黄色人種」の「汚名」を被っているが、「我が日本男子の面色は決して黄色にあらざるなり」。日本男子が「黄色」に映るのは、単に「修飾の足らざるが為め」であり、それは武士道において外見の修飾が「恥辱」だったからによるとする。

日本男子の「面色の美ならざる所以」は、「修飾」をめぐる文化的差異に過ぎず、「修飾」さえすれば米国では「アングロサクソンの上等人種」には勝てずとも、「其の下等」である「ポルトガル、［イ］スパニス等」の「ラテン人種」より「婦人の愛を博す」[*67]。

この場合の「修飾」とは、服装をはじめとする外見の身だしなみであり、特に後述される修飾論からもわかるように、ここでの「修飾」とは、必然的に外見の西洋化を示唆したものである。たしかに、当時ラテン系は小柄で黒髪で肌も浅黒く、なかには日本人と似た者もおり、外見的威圧感はないとされていた。[*68] スペイン人はイタリア人より「なほ体格が悪い」うえ「小造り」だった。[*69] そこで、「修飾」さえすれば、「大和民族の容貌体格を秀麗となす事」は可能であり、田口は「大和民族の品位を高むるの方法の一二」を次のように説いた。

第一に、「修飾」を怠ることは、欧米の要人らが多く訪日するいま「国民的品位」を汚す最大要因であり、「疎略なる衣裳」で目抜き通りを歩くなど「国民的侮蔑」である。「大日本帝国」の国民としては、日本人は男女ともに帽子を着用すべきで、それだけで「大に其の面色を白くする」だけでなく、「品位を高くする」。

第二は「色艶」の改良である。田口は外見的に「秀麗」であることが「黄色の汚名」を覆すために有効で、もし日本国民が「秀麗なる男女のみ」であれば、「必ず世界の尊崇を受くる」が、「累々たる喪家の狗の如きもの」が多いと「自然外国の侮蔑」を招く。

田口の議論は支離滅裂にも聞こえるが、田口は帽子を被り秀麗な外見をしていれば「黄色人種」であることを払拭できると言いたいのではない。[*70]

田口は「黄色人種」に付随する人種偏見に不満を抱いていたのであり、その人種偏見は美醜の感覚から生じていることを認識しての議論であった。その主旨は他のエリート層の論調とかけ離れているわけではない。それを示すように田口は、一九〇五年の史学会での講演で「黄色の汚名」を次のように締めくくっている。

世界の学者は無学なる旅行者の紀行を信用して日本人種は黄色人種とかイロ〳〵悪評を言ひますが、日本人が自ら我は黄色人種であると是認する必要はない。今や日本人種は是位の技量を示して居れば世界から軽蔑される気遣ひがない。彼等は今や黄色人種にしてはエライと言つて居る。去れば此場合に於て堂々と、実はあるやんごとなき方の落胤であると説明するがよいと思ひます。醜い容貌を持つて居る人間は素より多いのである。然し其の点に於てヨウロツパ人の中にも中々多いのである。（拍手喝采）[*71]

田口にとって「黄色人種」は「悪評」であり、否認すべきものだった。田口は「黄色人種」という自分たちには変えようもないラベリングに、認知されぬ自己を感じていた。それは多分に西洋人から日本人がどう思われるかに固執した不安から生じていたが、その不安も他のエリート層と同様、美醜の観点から認識されていた人種的不安であったといえる。

罪悪としての「黄色」

他方で、一九〇三年から足掛け四年、二五歳から二八歳にかけて米国東海岸に留学していた有島武郎（一八七八―一九二三）は、社会的風潮としては排日傾向が台頭しつつあったが、その整った容姿と資産家階級のゆとりとそれゆえの憂いを伴った魅力から、米国滞在中、複数の米国女性から数多くの求愛を受けている。

当時、在米邦人は「Jap」と呼ばれていたが、ボストンの街を歩く有島を、米国人は通りすがりに「あれもJapか知らん」とささやき合うものの、「Jap」のわりには「いゝ顔をしてゐる」と、容姿が高く評価されていた。[*72]

もともと社会的上層の富裕層出身で端正な顔立ちのうえに、品位と憂いを兼ね備えた有島は、国内外問わず生涯女難に苛まれただけではなく、男性からも対象とされていた。森本厚吉（一八七七―一九五〇）は有島が学習院中等部に入学して以来、有島に眼を附け、接近し、親密な関係をもつほか、二人は留学中も、ボルティモアとワシントンDCで「共同生活」を送っている。

その後、森本の恋愛問題で「短銃で殺されかけ、神経衰弱におちいった」有島は、ニューハンプシャーの農場労働に従事するが、そこでも米国女性から言い寄られる。[*73] また、内村鑑三に師事した有島は、内村と同様に米国の精神病院で看護師として勤務したこともあったが、病院でも米国女性から積極的に誘われるのであった。

人からの好意を拒否できず、ロマンチストで愛情表現も抒情的であった有島は、女性にとっては離しがたい相手だった。有島は、滞米中、行く先々でさまざまな女性から言い寄られているが、なかでも弁護士の妻P夫人との関係は、二人の仲が夫に発覚してもなお迫られ続け、ついには有島をひきとめるためだけに妊娠したと嘘をつかれるなど、有島を精神的に苦しめることになる。

こうした複数の女性に翻弄されたことについて有島は、自分が「醜い」「黄色い皮膚の顔」を持つために米国女性から「憐憫」を受けたのかもしれないと書く。P夫人の夫に関係を詰問された際も、有島からはじめに関係を持ちかけたといい夫人を擁護したことで、夫は、一瞬安堵した表情をみせながらも、「皮膚の黄色い猿のやうな劣等人種の挑みに敗けた不満足」なところをみせたと記している。

いずれも事実とは相反することはいうまでもないが、有島は、あえてそう記すことで、米国でも複数の女性から翻弄される自身の姿を描いたのであった。

さらに有島は、P夫人に妊娠を告げられじきに生まれるであろう「黄色人種の血を半分享けたその子」は、生後相当の「軽蔑と敵視との的」になると悲観的妄想を重ねる。

おそらく産婆は「先づ思ひも寄らない混血児の出現に目を見張つて驚く」だけでなく、「その子の体格や相貌を香具師が一寸法師を見るやうな卑陋な好奇心」を向けることだろうし、その「哀れな混血児」は、「黒い硬い真直な髪毛と、青い眼と、白と黄との漆喰をこね合はしたやうに沢のない濁つた皮膚と、病的に痩せこけた体格とを持つ」がゆえに、世間から「軽蔑と敵視」を受けて育つであろう。周囲は「彼を爪弾きする」だろうし、与えられる仕事は「見世物小屋の舞台か、靴磨きの台の下か、孤児院の台所か、感化院の矯正室か、監獄か、火葬場か」に違いない。

有島は「黄色人種」の血を引く「私生児」が米国社会で不遇であろうことを嘆く。それは人種的劣等感よりも、「私生児」に込められた、さらには有島自身に内在化されていた自己の根深い罪悪感であったかもしれない。[*74] だがいずれにせよ、白人社会のなかで黄色人種の血を引くことが悲劇的人生を歩むだろうことを憶測するのである。

たしかにこの時期、米国では日本人を人種的に排斥する排日問題が浮上しつつあった。

一九〇六年に臨済禅伝道のために渡米し、一九〇八年にも再渡米、仏像修繕の傍ら詩作・文筆活動を行い、米国関係の著作も多数出版した詩人の佐々木指月（一八八二―一九四四）は、渡米当初の西海岸での排日の様子について次のように論じている。[*75]

まず「加州では、黄白結婚を禁じてゐる」のみならず、「加州芸術院では日本人の生徒に、スカラシツプをくれなかつた」。また、サンフランシスコ市街では、電車は日本人のためには止まらず、日本人が乗車するためには、電車を待つ白人女性の後方で待ち、白人女性の後に続いて乗車せざるをえなかった。

あるとき、佐々木の友人が同様に白人女性の後に続いて乗車しようとした際、その白人女性が高齢であったためになかなか乗車できず、見るに見かね友人が後ろから押し上げて乗車を助けたところ、その老婦人はいたく喜び、礼を言うために振り返ったものの、日本人とわかるや否や、「お婆さんは急に顔色をかへ」、「オオお前は、ジャップか。イヒッ！、その手を、私からはなしておくれ」と叫び、それをみていた周囲の白人も同じような冷淡な態度をその知人に向けたという。これに類することは多々あったという。[*76]

この頃、米国在勤にあった外交官の石射猪太郎（一八八七—一九五四）もまた、米国新聞にはいつも衝撃的な排日記事が掲載され、毎朝それで「モーニング・ショック」を受けることが習慣化していた。[*77]

有島の人種的醜悪視には、有島個人の罪悪感と無関係ではなかったものの、それはたしかに当時の米国の社会的空気を反映したものであった。

個人的には人種的侮蔑に遭遇しなかった有島でさえ、自己醜悪視の描写がみられたように、日露戦争後に形成されつつあったエリート層の人種意識とは、身長・体格・容貌・肌の色といった、西洋人とのあらゆる身体的差異を醜悪視する傾向が強くなっていた。そして、日本人エリート層の人種的不安に呼応するかのように、排日機運は、着実とエリート層の目前に迫りつつあったのだった。

「東洋人」の境界

ナショナル・プライド

一九〇二年（明治三五）、漱石が英国から帰国し、東京帝国大学の英文学科の教員として教壇に華々しく立ち、「英文学」を教えようとしていたとき、太平洋を越え米国サンフランシスコを訪れていた渋沢栄一は、金門公園の海水浴場に、「日本人泳ぐべからず」という立て札を目撃している。[*78] 渋沢に同行した邦人らは、その立て札に対し、さしたる注意も向けなかったが、渋沢は不穏な気配を感じ取っていた。

事実、その三年後、日露戦争勝利直後の一九〇五年五月、サンフランシスコで日本人排斥連盟が結成され、何万もの市民が参加する。各地に支部が設けられ、日本人の店をボイコットする指導がなされ、排日運動は勢力を増していった。『サンフランシスコ・クロニクル』では、日本人を「茶色い連中」と称した排日記事が掲載され、煽動的な排日運動が繰り広げられる。政治家の間でも排日法案が頻繁に議論されていた。[*79]

サンフランシスコ日本人学童隔離事件が起きたのは、カリフォルニア排日連盟が結成された翌年の一九〇六年一〇月である。

この事件は、サンフランシスコ市教育委員会が、米国人学童の通う公立学校に通っていた日本人学童を、中国人・韓国人を収容する東洋人学校（Oriental School）に転学させる決定を下したことに端を発している。東洋人学校とは、半年前の四月一八日に起きたサンフランシスコ大地震前まで、中国人小学校（Chinese Primary School）だったものが、九月二七日に改名したものである。

本格的な排日運動の始まりとされる、このサンフランシスコ日本人学童隔離事件に対し、日本政府は「日本人の公立学校に入るを禁し単に清人小学校に限り其入校を許すへし」とは「在留者一般の体面を害する事浅少に非さる」と強く反応した。[*80]

すでに前年から地元紙は、米国人学童と机を並べる日本人学童を排斥する試みとして、日本人学童には伝染病感染者がおり危険であるなど、差別や偏見を助長させる煽動的記事を掲載していた。[*81]

それ以前にも、たとえば一九〇〇年三月頃、サンフランシスコでペスト流行の兆しありと噂がたつと、サンフランシスコ市長は中国人と日本人の居住区域にのみ厳重な検疫を施し、日中船の入港検疫も厳重化していた。[*82]

第1章で触れたように、西海岸では、中国人労働者と、東から富を求めてカリフォルニアに移住してきたアイルランド系移民との対立がもともと激しかった。次第に増えつつあった「東洋人」である日本人移民への差別意識が高まったのも自然な流れであった。

もともとカリフォルニアの地は、スペイン系カトリックによって開拓されたため、アイルランド系カトリックは、東海岸で受けた宗教差別や偏見を被ることなく社会的に上昇しやすい環境にあった。言いかえれば、アイルランド系移民にとってカリフォルニアは政治指導者としての権力を初めて行使できた地であり、東洋人排斥を政治権力によって行うことができる地であった。[*83]

アイルランド系移民にとっては、中国人も日本人も同じ「東洋人」に過ぎなかったが、日本人エリート層にとっては、日本人が中国人と「同等」に扱われることは「屈辱」にほかならない。一九〇六年一〇月二三日、サンフランシスコ上野季三郎領事は林薫外相宛ての電報に、日本人が「東洋人」と同一に扱われることは「人種的偏見」であり、「日本国民の品格を毀損」するものと打電している。[*84] だが、日本人を東洋人とみなすことが日本人の「品格」の「毀損」になるならば、日本人はいかにみなされるべきだったのだろうか。

その三年後の一九〇九年、在ポートランド領事沼野安太郎から小村寿太郎外相宛ての意見書には、次のような言葉がみえる。

「日本人は元来〈ナショナル、プライド〉甚だ高く白人種に対して社会上の均等〔ソシアルイクワリテー〕を主張し且つ之を貫徹するの覚悟」がある。さらに、日本人は西洋人と「同一」に処遇されるべきであり、それはすなわち「日本人は他の有色人種と同一視すへからさること」、日本人を他の「有色人種」と「同一視」するべきでない。[*85]

日本人を「有色人種」とみなすことは、日本人の品格を毀損する差別的待遇にほかならず、日本の威厳並びに国家的自尊心の毀損に関わる問題とみなしていた。

数十人に過ぎなかった日本人学童が東洋人学校に転学させられたことは、政治外交上の実益とは無関係であった。だが、政府高官が著しく抵抗したのは、日本人が「東洋人」そして「有色人種」としてみなされることへの強い不快感を覚えたからだった。

埋めきれぬ隙間

一九〇六年一〇月二五日、日本政府は米国に対し、サンフランシスコ日本人学童隔離事件は日本の国家的自尊心を著しく損ねるものとして抗議する。
セオドア・ルーズベルト大統領は、日本の異常なまでの反応に、日米開戦の可能性すら察し、翌日、労働長官をカリフォルニアに派遣、調査させると同時に、海軍長官に日本海軍力の詳細検討を命じている。
ルーズベルトは、一〇月二七日の上院議員への手紙に、「日本人はプライドが強く、敏感で、戦闘的で」、かつ日露戦争の勝利に酔いしれているため、油断はならないと述べている。同日、息子には、「カリフォルニアのバカども」が排日運動を行っているが、もし戦争にでもなれば、その犠牲を強いられるのは米国市民全体であり、日本に米国が敵国とみなされることは国益に反することと話している。[*86]
当時、極東での米国の地位は「脆弱」で、中国での米国の門戸開放政策も、日本の協力なしでは困難であった。カリフォルニアの教育委員会ごときのことで米国の極東政策が深刻な危機に陥ることは大統領として避けたかった。
ルーズベルトは、対日関係悪化を防ぐため隔離事件反対演説を行うが、そこでは日本の近代化を絶賛、日本人を公平に扱い帰化権をも与える必要性さえ謳っている。しかし、言葉を巧みに操ることで知られたルーズベルトが、その後日系移民に帰化権を与える行動に出た記録はない。[*87]
一方の日本側は、ルーズベルトの演説に対し、その敏速な対応を「親日」外交として絶賛する。日本の政府関係者は、移民問題が「単なる労働者問題の域」にあり、その内実が人種偏見の類ではないとのルーズベルトの主張を鵜呑みにし、学童隔離事件にも根深い「人種主義」があることを察知できずにいた。[*88]

ハーバード大学法学部でルーズベルトと面識のあった金子堅太郎（一八五三―一九四二）は、柔道も習い、日本文化にも関心を持っていたルーズベルトのこの演説を、米国大統領演説のなかで最高峰と称えたが、ルーズベルトは、金子を陰で「日本のキツネ（Japanese fox）」と呼んでいた。

一方、カリフォルニアでは、地元新聞が社説でルーズベルトを非難し、日米開戦説まで浮上するなど、同地は「一方的な集団ヒステリー」な状況にあった。[*89] 結局、両者に挟まれたルーズベルトが日本とのあいだで見出した妥協点が、一九〇七年の日系移民自主制限である「紳士協定」だった。[*90]

これによって学童隔離は取り下げられるが、以降、排日機運は高まるばかりで、カリフォルニアでは、日本人労働者層は侮蔑的言葉を投げかけられるようになる。

渡米中の永井荷風も、米国各地でその様子に遭遇し、一九〇七年に清沢洌が渡米したときも、米国人は「あらゆる侮蔑の声」を向けてきたと記している。[*91] サンフランシスコでは、一九一〇年頃でも石を投げられた。[*92]

しかし、このような侮蔑的表現を投げかけられる現場に、政府高官らが出向くことはなかった。日本人エリート層は、次第に排日問題を人種問題ではなく、階級的問題であるとし、問題の核心である人種偏見の本質から回避しようとしたからである。

「人格問題」

一九〇八年、東京・大阪両朝日新聞社は、世界一周旅行団体「世界一周会」を主催する。その目的は、日露戦争後、日本は「世界の一等国の伍伴に列して、欧米列強と対等の交際をする様にはなつた」ものの、日本人には「兎角に引込思案が多くて」、「海外歴遊」を「途方もない億劫なことに思つて居る者が少くない」。

しかし、「一等国」日本は、海の「隔て」を越えねばならない時期にある。「何も之ではいけぬ。之ではいけぬから、此に我社は世界一周会を発企」した。

当時、陸相だった寺内正毅（一八五二―一九一九）は、この一周会に向けて次のように言及した。洋行を前にしたエリートたちの注意すべき点は「人格問題」であり、洋行先では「人格や品性に関する不規律な醜態」を断じて起こしてはならないと強調した。なぜなら、米国が日本人を排斥したがるのも、「内地に於てさへ排斥されさうな下等の労働者を送るから」である。ゆえに、「世界一周会」の欧米訪問で、もし日本人が「中流以上の人間でさへ、丸で動物園の猿の様だと思はれるやうだと大変だ」[*93]。

寺内の発言には、人種問題に対するエリートとしての自負と、日本人としての不安が混在していた。その不安は、西洋から差別されるのは「労働移民」であり、我々エリート層ではない。「日本人」全体が差別を受けてはならず、差別されるべき対象は、あくまで「下層」のみであってほしいという、切実な願いの反映でもあった。

たしかに現地の日系労働移民のなかには、「浴衣掛けで尻はしより」をし、手拭いで頬かぶりをし鼻唄を歌いながら散歩する者も多く、そんな格好で出歩けば、同胞である日本人の目からみても排斥されるのも「無理からぬ事」に映った[*94]。有島武郎も、シアトルに着いた際、排日機運の高まっていた一九〇三年、「シヤトルの日本街に悲惨なる本邦労働者の状態に驚き」を隠せなかった。[*95]

清沢洌も、もともと「アイウエオ」もままならぬ者が渡米すること自体に抵抗を感じていた。[*96]日系移民の生活水準もかなり低いうえに重労働をこなすため、「白色人種より見れば恰も乞食同様に思はれ、且つ軽視される」のは避けられなかった。[*97]

ほとんどの日系移民は「無学な労働者」であり、「日本の文化を知らざる農民等」であるだけに、米国人が日本人を「劣等と見るのも無理はない」。とにかく「其の見本が悪い」わけで、そういう「劣等」の日本人が米国にいる限り、「日米外交は円滑に行はれない」。寺内同様、米国人に日本を認めてもらうためには、「上等なる日本人のみ米人と交際」すればいいとエリート層は、排日問題を階級問題として捉えようとした。[*98]

排日要因は日系移民の「風紀」にあり、「労働者の風俗品性が在来日本人一般の面目」に及ぼす影響が「尋常でない」ことを考えれば、「在来日本人は其の品性と風俗とに十二分の注意を置く」必要がある。[*99]

こうした理由がさまざまに挙げられたなかで、石橋湛山はのちに、米国での排日を振り返り、次のようにみていた。

曽つて日本の移民は行儀が悪いとて、米国で嫌われた。之れは勿論彼等が日本人を排斥する為めの口実の一として用いたのだが、併し仮りにもそんな文句をつけられるような隙を示したことはやはりこちらの落度と云わねばならない。[*100]

さらに石橋は排日移民法施行の二ヵ月前にあたる一九二四年五月、評論「「外交術の問題」ほか」で、米国排日移民法の上下両院通過は、日本政府の外交上の失敗であったとみなす意見がすこぶる多いものの、この法案の根本は「所謂ナショナル・バイアス――国民的偏見」なり「毛嫌い」から生じるものである限り、「理屈では一寸片付かぬ」問題であると言及した。「国民的偏見」とは日本人自身も抱いていることであり、近代以前、日本は「支那人」及び「支那の文明」に対し強い敬意を抱いていたものの、近代以降、「白人の文明」が急速に発展したがために「支那人」は「文明の低い国民」とみなされ、「国民的偏見」の弊害を被った。「国民的偏見」の弊害を被るのはいずれの国でも「文明の低い国民」とみなされた人々なのである。

事実、湛山が幼少の頃、つまりは日清戦争前、支那の行商人が多く日本に入りこみ「南京さん」と呼ばれ「市井の軽蔑の材料」になっていた。日清戦争後、日本国民が中国人に対し「殊に軽侮の眼を向ける」ようになったのも、「南京さん」の存在があったからである。ゆえに、日本「国民の中でも、殊に低劣な階級を国外に送るのは、やがて国民全体が侮らるる原因」となるとした。*101

寺内はじめ、多くのエリート層は、日系移民の「風紀」を批判し、差別化することで、排日問題を日本人全体の問題としてではなく、あくまで階級問題として捉えようとしたが、石橋は、排日機運は、「棄民」を米国に送った日本政府の自業自得であるがゆえに、その緩和策として日系移民を引き揚げさせることを提言したのだった。

日米紳士協定以後、日本政府の移民奨励は南米へと移行する。明治以来日本は、一貫して移民を奨励したが、それは、増加し続ける人口問題の解消には、「棄民」政策が有益とみなしたからである。[*102]

つまり、大半の政治エリートにとって、移民は「棄民」であり、寺内の「猿の様」にみられる露骨な蔑視や差別意識も、当時のエリート層の実に率直な意見であった。

ゆえに政府高官の日系移民観はすでに偏見に満ちていた。一九〇八年に二等書記官であった埴原正直が日系移民社会の視察を行った際、視察対象は日本人街のなかでもとりわけ劣悪な区域に焦点があてられたが、きわめて断片的視察であった。[*103]

日系移民の貧民窟の悲惨さはたしかに永井荷風『あめりか物語』にも描かれているとおりだが、日系移民のなかには、実業家として相当の成功をおさめたものもあり、米国人の日系移民に対する憎悪の一因は、貧民窟の悪臭放つ廓だけではなく、米国が美徳とした節倹・勤勉による日本人の社会的流動性の高さにもあったからでもある。[*104]

事実、一九一〇年、カリフォルニア州議会は、州政府の労働局長マッケンジーに日系移民の生活実態調査を命じたが、マッケンジーは、日系移民の開墾への著しい成果と貢献を絶賛した調査結果を提出、日本人農業労働者は低賃金でありながら優秀かつ勤勉で、カリフォルニア農業の発展には日系移民によるところが多分にあり、白人がかえりみない未墾の地を熱心に開拓した努力は「農業経営者として第一級」と報告している。[*105]

しかし、エリート層にとって「棄民」に対する同情はなく、排日問題は、近代日本の国家的面目にかかわること、この一点に尽き、同胞の人権保護を考える発想もなかった。エリート層の「棄民」への侮蔑は露骨であり、それを示すかのように、埴原が移民問題の解決手段としたのが、「下級移民」の渡米禁止であり、「日米両国民の社会的接触をなるべく双方の上流社会」に限定することだった。*106

埴原の解決手段は階級的措置といえるが、その発想にはエリートとしての高慢さだけではなく、悲壮感もあった。なぜなら、たとえ米国の排日問題が「棄民」に端を発していたとしても、その背景に潜む人種問題は着実に表面化しつつあり、いずれそれは日本全体の問題となると予想できたからだった。日露戦争以降、「一等国」としての地位を獲得したかにみえた日本の前に立ちはだかりつつあった人種問題は、日本人エリート層にとって直視しがたい現実であった。そして、その解決手段を見出せない日本人エリートにとって、日系移民への蔑視は、自分たちの自尊心を保つ、最後の砦だったのである。

「同じ顔色」

同時に、二〇世紀初頭は、中国人やネイティブ・アメリカンなど他の「黄色人種」も外見的に西洋化し、日本人さえも、見分けがつかなくなる時代を迎えつつあった。

サンフランシスコ日本人学童隔離事件への反応が示しているように、日本人が「東洋人」に分類されることはエリート層にとって自尊心の「毀損」を意味したが、二〇世紀初頭になると、「東洋人」のあいだでは洋装・断髪が定着し、外見上の西洋化は、他の「東洋人」同士の「同化」となった。それだけに、洋行エリート層の「東洋人」への嫌悪感はあらわになり、また、その差別化に神経過敏になっていく。
一九一〇年頃のサンフランシスコに寄港した船には、「洋装の紳士」が多数おり、洋装の東洋人といえば「日本人ならんと思ひしに、是は皆支那人」だった。やがて清朝にも断髪令が下され、中国人がみな断髪し洋装すれば、今後洋行するたびに、「貴方は日本人ですか支那人ですか」と問われる時代が訪れるだろう、と朝日新聞記者は記している。[*107]
森次太郎は、日露戦争後、英国を観光中、英国番兵から「貴下は日本人なるや支那人なるや」と問われ、日本人と知ったとたんに親切な待遇を受けたとあえて記す。[*108]
また、一九〇二年に文部省留学生として英米派遣された関口八重吉は、日露戦争前の米国人は、断髪した中国人と日本人の区別がつかなかったが、日露戦争後は「十分に見分くるのみならず、大に待遇を改めて、日本人を優待」すると、米国では日本人は「一等国」民として優遇され、中国人よりも厚遇されていることを強調した。
ただ、中国人と日本人は「同じ顔色をして居る」だけに、今後日本人は、「支那人と同一と見られぬ為めに」、「十分注意せねば」ならず、関口自身も中国人と間違われぬために、観劇では上等席を購入し、「知らず知らず高い物を買ふとか、数を多く買ふとか入らざる痩我慢を出すことも多い」と、自分が西洋人から中国人と間違われぬよう努力している。中国人との差別化は、日本人の自己規定に関わる問題となっていた。
また、洋行先で中国人と誤解されることは、「努力」してでも避けるべきであり、海外では「殊に一口に黄色人と計りで時には軽視の目を以て白人らに眺めらるる」ために、ホテル選びは「余程注意せねばとんだ目に逢ふ事が往々ある」と、洋行する日本人は「黄色人」として差別されぬための努力の必要性を説いた。[*109]

中国人との差別化の必要性を説くほど、この頃から日本人と中国人の外見的差異は「西洋化」により稀薄化していた。戸川秋骨が太平洋帰航のミネソタ号で見かけた、「断髪洋服姿」の中国人も「眉目清秀些しも支那人らしい風は無い」と驚きを隠せなかった。[*110] また、米国の亡命中国人の演説者の身なりも完全に西洋化された「丸で日本の紳士であつて、ドーしても支那人とは見えぬ」、かつ会場で「異様」だったのは断髪した中国人のきわめて多いことで、「彼等は皆弁髪を断ちて一見日本人」で、ハイカラな洋服をきた中国人なぞも、まったく「支那人とは受取れぬ」うえ、なかには流暢に英語を話す者さえいた。[*111]

一九世紀後半には、断髪・洋装は「文明」の象徴であり得たが、二〇世紀初頭には外見の西洋化は、日本人さえも見分けがつかぬほど、東洋人の境界を不明瞭にさせるものとなっていた。[*112]

島崎藤村(一八七二―一九四三)も一九一三年から一六年の渡欧中、パリのさまざまな場所で、「日本人かシナ人か」と尋ねられ、はじめはその侮蔑意識に気付かなかったが、そのうちフランス人同士で公然と「日本人かシナ人か」で賭けをしていることに気付き、島崎藤村も「斯ういふ侮蔑した言葉をしかも言葉が通じないと思つて自分の鼻の先で交換されるのを聞いた時は胸が悪く」なったと記している。[*113]

在仏邦人は、パリで侮蔑されるだけではなく、周囲からはいつも見られ、自分たちは、まるで神田周辺の中国人留学生ではないか、と肩身の狭さと惨めさを覚える。ましてや、「あの連中だつて支那の方では皆相当なところから来てる青年」であるだけに、日本で中国人留学生をかくも冷遇したのは間違いだったと渡仏して初めて気付かされる。「金をつかつて、みじめな思ひをするほど厭なものは」なく、「欧羅巴へ行つて見ると、自分等は出世したのか落魄して居るのか分らない」という邦人さえいた。[114]

そして藤村は、中国の排日運動の指導者層が、必ず日本留学経験者である話を思い出す。[115]一九〇〇年頃に増加した中国人の日本留学は、「科挙にかわる出世の手段」であり、日本における中国人留学生は「上流人士」だったが、彼らはのちに反日家となることが多く、それだけ日本人の中国人蔑視は露骨で日常的であったことを意味しているからである。[116]日本人エリート層は、西洋社会で白人から侮蔑を受けることで、はからずも、日本で中国人が受けた侮蔑の疑似体験をすることとなったのだった。

一方、外交官の石射猪太郎は、サンフランシスコ在勤時代（一九一八―二〇）でも幾度も中国人と間違えられてきたため、それに対し逐次感情的反応をみせることはなかったが、自分が中国人と間違えられるのは、「私の顔付きのせいばかりでなく、白色人の世界では黄色人の代表者は中国人であるからだ。我々は一等国日本人だなどと、肩肘を張ってみても、黄色人の代表者としては通用しない」と、依然中国人が西洋社会でもつ存在感の大きさを感じとっていた。

また、三等書記官としてワシントン在勤中（一九二〇―二二）でも、石射はいたるところで中国人と間違われる。当時、石射の英語教師をしていた財務省の中年役人トーマス・ブラウンは、ワシントン郊外のバプテスト教会で牧師も兼ねていたため、あるときその教会の日曜学校に石射を連れ出したところ、三〇人ばかりの子どもたちが一斉に石射に視線を向け、「突然出現した見馴れない黄色い顔にびっくり」する。そこで牧師が「この人は一体どこの国の人だと思いますか」と聞くと、子どもたちは一斉に「チャイニーズ」と答えた。[117]

一九二二年のメキシコ在勤中に旅行していた際も、品のいい米国人夫妻が石射を中国人と間違えたことを何度も詫びるので「日本人同士でも、中国人か日本人か見分けのつかぬことがある」ので気になさらぬようにと社交的に振る舞ったが、「黄色い顔を見たら、中国人と思え、白人の頭にはそう彫り付けられている」ことを石射はあらためて痛感する。*[118]

福島県出身の石射は、福島中学を経て、一九〇六年に東亜同文書院商務科を第五期生として卒業し、南満州鉄道株式会社に勤めたのち、「就職難」ゆえにか、外交官試験を受け、東亜同文書院出身で初の外交官となった「異色」の経歴を持つ。それゆえにか、石射の観察眼は、偏狭なエリート意識から解放された客観性と精神的ゆとりともいえるバランスを持ち合わせ、自身が中国人と間違われることにも別段否定的感情を見せることはなかった。

また、ワシントン在勤中、石射は三等書記官であったため大使クラスとの交流・交渉もないため各国大公使館の人々とも交際をもたなかったが、「ただ、中国公使館の人々とは一、二回交歓の機会を持った。本国同士は不仲でも、出先で顔の黄色い同士の間には、期せずして親愛感が湧くのであった」と、実感のこもった記述を残している。*[119] 中国人に対する蔑視もなく、かといって白人に対する迎合も見られない石射の人種認識は、当時のエリート層には非常に稀有の、均衡のとれた客観性を有するものであったといえる。

言いかえれば、そのようなバランスのとれた自他認識を持てたのは、むしろ当時のエリート層のあいだでは例外であっただろう。

「我々のお仲間」

洋行先で遭遇した人種的同質性は中国人だけでなく「土人」にもあてはまった。新聞記者から衆議院議員となる末広鉄腸（一八四九―九六）は、米国の横断汽車のなかで欧米人から、日本人か「インジヤン人」かと聞かれ、戸惑いを隠せなかった。欧米人に間違えられた際は戸惑いで済んだが、コロンボよりサイゴンに向かう途中、末広は、現地の車夫に日本人の女郎屋へと向かわせるものの、何軒訪れても貧民窟の女郎屋にしか案内されないので怒ると、「御前さん達は余ッ程色が黒うて阿弗利加人の合の子の様であるから上等の女郎屋へ伴れて往ったとて相手になる者があるまい」と言われる。「是ハ失敬千万己れは立派な日本人だが色の黒いのは印度洋で日に焚けたのである」と末広は激怒した。[*120] 白人から「土人」と思われることには困惑で済んだものの、「土人」から「土人」扱いされることに憤慨した末広には、「文明」と「人種」をめぐる日本人の屈折した心理がうかがえる。

ただ、「土人」と日本人は客観的にみても外見的にはかなり類似していた。童話作家の巌谷小波（一八七〇―一九三三）は、渋沢栄一や松方幸次郎も参加した渡米実業団の約三ヵ月間の北米各都市視察（一九〇九年八月一九日―一二月一七日）に参加した際、「土人」との外見的類似性に驚き、「亜米利加インヂヤンと称する、土人」は、「肉色と云ひ、目鼻立と云ひ、何うやら我々同胞にその儘、若しくはそれ以上」で、カリフォルニアの「土人許りを収容し」た学校で『君が代』を吹奏してくれた「土人」たちも「皆全く米化し」、「皆すつかり白人の通りの、所謂洋服を着けて」おり、「一寸見た許りでは、むしろ我々のお仲間かとさへ」映った。[*121]

他方で、この渡米実業団には渋沢栄一夫人はじめ五名の女性が参加していた。

この頃、洋行に随行する日本女性は、和装か洋装か選択できたが、女性はみな、はじめから申し合わせ「日本服の一点張」で洋行した。長期間の船旅に加え数ヵ月にも及ぶ世界巡遊中、和装を貫くのは相当の努力を要するうえ、西洋女性の服装に比べ「聊か引立負け」がするとして、「初めは大分反対もあり」、せめて旅行服は洋装を、との声もあった。だが、同行した女性は皆、「已に自信あつたものと見えて、一切洋式の服装を用ひず、旅中も宴席も、出るにも、入るにも、専ら日本服で通された勇気」は敬服に値すると同行した巌谷は絶賛した。[*122] しかし、それには、巌谷や他の日本男性が気づきさえしなかった、日本女性の人種的不安ゆえの自己戦略と不可分にあった。

というのも、この渡米実業団に先駆け、一九〇八年三月には、東京・大阪両朝日新聞社が主催した「世界一周会」が汽船「モンゴリア号」に乗って横浜を出発し、九六日間の世界周遊をし、そこには野村みちをはじめ三名の女性たちも参加していたが、彼女たちも一貫して和装で世界一周を果たしている。

当時、三二歳で外遊に参加した野村みちは、東洋英和女学校出身で、一八九八年に横浜の実業家・野村洋三と結婚し、「世界一周会」は親戚が発起者であったことから同行を勧められ、子どもたちを日本に残しての参加となった。[*123]

野村みち本人も、服装は随分悩んだが、和装を選択したのは国威発揚というよりも、むしろ「丈低く形醜き妾の洋装は、唯笑の種なるべし」と、洋装では自身の審美的欠点が浮き彫りになる危険性から、すべて和装と日本製の付属品のみ着用することにした。野村の選択はいたって自己戦略的なものだった。

野村は自身がどれだけ「世界一周会」で女性として目立つ存在であるか、また、横浜の古美術商、サムライ商会を営む実業家、野村洋三の妻としてそうであるべき意義と価値を日記に記すほど自己演出能力、宣伝能力にも長けていた。

自身の非売品の著書『世界一周日記』（一九〇八年）には、当時朝日新聞編集局の新聞記者であった杉村楚人冠（本名・杉村廣太郎、一八七二―一九四五）の序文が掲載されており、そこには、野村みちは世界各地で写真撮影の対象となったほど「朝日世界一周会の花」であったと記されている。このことからも示唆されるように、野村は、女性としての自分の存在価値を、充分に認識し活用した傾向があった。[*124] だからこそ、自分を客観視することにも長けており、「丈低く形醜き妾の洋装」は、洋装の本場である西洋では「唯笑の種」になるだけであり、自分が西洋人から「賞賛」を得るには、「洋装」では不可能であろうとし、洋行中「和装」で一貫させることで、自分の存在感を図ろうと戦略だてたのであった。

だが、このわずか四年前の一九〇四年、日本では、ベルツが伊藤博文に対し、洋装は「日本人の体格に合はせて作つてない」のみならず、コルセットなどは衛生的にもよろしくないため断じて反対だとした際、伊藤は「哄笑」し、次のように論じていた。

愛すべきベルツさん、高級政治の要求する処は貴下には解らない。貴下の言は皆真理かも知れぬ、だが、論より証拠、日本の夫人連が日本服で人前に出たならば、中は伽藍洞の人形か御雛様かと思はれるが落ちだらう。[*125]

ベルツは、この進言だけが伊藤に受け入れられなかったと記しているが、巌谷が洋行での日本女性の和装には「大分反対」もあったと記したのも、このような文明国としての体裁を過剰なまでに意識した男性エリートの価値観から生じたものといえるだろう。

しかし、一貫して和装に徹し世界一周を果たした野村は次のように記している。

「然るに、周遊中至る処、妾の日本風は、いたく欧米人の賞賛を博し、図らず面目を施したり」。

野村みちの戦略は「成功」し、確信した。洋行する日本女性にとって、馴れない洋装は和装よりも手間がかかり、一人では着用できないこともあるため、かえって「不便」である。効率的にも審美的にも、さらには西洋女性に対抗しうる賞賛を受けるためにも、女性の洋行には「特に和服を用ゆるべきことを慫慂せんとす[*126]」。

日本では、もしくは日本人のあいだでは女性としての存在感を発揮できたものの、服装も体格も異なる西洋では、少なくとも自分は西洋人に比べ「丈低く形醜き」外見をしているがために「笑の種」となろうとみた野村みちには、言語化されていなくてもたしかな人種的差異への認識とそれによる人種的劣等感があった。それを露骨に裏付けたのが、彼女の「土人」観であり、野村は米国の「洋装」した「土人」を躊躇《ためら》いもなく酷評する。

　土着の印度人の下婢までが、之れに倣ひて、色黒く醜き容しながら、流行の衣装などをつけて、得々市街を行くさま、一見嘔吐を催すばかりなり[*127]。

野村がそこに露骨な嫌悪感と侮蔑意識を向けたのは、その女性が持っていた自分たちとの身体的近似性にあったのではなかろうか。
つまり、洋装した非白人の女性の「醜」さは、自分の姿でもなりえたかもしれず、「土着の印度人」に対する露骨な醜悪視は、洋行に向けて自分の「民族性」で審美的勝負を挑んだ彼女の、不安と安堵感が混在した本能的な自己防衛でもあった。
なぜなら、「土人」に対し「嘔吐を催す」ほど見下しながらも、自分は「民族衣装」により西洋からの承認を求めようとした同じ「有色人種」であることを、観察眼の行き届いた野村みちは洋行先で十分に察していたはずである。
この時期、日本では南方の人たちを「土人」と規定し、蔑む傾向が一般的だった。一九一四年三月から七月にかけて、東京上野公園では東京大正博覧会が開催されていた。そこには、朝鮮館や台湾館、拓殖館や南洋館など、「帝国日本」としての発展を示す「展示」が行われたが、なかでも大変な人気を博した南洋館に「展示」されたマレー半島原住民を、日本人は「土人」と呼んでいた。[*128]
実業家で、のちの興人相談役・早川種三（一八九七―一九九一）は、一九一四年、中学五年生頃、校内の演説会で、「黄人種と白人種」という草稿を作成し発表、当時、早稲田の野球選手がマニラ遠征する際、ある新聞記事には、「米国選手なら負けても仕方がないが、南方の土人に負けては」とあり、それに対し早川は、「米国選手なら、とは何たる弱音、自ら侮る事甚しい。もっと誇りを持て」と熱弁している。[*129]
日本国内にはまだ、「土人」を完全なる他者としてみるだけの心理的距離感があった。だが、西洋社会では「土人」も日本人もともに「有色人種」に変わりなかった。

のちに帝国ホテル社長となる犬丸徹三（一八八七—一九八一）は、東京高商（現・一橋大学）を卒業後、満鉄の経営するヤマト・ホテルでボーイの仕事を始めて以来、上海のバリトン・ホテルやロンドンのクラリッジス・ホテルでコックとして働き、フランスでは魚料理をマスターしたうえで、「ぜいたくの研究」をきわめるために一九一七年（大正六）一月に大西洋を渡り渡米、ニューヨークのリッツ・カールトンホテルで働き始める。

はじめはコックとして働くが、のちにウエイターへの配置転換を幾度も支配人に申し出たものの、「当時、欧米のホテルでは、直接客と接する仕事には、有色人種を用いないのが、普通だった」ため、叶わなかった。*130

日本人がどれだけ「一等国」の自己認識を形成していたとしても、その現実は、中国人や「土人」と外見的には酷似した「有色人種」であることに気づかされていくのであった。

所属感の欠如

不運

日露開戦直前の一九〇四年（明治三七）一月、伊藤博文の懐刀とも呼ばれた官僚政治家並びに東京日日新聞社長も務めた伊東巳代治（一八五七—一九三四）との会話を、ベルツが日記に記している。

伊東はベルツに「いうまでもなく、われわれの根本的に不都合な点は、われわれが黄色人種であること」であり、「あなた方と同様、白人」であれば、「全世界」は日本に「歓呼の声援を惜しまぬ」であろうと述べた。[*131] 一九三九年、この部分を浜辺正彦は「我等が生れ落ちると〔き〕からの不運は、黄色の肌をしてゐることである」とも訳している。[*132]

伊東の言葉にベルツは、日本が「東洋の盟主」となる野心を察し、「日本人がその黄色人種の指導者たらんと願って」おり、「東亜におけるその盟主たるの地位が、多数日本人の念頭を離れぬこと」を示していると解釈した。[*133]

だが、日本は、もとより「黄色人種の指導者」たらんと願ったのであろうか。

いみじくも伊東が発言したように、日本人は「黄色人種であること」自体に強い不快感と不安を抱いていた。伊東にとって「黄色人種」であることは「生れ落ちると〔き〕からの不運」であり、それは多くのエリート層にとって受け入れがたくも、受け入れざるをえないものであった。「黄色人種の指導者」として、また「東亜におけるその盟主」としての自己規定が「日本人の念頭を離れぬ」理由は、むしろ「黄色人種であること」という受け入れがたい宿命に対する、苦渋の自己規定にほかならなかったというのが妥当なところだろう。

徳富蘇峰が、日露開戦後間もない一九〇四年四月に、西洋人が「日本人を以て、他の東洋人と同一視」することに強い抵抗感をみせていたのも、蘇峰にとって「東洋的、若くは亜細亜的」とは「無意義の文字」に過ぎず、日本とは、あくまで日本としてみなされるべきとの認識があったからである。[*134] しかし、アジアに位置しながら、同じ肌の色を持った「黄色人種」でありながら、日本人は「東洋人と同一」ではないと、どのように訴えられるのであろうか。

アジアに属しながらアジア人であることを、「黄色人種」でありながら「黄色人種」とみなされることを否定しようという精神構造は、脱亜入欧の精神的産物にほかならないが、日露戦争後にその屈折が表面化したのは、もはや日本が「一等国」として国際政治の舞台に台頭したことで、「黄色人種」と「白皙人種」の人種的対立は避けがたい問題として浮上しつつあったからである。

「大暗礁」

事実、日露戦争とは「西洋対東洋」、「基督教国対異教国」の戦いとされたが、なかでも「白人対黄人」という人種的対立は、最も明確で可視的なものだった。*[135] 日露戦争の勝利は、西洋列強の支配する国際政治に、非西洋の日本が新参する画期的転換点だったと同時に、「黄白両人種の衝突」を予期させるものでもあった。*[136]

人種的観点からすれば、日本は西洋に属せない。日本はこの西洋世界との「所属感の欠如」をどのように克服しうるのか。同時に、人種的には東洋に属することをどのように否定しうるのか。日露戦争後の日本が直面したのは、人種、文明、そして地政学的位置付けの座標軸において、どこに自己を置くかにあった。

日本人にとって人種問題は「容易に解決し難き現代特種の重大問題」であり、日本の行く手を確実に阻んでいる。しかも解決する方法は、「白色、黒色、若くは黄色人種が全体に於て混血同化せざる限り到底解決の希望なし」、根本的解決方法は存在しないと認識されていた。*[137]

また、人種意識は、「理性の問題ではなく、人種相互間の生理的あるいはセクシュアルな好悪の感情」や美醜の感覚など、「非合理的要因」と密接に関わっている。*[138] 人々の人種意識を形成するのは「理窟の上のことにあらずして感情の問題」に尽き、その感情の「根は深く人種の相違に存す」だけに、「人種問題の如く複雑にして至難なるは他に之れあらず」、人種問題とは「実に世界文明の行手に横わる大暗礁」であった。[*139]

人種問題の根本が「全く感情の問題」である以上、この「顔色の黄色な、背の低い人間」に対する嫌悪や憎悪を払拭することは相当に困難である。[*140]

人種的差異も人種的感情も変えようがないものである限り、非西洋の「一等国」として日本は、東洋と西洋の狭間で揺らぐ不安定な自己の位置付けを見出すほかなかった。

新運命の開拓

東西文明融和の地としての日本というヴィジョンは、そこから台頭したものである。既存の東西二元論では、脱亜入欧を国家的指針とした日本の自己の位置付けを図ることはできない。かといって人種的には西洋に属せず、東洋での所属を否定すべきものとした日本にとって、東西文明の融和の地としての位置付けは巧みな両立点だった。だがそれは裏を返せば、東洋と西洋のいずれにも属せぬ不安定さからの帰結だった。

主たる提唱者であった大隈重信は、これまでみてきたように、かねてより人種の優劣に強い関心を持っていた。身体的にみても明らかに日本人は西洋人に比べ劣っていることを嘆いた大隈は、「日本民族たるものは、四囲の圧迫に抵抗して、優等民族と競争を続行し、自己を鍛錬して以て新運命の開拓をなさねばならぬ」と主張した。[*141]

大隈は、人種的対立が不可避となれば、日本に勝ち目はないであろうこと、さらに非西洋の「一等国」としての日本の地位は、人種的差異によって西洋からの偏見や排斥などさまざまな不利益を被らざるをえないと認識していた。そのためどうにかして人種的差異という「運命」を超えて、「新運命の開拓」に励まねばならぬとの思いがあった。

大隈は、「人種的反感」こそ日露戦争後の日本の前途を阻む「大困難」とみなしており[*142]、だからこそ、人種的境界による西洋との摩擦を極力浮き彫りにさせぬよう努めながら、非西洋の「一等国」である日本の不安定な位置付けを安定化させるために、東西文明の融和を打ち出していた。日本は「有色人種」のなかで最も「能く東西の文明を理会して、彼我の長短を同化するやうな準備ある国民は、遺憾ながら我日本人の他一つもない」。「東西の文明の接触点」にある日本は、「既に東洋の文明を代表して西洋文明を東洋に紹介するの地位」にあり、それこそが「新日本」の使命であり「天職」である。「日本は東洋の先覚者とし、また其の代表者として、亜細亜に於ける劣等文明の国々を指導して、これを文明に進むるの責任がある」と述べる[*143]。大隈は、努力で獲得しうる「文明」を前面に出すことで、人種の差異が前面に出ることを回避しようとした。この傾向は大隈だけではなく、多くの言論者にもみられた時代的風潮であった。

当時最も人気を誇った雑誌『太陽』に掲載された無署名の「太平洋上の黄禍」では、黄禍の起源である中国系労働移民が米国で排斥されたのも、人種的要因より彼らの「保守固陋」する「其思想、品格、又生活の程度」にあり、その点で日本人は「東洋醇化の文明に加ふるに最新西洋の文明を調和して日々進歩」していると解釈することで、人種的対立の潜在性を直視せぬようにした[*144]。

また文芸評論家の長谷川天渓（一八七六―一九四〇）は、欧米は「今尚ほ黄色人種を以て、劣等人種であるとか、好戦的である」とみなしているが、日本人は「東西両洋の文明を混和融合して、全世界の平和を保全せむと欲する者」であることを強調し人種的境界から回避しようとした[*145]。

さらに徳富蘇峰は、西洋は日本を「黄人中、尤も危険なる人種」と「誤解」しているが、それは日本が「白皙人種以外の人種は劣等動物たりとの迷信を掃除しつつ」あるからであり、その優秀性から、日本は「東西文明の墻壁を撤し、黄白人種の割拠を去り、宇内共通文明の範囲を拡充する」使命を持っているのであるとした。*146

ここでの「東西文明の墻壁を撤し」とは日本が西洋列強と対等の地位を築き西洋からの承認を得ることを意味する。本質的には脱亜入欧論と変わっていない。だが、そこに人種問題が入ることにより、脱亜入欧論は事実上破綻せざるをえなかった。だからこそ、日本は東西文明融和の地に着地点を見出したのであった。

一九一〇年代に提唱されたこのヴィジョンは「脱亜論から亜細亜への回帰を成し遂げるまでの中間形態」にあった。*147 このヴィジョンがその後十数年で消滅するのは、次章で論じる一九一九年のパリ講和会議での人種平等案挿入の「失敗」と、一九二四年の排日移民法による米国からの人種的排斥によるところが大きい。

また、東西文明融和の地というヴィジョン自体、曖昧なものであり、提唱者たちも文明の獲得に人種的差異は生じないが、それが人種的差異の消滅にも払拭にもならないことを十分察知していたのであろう。いずれにせよ、東西文明融和の地のヴィジョンは、東洋と西洋の狭間で揺れ動く日本の不安定な位置付けを意味するだけではなく、「文明」と「人種」の狭間で揺れ動く日本の不安定さもまた反映していた。

新フロイト派の精神分析学者であるカレン・ホーナイ（一八八五—一九五二）は、劣等感とは所属感の欠如から生じるものとしている。[*148] 人間にとって所属感ほど安心できるものはない。所属感とは、自己の居場所を示すものであり、つながり、「紐帯」の確認でもあるからである。言いかえれば、所属感の欠如は、「紐帯」を感じえないために不安を招く。

かつて徳富蘇峰は、日露戦争後、「日本は欧米列強に伍するを得たるも、なおこれ旅鳥にすぎず」と記し、西洋と日本には、「紐帯」といえるつながりはひとつも存在しないと論じた。西洋には、日本を無視する者もいないが、さりとて日本を真から愛する者なども一人もいない。西洋と日本では、人種、宗教、風俗、習慣も、ほぼすべてにおいて「固有の紐帯なるもの」はひとつも存在せず、「日本は広き世界にありて、一個の異客たり。その孤独寂寥の感は、禁ぜんと欲してあたわざるなり」と。[*149]

人種から宗教、風俗習慣にいたるまで、西洋と異質である日本は、自己が承認を得ようとした西洋世界に所属感を得ることはなかった。日本に待ち受けていたのは、所属感の欠如であり、それを明確に気付かせたのが人種的異質性であったといえる。

つまり日露戦争後の日本が抱いた人種的不安とは、身体という可視的媒体から生じる、西洋世界への所属感の欠如であった。

所属感の欠如は孤独と不安を生む。自己の居場所を見出せないからである。そこには、常に優劣感情がつきまとう。孤独の影には自己の特別意識があり、他者との差別化に自尊心のよりどころを見出そうとするからである。そして優劣感情によって自尊心のバランスをとろうとし、不安定さを払拭し解消しようとする。しかしそれだけに、とてつもない不安を覚える。つまり、自尊心の安定を図るための優劣感情こそが、孤独と不安を絶えず生み出しているといってもいい。そして、優劣感情とは、重要な他者への対等意識が芽生えたときに初めて生じるものである。

人種的自己規定をめぐる日本の揺らぎと不安は、大正期、大隈重信が日本の人種的孤立を「東西文明融和の地」と提唱することで、乗り越えようとしたように、東洋にも西洋にも所属感を得られぬ近代日本の姿そのものであった。

これが「一等国」日本の現実であったのだろう。非西洋の日本は、「西洋化」により西洋という最も重要な他者からの承認を得ようと近代化をひた走った。だが、日露戦争という西洋への大きな勝利を得ながらも、人種という宿命的差異は乗り越えることができない。そして東洋にも西洋にも属せぬ日本にとって「所属感の欠如」の行き場は、孤独であり、不安であり、そして憂鬱であった。

疎外感

一九〇八年の『世界一周画報』には、長い船旅のなかで、ある夜、「外人等舞踏会を催す」光景があった。邦人らは西洋人が「さも面白気に踊り狂へる」様子を、喫煙室から眺めるが、「会員中一人も之に加はり得る者なきを遺憾とす」[*150]。

日露戦争後、「国際社会」に躍り出たかと思い始めながらも、洋行中の船旅の「舞踏会」にすら、「一人も之に加はり得る者」はいなかった。そのような「遺憾」の感情は、洋行エリートたち共通のものだった。

かねてより洋行時の和装を批判していた滝本二郎は、一九二〇年代の大西洋航路船の食堂の様子を次のように回顧する。

此の航路では日本人は欧米人の食卓へは可成介在せしめず東洋人同志を集める様にされ、甲板椅子も一箇所に集められ、食卓も同一の処に席が集められて居る。

一九二〇年代後半、大西洋航路の船旅では、食堂ですら「日本人は欧米人の食卓」へは「可成介在」することはできず、「東洋人同志を集める様にされ」た。それは食堂だけではなく甲板椅子でも同様だった。「之は却て日本人には色々な利便が有るものの、最初は不快な気分が致さぬでもない」。

大西洋の船旅で、食堂でも甲板椅子でも日本人は「欧米人」とは相容れられず、「東洋人同志」に集められる現実をみて滝本は、次のようにまとめる。

日本を出る時には一等国民だとの考が頭の何処かに潜在して居り、或は又英米独仏は我々と同等、其れ以外の国は自分等より劣等国だとの観念さへも存して居た。〔中略〕吾々日本人は一等国だとか大強国だとか考へて居るが欧米人中誰一人として斯く考へて呉れる者はいない。*151

一九二〇年代以降、日本は「世界五大強国」として西洋列強と「対等」「同等」の地位にまで上り詰めた認識があった。それは同時に、「他の東洋」諸国は「劣等」であるという「観念さへ」あった。「他の東洋人」とは異なり、日本は「一等国」であり「大強国」と考えていたが、「欧米人中誰一人として」そう捉える者はいなかった。

洋行経験は、人々に認識されはじめていく人種的境界と、日本人エリートたちに共有された「一等国」意識におけるギャップとそれゆえの不安の発見だった。そして何よりも、西洋世界の旅は、「富国強兵」さえ達成できれば対等の「一等国」になれるという、近代初期日本人エリートたちが持っていた暗黙の了解の、解体の旅だったのである。

＊1　夏目漱石『三四郎』岩波文庫、一九九〇年、第六四刷改版、二二二頁
＊2　伊藤整『日本文壇史』第八巻、講談社、一九六六年、一一九頁
＊3　亀井俊介「解説」夏目漱石『文学論』下巻、岩波文庫、二〇〇七年、四四九頁。伊藤整『日本文壇史』第七巻、講談社、一九六四年、一三四頁
＊4　以上、金子健二『人間漱石』いちろ社、一九四八年、四―六、二〇頁
＊5　以上、伊藤整、前掲『日本文壇史』第八巻、一一九頁
＊6　日本国内では電話サービスは一八九〇年に東京―横浜間で始まり、一八九九年には、全国の電話加入者数が一万人を超えた。（http://www.kogures.com/hitoshi/history/tushin-denwa/index.html　二〇一二年一二月一〇日閲覧）
＊7　以上、松岡筆子「お札と縁遠かった漱石」『文藝春秋編　巻頭随筆Ⅳ』文春文庫、一九八五年、二八二―二八四頁
＊8　以上、伊藤整、前掲『日本文壇史』第八巻、一一九、一三二頁
＊9　夏目鏡子述・松岡譲筆録『漱石の思い出』文春文庫、一九九四年、一〇六―一一〇、一三五頁
＊10　同前、二一一頁
＊11　江藤淳は、漱石のあばたとは「漱石にとっては、根本的な存在論的な傷だった……。漱石の不幸は、あれだけ立派な顔に薄あばたがあったということにあるともいえる」と論じる（平川祐弘『夏目漱石』講談社学術文庫、一九

九一年、一九二、一九三頁が引く江藤淳の対談「鷗外・漱石・荷風」『季刊芸術』二五号）
＊12　夏目漱石『文学論』上巻、岩波文庫、二〇〇七年、二四頁
＊13　夏目漱石『倫敦消息』『明治文学全集五五　夏目漱石集』筑摩書房、一九七一年、二五〇頁
＊14　同前、二五〇頁。平川祐弘によると、『倫敦消息』における漱石の人種的劣等感にまつわる部分に後年、「さうして其たんびに黄色人とは如何にも好く命けた名だと感心しない事はなかつた」と筆を入れたと指摘したうえで、後年筆を入れていることは「この種の人種感情がいかにデリケートな傷つき易い性質のものであるか」を指し示しているとする。また、ここで描かれる劣等感は、人種的なものだけではなく、「その背後にある文化上の隔絶感からも来ている」とする（以上、平川祐弘『夏目漱石——非西洋の苦闘』講談社学術文庫、一九九一年、二四頁）
＊15　夏目漱石『断片』、前掲『明治文学全集五五　夏目漱石集』三五五頁
＊16　夏目漱石、前掲『三四郎』二二頁
＊17　以上、夏目漱石『それから』『漱石全集』第六巻、岩波書店、一九九四年、一〇一、一〇二頁
＊18　以上、夏目鏡子、前掲『漱石の思い出』四五九—四六〇頁
＊19　拙論「身体の〈西洋化〉を巡る情念の系譜——明治・大正期日本における〈一等国〉としての身体美の追求とその挫折」武藤浩史・榑沼範久編『運動＋（反）成長　身体医文化論Ⅱ』慶應義塾大学出版会、二〇〇三年所収。及び拙論「華麗なる〈有色人種〉という現実——明治期日本人エリートの洋装にみる洋行経験の光と影」伊藤守編『文化の実践、文化の研究』せりか書房、二〇〇四年を参照
＊20　飯倉章『黄禍論と日本人』中公新書、二〇一三年、一九—三三頁
＊21　巌谷小波『新洋行土産』上巻、博文館、一九一〇年、二八八、二八九頁
＊22　Carl Mosk, *Making Health Work* California Press, 1996. P.19
＊23　杉村廣太郎『大英遊記』有楽社、一九〇八年、一八一頁、尾崎護『吉野作造と中国』中公叢書、二〇〇八年、三二頁
＊24　中村吉蔵『欧米印象記』春秋社、一九一〇年、二八頁
＊25　森次太郎『欧米書生旅行』博文館、一九〇六年、八八頁
＊26　森次太郎、前掲『欧米書生旅行』一三四頁
＊27　朝日新聞記者編『欧米遊覧記』大阪朝日新聞、一九一〇年、九二頁
＊28　北岡伸一『後藤新平』中公新書、一九八八年、五九、六〇頁
＊29　以上、三島義温編『三島弥太郎の手紙』学生社、一九九四年、四八、一二一、一二二、一五三頁
＊30　ラドヤード・キプリング著／加納孝代訳『キプリングの日本発見』中央公論新社、二〇〇二年、七三、七四頁

*31　トク・ベルツ編／菅沼龍太郎訳、一九〇一年九月三日の条『ベルツの日記』第一部下、岩波文庫、一九五二年、四一頁

*32　若林操子監修／池上弘子訳『ベルツ日本再訪　草津・ビーティヒハイム遺稿／日記篇』東海大学出版会、二〇〇〇年、六八三頁

*33　清水勲『ビゴーが見た明治ニッポン』講談社学術文庫、二〇〇六年、二〇頁

*34　Carl Mosk, *Making Halth Work*, California Press, 1996, p19.

*35　山本夏彦「日本文壇史」『ダメの人』中公文庫、一九九四年、九三頁

*36　山本夏彦、前掲「日本文壇史」九四頁。また、ハーンは勤務先の東京帝国大学で、外国人教師として、同大の日本人教授の二倍の給与を得ており、社会的にかなり厚遇された環境にあった。にもかかわらず、長男には米国東部で教育を受けさせていることからも、ハーンの日本の教育への評価がみてとれる（伊藤整『日本文壇史』第七巻、二四頁）

*37　以上、会田雄次『アーロン収容所』中公文庫、一九七三年、一一〇―一一三頁

*38　キリストを信じていなかったハーンは、東大英文科の外国人教員のほとんどがカトリック信者だった環境にもなじめず、ドイツ人教師ケーベルからも宗教的排斥を受けていたことから、キリスト教には特に「強迫観念」を抱いていた（以上、伊藤整『日本文壇史』第七巻、二四頁）。よって宗教的疎外感もハーンの親日的傾向と無関係ではないかもしれない

*39　石橋湛山「国民の体格と姿勢」『石橋湛山全集』第一巻、東洋経済新報社、一九七一年、四二六頁

*40　以上、野村みち『世界一周日記』（非売品）一九〇八年、七―九頁

*41　尾崎行雄「現代風俗些談」『新公論』六巻九号、一九〇五年九月、八頁

*42　以上、塚原政次「日本人の短軀と顔色」『新公論』六巻九号、一九〇五年九月、一二三頁

*43　一九〇五年の『新公論』には、欧米諸国の首相の身長表まで掲載され、国力と国家的地位と身体的特徴の相関関係は、人々の関心となっていった（「時代人物と身長」『新公論』五巻六号、一九〇五年六月、一二二頁）

*44　黒木勇吉『小村寿太郎』講談社、一九六八年、一九七頁

*45　本多熊太郎『魂の外交』千倉書房、一九三八年、一九一、一九二頁

*46　"Mr. Hanihara, Envoy of Japan, 58, Dead," *The New York Times*, December 20, 1934.）チャオ埴原三鈴ほか『「排日移民法」と闘った外交官』藤原書店、二〇一一年、一二〇、三九〇頁

*47　以上、チャオ埴原三鈴ほか、前掲『「排日移民法」と闘った外交官』二〇三頁。また、埴原夫妻には子どもがおらず、妹も生涯独身で子はなかったため、弟の弓次郎の三児、義郎・卓子・和郎が埴原本家の跡取りとなった。こ

こでの孫娘・チャオ三鈴は義郎の娘。同書三八七頁
＊48 「外交官の夫人として日本夫人の短所」『新公論』二三巻二号、一九〇八年二月、一五頁。一九二二年にメキシコに在勤していた外交官・石射猪太郎は、そのときの公使夫妻について、「古谷公使はアメリカのミシガン大学の出身で、英語はもちろんフランス語の大家、思慮精密、多彩な経験を持ち完成された外交官であった。ただ健康に恵まれないのが疵だった。夫人もまた才色ともに勝れ、欧米人の間に伍して、すこしも遜色を見ない外交官夫人であった」と記すように、日本人外交官すべてが「遜色」をみるものではなかったが、このように記されるところをみれば、やはり多くはなかったともいえる（石射猪太郎『外交官の一生』中公文庫、一九八六年、一二一頁）
＊49 矢野勝司「在米日本婦人の姿勢」『新公論』六巻九号、一九〇五年九月、一八、一九頁。なお、外交官のなかで「美貌と艶名」で知られた人物として、一九二〇年頃の天津での石射の後任であった亀井官補は、「西に雪洲、東に亀井」と言われるほどの「美貌と艶名」を兼ね備えていた。ワシントン在勤の頃、幣原夫妻主催による大夜会で、亀井官補は招待された米国婦人らからその美貌で絶賛され、「日本人にもこんな美男子がいるのかといった表情」で、口々に「あの美男子は誰か」と言った（石射猪太郎、前掲『外交官の一生』七八、九一頁）。石射はここで亀井のフルネームを記していないが、それだけ、日本人外交官や在外邦人男性に美貌の持ち主がいなかったことも示唆しているといえる
＊50 夏目漱石「思ひ出す事など」一九一一年四月、『現代日本文学大系一七 夏目漱石集一』筑摩書房、一九六八年、三三九頁。ロンドンでは街を行き交う英国人はみな自身より背が高く、そこに疎外感を抱いた漱石は、御殿場で汽車を待っていた際も、自分のそばにいた「腰囲何尺とでも形容すべきほど大きな西洋人」が絵葉書を書いている様子を見つめ、「好奇心を禁じえなかった」と、西洋人のもつ体格の大きさには常に目を見張るものがあった
＊51 以上、石橋湛山、前掲「国民の体格と姿勢」四二六頁
＊52 石橋湛山の身長と体重を明記する資料は残されておらず、おおよその身長と体重は石橋湛山の孫にあたる石橋湛山記念財団理事長の回顧によるものである。さらに、石橋湛山記念財団によると、石橋湛山の印象として、「体は大きくないが大きく感じさせる人という意見が多い」とのことだった（以上、財団への問い合わせに対する回答：二〇一二年一二月）。たしかに、小坂善太郎は石橋湛山の体格を、「ガッチリとした体軀」と記し、石橋の大柄で堂々とした姿は、敗戦直後、「陰鬱な国民感情を明るくかき立てるものがあった」と回想する（小坂善太郎「信念の人」『石橋湛山全集』月報2〔『石橋湛山全集』第一四巻、東洋経済新報社、一九七〇年〕一頁）
＊53 石橋湛山、前掲「国民の体格と姿勢」四二六頁
＊54 大町桂月「日本人の面はお粗末なり」『新公論』二三巻二号、一九〇八年二月、二一一、二一二頁
＊55 大町桂月『家庭と学生』日高有倫堂、一九〇五年、一六一頁

＊56　白露生「日本人には消極的な顔面多し」『新公論』一〇巻一号、一九〇七年一月、一三頁（『実業之日本』九巻二〇号による）
＊57　新渡戸稲造「日本人は凡べて表情が足りぬ」『随想録』丁未出版社、一九〇七年、一一五頁
＊58　田村直臣『American Women 米国の婦人』一八八九年、秀英舎、一四、一五頁
＊59　木村鷹太郎『真善美』美の巻、文禄堂、一九〇七年、九四頁
＊60　大町桂月、前掲『家庭と学生』二六一、二六二頁
＊61　以上、安部磯雄『婦人の理想』一九一〇年、北文館、二三一—二三三、二四四、二四六、二四七頁
＊62　以上、『私の履歴書　経済人一』日本経済新聞社、一九八〇年、三八四頁
＊63　初出は大隈重信「日本民族は優等人種か劣等人種か」『新日本』第三巻五号、一九一三年五月一日発行で、本書で引用したものは大隈重信『経世論続編』冨山房、一九一三年に掲載された同主旨の論考のものである
＊64　以上、大隈重信、前掲『経世論続編』六七、六八、七〇頁
＊65　以上、大隈重信「隈伯時感（其一五）」『太陽』一九一三年五月号（一九巻六号）、博文館、五一、五二、五四頁
＊66　同前、五四頁
＊67　以上、田口卯吉『破黄禍論』経済雑誌社、一九〇四年、三一、三二、五三頁
＊68　田辺英次郎『世界一周記』梁江堂、一九一〇年、六一、六二頁、大橋新太郎『欧米小観』博文館、一九〇一年、四六、四七頁
＊69　塚田公太『外遊漫想　よしの髄』一橋出版社、一九三〇年、一二二頁
＊70　田口卯吉、前掲『破黄禍論』五三—五五頁
＊71　田口卯吉『日本人種の研究』『鼎軒田口卯吉全集』二巻、吉川弘文館、一九九〇年、五一四頁
＊72　有島武郎『迷路』『有島武郎全集』第一巻、新潮社、一九二九年、三六四頁
＊73　尾西康充『『或る女』とアメリカ体験』岩波書店、二〇一二年、はじめに
＊74　以上、有島武郎、前掲『迷路』三三〇—三三三、三八五、三八六、三九三、三九四、四四三—四四五、四五五—四五七頁
＊75　佐々木は「第二次世界大戦時、米国への忠誠心を問う日章旗への発砲を拒否、監禁され罹病し死去した」（分銅惇作・田所周・三浦仁編『日本現代詩辞典』桜楓社、一九八六年、二〇〇頁）
＊76　以上、佐々木指月「排斥される日本人と排斥する亜米利加人」『中央公論』第三五年一一月号、一九二〇年、説苑一二、一三頁

＊77　石射猪太郎『外交官の一生』中公文庫、一九八六年、一七二頁
＊78　渋沢青淵記念財団竜門社編纂『渋沢栄一伝記資料』第三五巻、渋沢栄一伝記資料刊行会、一九六一年、三六二頁
＊79　以上、渋沢雅英『太平洋にかける橋』読売新聞社、一九七〇年、一三三、一五三頁
＊80　一八九三年七月三日、桑港在勤珍田領事より林外務次官宛「本邦人公立学校入学拒絶事件に関し具報の件」『日本外交文書』第二六巻（一八九三年）、七三四頁。日本人学童の公立学校入学の拒絶をめぐってはこれ以前から浮上しており、一八九三年六月、サンフランシスコ市学務局例会で、日本人学童の公立学校入学を禁じ、「支那人小学校に限り其の入校を許すべし」との議案が提出され、満場一致で可決された。だが、珍田領事は強くそれに反対し、その決議を廃案させるに至った（菊池武徳編『伯爵珍田捨巳伝』共盟閣、一九三八年、一一、一二頁）
＊81　賀川真理『サンフランシスコにおける日本人学童隔離問題』阪南大学叢書、一九九九年、一一九頁
＊82　「日支人は強制注射を受けさせられた」ものの、のちにペスト流行は事実無根であることが判明した（川原次吉郎「米国に於ける排日運動史の回顧（一）」『外交時報』七〇二号、一九三四年三月一日、一二四頁）
＊83　以上、賀川真理、前掲『サンフランシスコにおける日本人学童隔離問題』一九—三三頁
＊84　『日本外交文書』三九巻第二冊、一九〇六年、四二三頁
＊85　『日本外交文書』四二巻二冊、一九〇九年、六六七頁
＊86　以上、渋沢雅英、前掲『太平洋にかける橋』一五七頁
＊87　簑原俊洋『排日移民法と日米関係』岩波書店、二〇〇二年、二五頁
＊88　麻田貞雄『両大戦間の日米関係』東京大学出版会、一九九三年、二九二頁
＊89　以上、簑原俊洋、前掲『排日移民法と日米関係』二二、二六頁
＊90　以上、渋沢雅英、前掲『太平洋にかける橋』一五八頁
＊91　北岡伸一『清沢洌——日米関係への洞察』中公新書、一九八七年、一九頁。引用は清沢洌が郷里へ送った手紙であるが、北岡『清沢洌』から引いた。永井荷風『あめりか物語』講談社文芸文庫、二〇〇〇年、一〇七、一一一—一一八、一三八頁
＊92　中村吉蔵『欧米印象記』春秋社、一九一〇年、二八頁
＊93　以上、石川周行編『世界一周画報』東京朝日新聞社、一九〇八年、二、二〇頁
＊94　三並良「文化問題としての日米問題」『外交時報』四七七号、一九二四年一〇月一五日、八四頁
＊95　瀬沼茂樹「有島武郎未発表書簡四十六通（一）外遊時代」『国文学　解釈と教材の研究』第九巻第一〇号、一九六四年八月、一六六頁

＊96　山本義彦編『清沢洌評論集』岩波文庫、二〇〇二年、一〇頁
＊97　藤井新一「米国排日原因の諸相（一）」『外交時報』四七〇号、一九二四年七月一日、八八頁
＊98　以上、根岸由太郎「日米民衆外交論」『外交時報』五五七号、一九二八年二月一五日、四一頁
＊99　安孫子久太郎「排日問題の真相及其の将来」『太陽』一五巻六号、一九〇九年五月一日
＊100　石橋湛山「小便談義」『石橋湛山全集』第一二巻、東洋経済新報社、一九七二年、五三三頁
＊101　以上、石橋湛山「「外交術の問題」ほか」、『石橋湛山全集』第五巻、東洋経済新報社、一九七一年、五〇九、五一〇頁
＊102　以上、山田廸生『船にみる日本人移民史』中公新書、一九九八年、六九頁
＊103　『日本外交文書　対米移民問題経過概要』一九七二年、一八六—二四一頁
＊104　とはいえ、日本を代表するであろうワシントンの日本大使館さえ、一九二〇年頃の記録では「古ぼけた陋屋で、近所には下宿屋、葬儀屋、淫売宿さえあった」（石射猪太郎、前掲『外交官の一生』六六頁）
＊105　州議会はそれに反発、マッケンジーは譴責処分を受け報告書も否決される。当時の米国地方政治は「かなりいい加減」で、サンフランシスコ日本人学童隔離事件を推進したサンフランシスコ市長シュミッツは当時、権力乱用による不正行為の疑いがかけられていたことから、市民の関心をそらすために煽動的な排日運動に着手したとの見方さえあった（以上、渋沢雅英、前掲『太平洋にかける橋』二二九、二三〇頁）
＊106　前掲『日本外交文書　対米移民問題経過概要』二四一頁
＊107　朝日新聞記者編、前掲『欧米遊覧記』七四、七五頁
＊108　森次太郎、前掲『欧米書生旅行』二〇五頁
＊109　山根吾一編『最近渡米案内』欧米雑誌社、一九〇六年、七八、七九頁、馬郡健次郎「欧羅巴案内」『近代欧米渡航案内記集成』第一二巻、ゆまに書房、二〇〇〇年、一三頁
＊110　戸川秋骨『欧米紀遊二万三千哩』服部書店、一九〇八年、四一〇頁
＊111　荻野萬之助『外遊三年』嵩山房、一九〇七年、一八、二四頁
＊112　日本人の中国人蔑視は根深く、一八七七年、一五歳でリヨンへ京都府の公費で八年間留学、一八八五年に帰国後、稲畑産業の創始者となった稲畑勝太郎は、リヨンの職場でサンドイッチを食べていた際、数人の職工から「シノワのくせにパンを食べるとは、贅沢じゃねえか」とからかわれ、「日本を中国の属国扱い」されたことに激怒し、その職工を投げ飛ばした（鹿島茂『パリの日本人』新潮選書、二〇〇九年、一二九、一三〇頁）。血気盛んな稲畑の強い感情的反応は中国がそれだけ日本人にとって離れられぬ他者であり、中国離れが近代日本の自己規定を支えていたことを示している

第２章　〈一等国〉の栄光とその不安──日露戦争後

＊113　島崎藤村『仏蘭西だより』新潮社、一九二二年、三四頁
＊114　以上、島崎藤村『新生』第一部、『島崎藤村全集』第六巻、筑摩書房、一九八一年、一〇三、一〇四頁
＊115　島崎藤村、前掲『仏蘭西だより』二三五頁
＊116　並木頼寿『日本人のアジア認識』山川出版社、二〇〇八年、五二、五三頁
＊117　以上、石射猪太郎、前掲『外交官の一生』八六頁
＊118　石射猪太郎、前掲『外交官の一生』一三七頁
＊119　石射猪太郎、前掲『外交官の一生』八九、九〇頁
＊120　以上、末広鉄腸『啞之旅行　前、後、続編』高山堂出版、一八九一年、二六、一一六、一一七頁
＊121　以上、巌谷小波『新洋行土産』上下、博文館、一九一〇年、上・二二四、二二五頁、同書下・一五〇頁。なお、渡米実業団の詳細については、渋沢記念財団ホームページに詳しい。http://www.shibusawa.or.jp/eiichi/1909/about.html（二〇一三年五月三〇日閲覧）
＊122　以上、巌谷小波、前掲『新洋行土産』下、一八九、一九〇頁。日本女性の洋装は、体格的に西洋服が似合わないために一九二〇年代でも「まだ感心する様な洋装の日本婦人を不幸にして見た事がない」や、日本で入手できる洋服は粗末なものが多く、「台所着のやうな洋服で東京の市中を練り歩かれては国辱」など、世間の評判はよくなかった（山本もゝ代「婦人の洋装について」『女性日本人』四巻一号、一九二三年一月、九一、九二頁）
＊123　野村みち『ある明治女性の世界一周日記──日本初の海外団体旅行』神奈川新聞社、二〇〇九年
＊124　野村みち、前掲『世界一周日記』三頁
＊125　エルヴィン・ベルツ著／浜辺正彦訳『ベルツの「日記」』岩波書店、一九三九年、二四五頁
＊126　野村みち、前掲『世界一周日記』七、八頁
＊127　野村みち、前掲『世界一周日記』二、一〇三、一〇四頁
＊128　酒井一臣『近代日本外交とアジア太平洋秩序』昭和堂、二〇〇九年、八一─八五頁。さらに、この時期の「土人」に関する研究としては、中村淳「〈土人〉論──〈土人〉イメージの形成と展開」篠原徹編『近代日本の他者像と自画像』柏書房、二〇〇一年、八五─一二八頁
＊129　『私の履歴書　経済人一九』日本経済新聞社、一九八六年、三九四、三九五頁
＊130　『私の履歴書　経済人四』日本経済新聞社、一九八〇年、四一〇頁
＊131　トク・ベルツ編／エルヴィン・ベルツ著／菅沼龍太郎訳『ベルツの日記』第一部下、岩波文庫、一九五二年、一九〇四年一月一九日の条
＊132　エルヴィン・ベルツ著／浜辺正彦訳、前掲『ベルツの「日記」』二五一頁

＊133　以上、トク・ベルツ編／エルヴィン・ベルツ著／菅沼龍太郎訳、前掲『ベルツの日記』第一部下、一六一、一六二頁
＊134　徳富蘇峰「日曜講壇」『国民新聞』一九〇四年四月二四日、五面
＊135　島田三郎「三条の弁惑」『太陽』一〇巻一〇号、一九〇四年七月一日
＊136　「太平洋上の黄禍」『太陽』一四巻三号、一九〇八年二月一五日
＊137　浮田和民「米国に於ける排日問題」『太陽』一五巻四号、一九〇九年三月一日
＊138　橋川文三『黄禍物語』岩波現代文庫、二〇〇〇年、五八、五九頁
＊139　石橋湛山「我れに移民の要無し」、前掲『石橋湛山全集』第一巻、三五四、三五五頁
＊140　石橋湛山「「加州の排日運動」ほか」『石橋湛山全集』第三巻、東洋経済新報社、一九七一年、五〇六頁
＊141　以上、大隈重信、前掲「隈伯時感（其一五）」五四頁
＊142　大隈重信『経世論』冨山房、一九一二年、一〇頁
＊143　以上、同前、一〇、二四、三八頁
＊144　以上、「太平洋上の黄禍」『太陽』一四巻三号、一九〇八年二月一五日、一一五―一二八頁
＊145　長谷川天渓「黄禍論とは何ぞや」『太陽』一〇巻一〇号、一九〇四年七月一日
＊146　以上、米原謙『徳富蘇峰』一五八、一五九頁が引く徳富蘇峰「日露戦争の副産物」（『国民新聞』一九〇四年五月一日）、及び同「東亜の日本と宇内の日本」（『国民新聞』一九〇四年六月一九日）
＊147　米原謙、前掲『徳富蘇峰』一五九頁
＊148　ホーナイ著／我妻洋他訳『ホーナイ全集』第六巻、誠信書房、一九九八年、二八頁
＊149　徳富蘇峰「世界の同情」『国民新聞』一九〇五年六月一八日、一面
＊150　石川周行編、前掲『世界一周画報』一九三頁
＊151　滝本二郎『米国旅行案内』欧米旅行案内社、一九三〇年、三八〇―三八五頁

第3章

華麗なる〈有色人種〉という現実

日本の主張した人種平等案は列国の容認する処とならず、黄白の差別感は依然残存し加州移民拒否の如きは日本国民を憤慨させるに充分なものである。[*1]

「大東亜戦争の遠因」『昭和天皇独白録』一九九五年

「平等」の裏側——パリ講和会議

檜舞台

日露戦争以来、「一等国」となりながらも、どこか「引っ込み思案」であった日本にとって、一九一九年(大正八)、第一次世界大戦の講和のために開かれたパリ講和会議は、「初めて日本の参加せる大規模な国際会議」であり、それだけに精神的苦痛をともなうものだった。[*2] 全権の人選から難航し、最後に引き受けた西園寺公望も体調不良を理由に参加に難色を見せ続け、出港一週間前になってようやくメンバーが確定した。

日本全権が会議前から萎縮したのも無理はなかった。約半世紀ほど前までは、極東に位置する小国に過ぎなかった日本が、英米仏伊に並び「五大強国」の一国として会議に参加するのである。パリ講和会議に参加した近衛文麿はその様子を「世界各国の政治家が星の如く居並びたる光景、壮観の極み」であり、「これだけの役者が一堂の下に会したるだけにても歴史上稀有のこととなるべし」と記すが、傍観者でいられた青年・近衛文麿と、西園寺の下、次席代表として実質的な全権と言えた牧野伸顕とでは、その精神的重圧は相当に違っていただろう。[*3]

牧野伸顕(一八六一—一九四九)は、金子堅太郎と同じく一八七一年(明治四)に、一一歳で父や兄とともに岩倉使節団に随行し、フィラデルフィアの中学校で学び、四年間の米国経験を経て帰国、その後、東京帝国大学で学んだ。一一歳から一五歳まで米国滞在した牧野は、ある程度の英語力はあっただろうが、パリ講和会議に臨んだときはすでに五六歳であり、少年期に培った英語を、どれだけ駆使できただろうか。

牧野は当時外相であり、当初全権代表を打診されていた。だが、自分はその重責に十分応えられないとして断り、さらに次席代表としての随行が決まってからは、信頼を寄せていた外務官僚で当時駐英大使だった珍田捨巳の英語力を頼りにしていた。

第2章で、サンフランシスコの排日問題の記述でも言及した珍田捨巳（一八五七―一九二九）は、青森のキリスト教系学校で英語を学び、「語学に長じ」、外務省入省後は、有能な仕事ぶりで知られていた。[*4] 青森県出身である珍田の「東北弁、即ちヅウ〳〵弁は有名」で「よくあれで、外交の檜舞台で働かれたものだ」と、パリ講和会議に随伴した外交官の木村鋭市（一八七九―一九四七）は回顧するが、「英語で演説し、又は外交談判をやられる時には、一つもズウ〳〵弁が出ない立流〔ママ〕な英語の発音で、日本語の訥重に似合はぬ雄弁」であった。[*5] そんな珍田は、「霞ヶ関では屈指の人物」であり、「皇太子御渡英の際には供奉を主宰」、牧野からみても「いずれの任務を与えられても危な気がない、信頼出来る人物」で「外交には最も好ましい型の人物」であった。[*6]

パリ講和会議では、牧野と珍田の二人が実質上の全権代表を務めたが、珍田もすでに六二歳、牧野と並び「老齢」に達した二人の「実に血の出るやうな働き振り」と「心労、寧ろ老人虐待に等しき実情といふもの」であり、木村鋭市は「能くあの老齢を以て長い間耐え忍んで来られたことは、正に一つの驚異であつた」と、二人の尽力を称えている。[*7]

諸外国の全権のあいだでも、牧野と珍田は日本全権のなかで最も知られ、米国代表の一人エドワード・ハウスは二人を「物静かで、物に動ぜず、油断のない人物たち」とし、米国人らは「二人のミカド」と呼んでいた。

だが、それでも牧野は「残念なことに、英語がそれ程うまくなかったので充分に伝えられなかった。珍田の英語はまだましで、都合の悪い問題には強硬のようだった」。[*8]

事実、牧野は会議でも、あらかじめ原稿を準備された演説の読み上げ以外は、「沈黙」を貫き、会議場での答弁は珍田を頼りにしていた。人種平等や委任統治などの案件では牧野が主役で珍田が補佐役にまわり、山東問題に関しては珍田が主役、牧野が補佐役を務めたというのも、山東問題が日本にとって最も実益に関わるため交渉が重要視された案件であったからだろう。[*9]

もともと日本全権は日本政府から、日本の直接的利害に関わる問題（山東半島並びに南洋群島での利権問題）でない限りは、「大勢に順応し」、英国に倣って行動せよなど、「あまり発言しなくてもいい」との訓令を受けていた。[*10]

当時、駐米特命全権大使であった石井菊次郎が、外交官として習ったモットーも、"to hear much and say little"だった。[*11]

とはいえ、日本全権がパリ講和会議において「サイレント・パートナー」と呼ばれるまで存在感を示せずにいたのは、語学力の欠如、会議の中心議題であった欧州問題についての知識・情報の不足、そして「世界五大強国」で唯一の「有色」のニューカマーでありレイトカマーであるとの気負いと、それゆえの不安と疎外感によるものであった。

パリ講和会議では、かねてより外交上の公用語とされたフランス語を公用語とするか、英語を公用語にするかで当初紛糾していた。この言語選択に、英首相のロイド・ジョージはフランス語には不便を感じざるを得ず、伊外相シドニー・ソンニーノは「まるでイタリアは除外され劣等なものと扱われている」と語ったが、ロイド・ジョージが、「それでは日本はどうなのだ」と述べ

図5　パリ講和会議日本全権団、1920年

ると、日本全権は、英語であれ仏語であれ、「討議についていくのは難しかったので黙ったままだった」。[*12]
結果的に、英仏両語使用となり、会議中の演説は逐次、英仏両語に通訳され、英語で行われれば仏語に、仏語で演説すれば英語に、と逐次繰り返したために、「満場やうやく惰気を生じ、私語頻りに起り来る」状態だった。[*13]
外国語による苦労は、日本だけに限らず、四巨頭会議でも、伊全権のオルランドは「他の三人が英語で話すとついても行けなかった」ほか、「ウィルソンが自分に言った冗談に悪意がこもっていた事を六度目にしてやっと気が付いた」と語る。ただ、それを語れるだけ、まだよかった。日本全権は滅多に発言することなく、英国側の記録によれば、日本は「主に見る側に回って」おり、「たどたどしい英語やフランス語しか話せない」だけでなく、議長が日本に賛否を尋ねても、「あ、はい」と答える程度の英語力だった。[*14]
「世界五大強国」で唯一の「有色人種」としての日本の不安は、国際政治上の新参者としての戸惑いと不可分にあったが、たしかに日本全権団への西洋列強の蔑視は、パリ講和会議の各所で見受けられた。フランスの首相ジョルジュ・クレマンソーは会議中、日本全権を“little chap”と呼び、「オチビちゃんはなんていっている?」(What's the little chap saying?)と「皆に聞こえるように囁いた」[*15]。会議進行中、米代表ハウス大佐の常套的な手口は「ジャップには絶対喋らせない」ことであった[*16]。

また、日本は「五大強国」の一国として会議に参加したはずであったが、英米仏伊による「四巨頭会議」が通常一日に二回、時には日曜にも行われ、文字どおり、そこに日本が呼ばれることはなかった。

そもそも、第一次世界大戦中からヴェルサイユで四ヵ国間の軍事会議を開いていた英米仏伊にとって、パリ講和会議はその延長上にあり、はじめから英米仏伊は日本を巨頭会議に入れる気もなかった[*17]。日本も第一次世界大戦中、連合諸国の要請にもかかわらず、欧州での戦場参戦は避け、駆逐艦隊の地中海派遣や、インド洋方面の海上任務担当程度におさえていたため、その軍事会議にも「むしろ遠ざかって関係しない建前をとっていた」[*18]。ゆえに、日本側自身も、欧州問題に対して傍観者的存在であることをある程度は客観的に認識していた。だが、自意識としては、日本が「東洋の代表国として会議の中枢に参加することは面目上から言っても望ましいこと」であり、それだけに、日本がパリ講和会議で「大国として取り扱われるかどうかは大きな問題となった」[*19]。

日本全権の、いかにも新参者の持つ気負いと不安に呼応するかのように、総じて最高会議では、「日本人はたいてい無視されるか、冗談の種として扱われるか」のどちらかだったが、西洋列強の日本全権に対する侮蔑的扱いには、語学力の欠如だけではなく人種的軽侮心もあった。ある会議では、クレマンソーは横にいる仏外相に聞こえるような声で、世の中には「ブロンドの女性がいる」のに「我々はここで醜い日本人と顔を突き合わせている」とも語っている。日本は五大強国の一国としての自負こそ強く抱いていたものの、現実は「little chap」の「醜い日本人」と、「依然として劣等」に扱われていたのである。[*20]

人種差別撤廃案の提唱

このような空気のなかで牧野は、パリ講和会議開始後の翌月である二月一三日、国際連盟規約に人種差別撤廃条項を挿入する提案の演説を行う。

日本全権には、ニューヨーク在留邦人からも、平等の権利は人種・宗教を問わず保障されるべきものであるとの条項挿入を要請されており、排日に直面していた在米邦人にとっては、国際連盟規約への人種差別撤廃案には大きな期待が寄せられていた。

また日本国内でも人種平等案への注目は高かった。日本全権の人選が発表されてから出発までの一週間、連日、日本全権団についての報道がなされ、一行に関する記事が新聞に掲載された。[*21]世界で初めての「国際会議」に、日本が戦勝国として参列することは、近代日本が開国以降、長年目指してきた「文明国」としての地位を示す、目覚ましいデビューにほかならなかったからである。

なかでも人種平等案に対する関心は高く、国際政治学者の神川彦松（一八八九―一九八八）は、「白人」が「有色人」を「一段低級の動物と看做し来つた怖るべき沿革的迷蒙は、是非とも来るべき講和会議を一新紀元として之を根本より除去せなければならぬ」と、パリ講和会議で日本が主張する人種平等案こそ、「白人」を覇権とする人種偏見を打倒する一大契機であるとみなした。[*22]

また、頭山満や上泉徳弥（予備海軍中将）さらに田鍋安之助（東亜同文会理事）は、人種的差別待遇の撤廃を、国際連盟の「主要事項」であるとし、そのための「国民的運動」を一月から計画した。[*23]

二月五日夕刻には築地精養軒で、政友会、憲政会、国民党及び黒龍会など三七団体による有志連合主催の「人種差別撤廃大会」が開かれ、その出席者は三百余名にものぼった。[*24]

この決起集会では黒龍会が関与し各界に働きかけをしていた。[*25] ゆえに、ある種独特の熱気が作られていったこともあっただろうが、その盛況ぶりは各界代表者の演説からも一貫してみてとれ、在郷陸軍有志代表の陸軍中将・佐藤鋼次郎（一八六二―一九二三）は、「人種的差別待遇の撤廃は事理極めて明白にして我が日本人は世界有色人種中の先輩として此問題に発声を取ることは極めて喫緊事に属する」と声高に演説した。[*26]

佐藤鋼次郎は一九二〇年には『日米若し戦わば』を、その翌年には『呪はれたる日本』を刊行し、そこでも欧米の人種偏見に対抗しうるのは日本であることを論じていることから、人種偏見には強い関心を抱いていたようである。[*27]

だが、佐藤のような人種偏見に対する論調は、各界参列者にも共鳴するものであり、憲政会有志代表の島田三郎は、「元来異人種嫌悪は白人の偏見にして日清戦後に於ける露独仏三国の我邦に対する干渉は此迷信を端的に表明せるもの」であり、「人種差別撤廃は自明の理」と、かつて三国干渉にも見られた人種偏見の恨みをはらさんかのごとく、人種平等案の必要性を訴えた。[*28]

田鍋安之助は、教育家、学者、宗教家、政治家、軍人など、各界の重鎮らが人種平等案において見事に一致していることは「前例なき事」と称賛したうえで、人種差別撤廃を訴える「此の声は凡て四億の支那人三億の印度人に反響し真に世界の輿論たるや必せり」と、日本の人種平等案は、日本のみならずインドや中国をはじめとするアジアに大いなる意義を与えるものであると主張した。

加えて、政友会有志代表の松田源治は、「古来戦争の有力なる原因は人種的偏見なり之を除去せざれば永久の平和は期すべからず」として「日本民族は他の不幸なる民族に代つて之を提唱するの要あり」と述べ、日本こそ、古来より白人の人種偏見に苛まれ虐げられている「他の不幸なる民族」すなわち「有色人種」を救う「平和」への先導者となろうと、日本が持ちうる人種的使命を壮大に論じた。

最後に、島田三郎は閉会の辞として、「人種的差別撤廃は条理整然として何人も意義なき明々白々たる問題」であるとしたうえで、「世界の人類平等待遇に対して英米国人等は何ぞ冷淡なるや吾人豈之を主張して可ならんや」と、パリ講和会議で日本が人種平等案を提案することは、「世界の人類平等」をかけた正義に基づくものであり、それは、英米に対する対抗意識を潜在的に裏付けたものであることを示唆した。

そして、「従来国際間に行われたる人種的差別待遇は単に自由平等の大義に悖るのみならず将来国際紛訌の禍根を貽すものにして之をして依然存続せしめんか仮令百千の盟約を重ぬと雖も要するに砂上の楼閣と一般世界の平和は到底得て望むべきに非ず」と、ここで人種平等が認められなければ、将来の国際政治に「禍根」を残すこと必定であり、今回もしも人種平等案が採択されなければ、「世界の平和」を謳う講和会議なぞ「砂上の楼閣」に過ぎないとし、本大会では満場一致で人種差別撤廃が決議された。*29

人種差別撤廃大会は、まさに国際政治の檜舞台に勇ましく上ろうとする日本の晴れ姿に昂揚するかのような熱気に包まれていた。それは大戦特需による好景気もあいまってのものだっただろう。だが、その出席者には、果たしてどれだけ人種差別に遭遇し、苦しめられた日本人がいたであろうか。

日本国内で人種差別撤廃を声高に訴えたのは、政治・軍事指導者をはじめとする社会的上層であったが、彼らは日本国内で厚遇という差別は受けていただろうものの、不平等を訴えるほどの被差別体験に苛まれていたとは思えない。にもかかわらず、日本のエリート層は、人種差別撤廃を、かくも熱烈に、そして感情的に訴えた。

パリ講和会議での人種平等案が、このように人種差別とはほぼ無縁の人々のこころに共鳴した理由とは、一体何であったのだろうか。

牧野伸顕の演説

実際の生活上における人種差別体験の有無とは関係なく、国内のエリート層の多くが注目した理由のひとつには、「人種」と「文明」をめぐる日本の位置付けにあった。

いみじくも佐藤鋼次郎が「世界有色人種中の先輩」と記したように、人種的観点からすれば、日本は「世界五大強国」における唯一の「有色人種」として、まぎれもなく「世界有色人種中の先輩」に位置付けられる。それは言いかえれば、パリ講和会議に日本が五大強国の一国として参列することは、日本が「世界有色人種中」、唯一の「文明国」として国際政治に参入したことを意味したからである。

ここまで何度も述べてきたが、西洋から日本が「文明国」として認められることは、不平等条約以来、日本が遂行すべき最大の目標であり、日本が「文明国」であることを証明することは、近代日本にとってたしかな到達点のひとつであった。

しかし、「黄色人種」であることが、「文明国」日本としての位置付けなり承認なりを揺るがしかねない要因となっていることは、日露戦争前後からエリート層のあいだで認識されていたことであり、ことに西洋列強の支配する国際政治上、唯一の非西洋である日本にとって、人種的差異は常に潜在的な懸念事項であり続けた。

ゆえに、人種平等案に託された日本側の真意には、「有色人種」である日本が西洋から対等に扱われるための自己防衛策があり、人種平等案は、いわば「文明」と「人種」の座標軸のなかで揺らぐ日本の位置付けを安定化させ、「文明国」としての地位を担保しようとする精神的保証の意味が込められていたのである。

牧野が国際連盟委員会で演説を行ったのは、東京・築地で人種差別撤廃大会が開催されてから約一週間後のことである。

牧野は、委員会で人種問題は今後深刻な問題へ発展しかねないとして、人種並びに宗教問題について条項提案したいと、次のように演説する。

国家間の平等は国際連盟の基本原則であり、国際連盟加入にあたっては、人種・国籍いかんを問わず、法的あるいは事実上の平等が認められるべきであり、ゆえにその旨の条項提案をしたい。また人種差別とは法的にも社会的にも現存する“undeniable”否定できない問題であり、それは人種差別の現実があることを述べるに十分なものと話した。

しかし同時に、人種偏見は、人間の根深い感情にまつわるデリケートで複雑な問題であり細心の注意も払われるべきであろうとも述べている。

牧野は英語で長文の演説原稿を読み上げ、最後に、第一次世界大戦での戦場の様子を次のように振り返った。先の戦いでは、異人種同士が塹壕でも海上でもともに戦い、助け合った、異人種同士がこのような強い共感と謝意の念を相互に抱いたことはかつてなかったことであろう。ともに苦難を分かち合ったいまこの時代にこそ、人種平等の理念が認められてしかるべきではなかろうか、と。[*30]

反論と本来の意図

日本の発案した人種平等案の演説は、「感動的で、自由主義的声明」だった。だが、「何の効果もなかった」。インドを植民地化していた英国、排日問題で国内世論が過敏であった米国をはじめ、それぞれに人種問題を抱えていた西洋の大国は、異口同音に「これは非常に論争を呼ぶ問題」であり、「論外」、かつウッドロー・ウィルソン米大統領は「人種的偏見に関して騒ぐのは間違っている」とも反論した。[*31]

牧野の演説は、一部からは支持を得たものの、西洋列強からは拒絶される。

日本はその二ヵ月後に、修正案を提案するが、人種平等案が初案で拒絶されたことは、少なからぬ波紋を広げていた。

当時の駐米特命全権大使・石井菊次郎は、人種差別撤廃案挿入が難航していることに強く遺憾の念を持ち、三月一四日、ニューヨークのジャパン・ソサエティで、もし人種差別撤廃案挿入が失敗するならば、日本は国際連盟に加入する意向はない旨を演説した。

すでに排日運動を煽動していた米国マスメディアが、この石井の発言を逃すはずがなく、石井の演説主旨は、たちまち米国メディアに流され、ヘラルド紙は、もしも人種差別撤廃条項が挿入されるとするならば、米国にとって「日本移民の襲来」は、労働界のみならず「国家其ものの安危に関するもの」であると非難、ゆえに採決された場合は、米国が国際連盟から脱退するほかなしという意見も報道された。

しかし石井のこの発言の真意は、日系移民対策の意味で発言したわけではない。石井は、あくまで日本の人種平等案の核心が「国民の感情、自尊心の問題」にあり、「移民労働問題との混淆すべからざるを明言」しており、後日、牧野もヘラルド紙の取材に対し、石井の発言について、日本はあくまで、国際連盟の原理原則を支持するものであり、人種・国家間の平等とは理念として求めるものに過ぎず、移民問題を解決しようとも、平等条項を移民問題に活用しようという意図はまったくないと弁明している。[*32]

ヘラルド紙が関連付けるように、そもそも米国の排日問題は移民をめぐる労働問題に端を発していた。だが、日本の訴える人種平等は、移民についてではなく、国民感情や自尊心の問題であった。牧野の弁解は、当時の日本人エリート層の率直な見解を反映していた。彼らにとって人種問題の重要性は、実際排斥されている移民の人権ではなく、西洋社会から日本人が排斥されることによって毀損される（とエリート層のあいだで認識された）「面目」、すなわち日本の国家的自尊心にのみあったからである。

石井菊次郎の「自尊心の問題」と「移民労働問題」とは切り離して考えるべきであるとの文言

も、エリートとしての率直な、そして平均的な意見であった。

もともとエリート層は、排日問題を日系移民の階級的問題として捉えようとする傾向があり、かつエリート層自身、「棄民」である日系移民に対して明確な差別意識を持っていたことは先述したとおりである。

だが、人種平等を訴えながらも、現実に人種的差別待遇にさらされている日系移民のことは構わず、あくまで理念上の追求である、という不明瞭な表明に込められたエリート層の意図と真意を、どれだけ欧米は理解できただろうか。

矛盾

同時に日本は、西洋列強と同様、「平等」を訴えるには矛盾した現実を抱えていた。台湾・朝鮮の植民地化における差別、一九一五年一月の対華二一ヵ条要求、また日本国内でも参政権は女性には与えられず男性でさえ納税条件により限定されていた。[*33]

そのうえ人口膨張に歯止めをかけるべく、地方農村地域を中心に、海外移住を奨励、移民は「棄民」として人口政策の一環となっていた。また中国人労働者の入国禁止も実行していた。[*34]

一九一九年三月一日の朝鮮での三・一独立運動や、同年五月四日の中国での五四運動にもみられるように、中国・台湾・朝鮮など、日本の支配を被っている人々は、日本が、「白人と一所になり、白人の真似をし、彼等を圧迫し、食物にせんとしつつあることに憤慨」していた。[*35] パリ講和会議開催の約一ヵ月前にあたる一九一八年一二月、近衛文麿は『日本及日本人』に発表した「英米本位の平和主義を排す」で、英米の覇権政治を「所謂自己の野心を神聖化したるものに外ならず」と批判したが、皮肉にもそれは日本のアジアに対する姿勢にもあてはまることであった。[*36]

日本は第一次世界大戦後、「名前だけにせよ、何にせよ英米仏伊と肩を並べ、世界を号令する位地を占めた」が、その内実は「体も小さく力もないくせに、矢張悪童の仲間に這入って、他を虐げることを業として」いるに過ぎなかった。したがって「同じ悪童の仲間なら、体の小さく力の無い奴が馬鹿にされるは、当り前の事」であり、日本が西洋列強に軽侮されるのも致し方なきことと石橋湛山は指摘する。[*37]

差別のない社会があるはずはないが、かくもあらゆる差別待遇が国内外で公然と繰り広げられていたなかで、公然と「平等」を唱えるには、あまりに矛盾していた。

しかし、人種平等案を支持した日本人エリート層にとって、「平等」とはあくまで日本が国際政治の場において西洋列強と「平等」の扱いを受けることのみを意味し、特に日本が「有色人種」であることから生じる不利を最小化させることで、「世界五大強国」の一国としての「面目」や「体面」を維持することだけを意味した。

日本全権の狙いは、抽象的でありながら切実さをともなっていた。なぜなら、日本が「世界五大強国」の一国としてパリ講和会議に参列することは、明治以降、日本が国家的指針とし続けてきた「「脱亜入欧」のアプローチの到達点」だったからだ。[*38] しかし、脱亜入欧と、日本が「有色人種」であるという現実には、どうしても乖離せざるをえないものがあった。つまり、文明的に脱亜入欧が成功したとしても、人種的観点で捉えれば、脱亜入欧はもともとの論理が破綻しているのである。

日本の人種平等案が実質的な移民問題の解決を主張するのではなく、あくまで「理念」の追求であると、日本政府が終始抽象的主張を続けたのはそのためである。

アンチテーゼ

他方、日本の人種平等案は、日本以外の非西洋諸国にとっても、長年にわたる西洋の覇権に対するアンチテーゼとして注目するべき投げかけであった。

非西洋である日本が「世界五大強国」の一国として国際政治の舞台に台頭したことは、文明的観点でいえば英米をはじめとする西洋列強への非西洋の対抗であり、人種的観点でいえば白人覇者への非白人の対抗と、いわば日本はこの二重化された使命を託されていたといっても過言ではない。

近衛文麿は「英米本位の平和主義を排す」で、国際連盟により「最も多く利する者は英米両国」であり、ほかは「殆と何の得る所なきのみならず益〻経済的に萎縮」するに過ぎない、ゆえに日本は欧米が唱える「民主主義・人道主義」の「虚偽」に立ち向かうべく、パリ講和会議では少なくとも「経済的帝国主義の排斥と黄白人の無差別的待遇」、この二点を訴え、解決すべきであろうと主張した。特に、「黄人」に対し就業妨害し、家屋耕地の貸付けもさせず、宿屋に宿泊するだけでも「白人の保証人を要する所」があるなど、「日本人初め一般黄人を劣等視して之を排斥」することは、「憤慨」に値する。よって日本はいま、英米の「傲慢無礼の態度を改めしめ」、「黄人に対して設くる入国制限の撤廃は勿論、黄人に対する差別的待遇を規定せる一切の法令の改正を正義人道の上より主張」するときにあるとし、次のようにまとめた。

想ふに、来るべき講和会議は人類が正義人道に本く世界改造の事業に堪ふるや否やの一大試錬なり。我国亦宜しく妄りにかの英米本位の平和主義に耳を籍す事なく、真実の意味に於ける正義人道の本旨を体して其主張の貫徹に力むる所あらんか、正義の勇士として人類史上永へに其光栄を謳はれむ。[*39]

近衛にとって「正義人道に本く世界改造」とは、日本が英米覇権に対抗することによって実現しうる「一大試錬」であり、それは自動的に「黄人に対する差別的待遇」の「改正」、すなわち覇者としての白人への人種的対抗を意味したのであった。

実に壮大な使命感と恍惚感を帯びた近衛の論考は、親中派の米国人トーマス・ミラードが主宰し上海で刊行していた『ミラード・レビュー』に一九一八年に英訳され、反駁されている。近衛がこの論考を発表したのは一九一八年一二月であることを考えれば、同月に英訳されたほど、この論考の注目度は高かったといえる。日清・日露戦争以降、顕著となりつつあった日本の台頭に、人種的対立の潜在的危機を抱いた西洋人は少なくなく、それだけに、近衛の論考はある種の説得力を持った主張であった。事実、孫文はこの論考に感動し、上海で近衛と会い、彼に共鳴し、インド独立運動指導者のあいだでも反西洋という点においては共鳴するものがあった。

一方で、もともと人選の対象外にあった若輩の近衛を、好意で講和会議随行員として参加させた西園寺は、この論考を、欧米協調を妨げる言動として、「強く叱責」した。[*40]

一九一九年当時、日英同盟は対外政策の基軸であり、欧米協調は国家的指針としてもきわめて重要であった。西園寺に限らず、他の欧米協調派のエリート層にとっても、教養はありながらも現実主義的視座に乏しい近衛のある種無責任かつ身勝手な論考は不穏なものに映っただろう。

他方、対外強硬派は、近衛の主張に共感しただろうが、いずれの立場であれ、心情的には、帝国主義的拡大の道を邁進する西洋列強に対し、堂々と人種平等を訴えるかのようにみえた日本の姿は、たとえ偽善に満ちたものであっても、「有色人種」を代表しての「正義の勇士」の雄々しさがあったことは事実である。[*41] 言いかえれば、現実主義的には欧米協調こそ日本の国運を握る外交手段であったものの、心情的には、対英米意識は、近衛文麿ほど明確に公言せずとも、エリート層の多くに共有されていたといっても過言ではなかろう。

「失敗」の代償

パリ講和会議中、日本全権は、人種平等案挿入に向けて修正を重ねたものの、結果的には、国際連盟規約への人種平等案挿入に、日本は「失敗」する。

それまでの決議は、多数決によって評議されており、日本の人種平等案挿入に関しても出席者数一六名中一一票（イタリア二名、フランス二名、中国、ギリシャ、セルビア、ポルトガル、チェコスロバキア、日本二名）の多数決を得ていた。にもかかわらず、ウィルソンは強硬に反対し、人種平等案挿入のような重要な問題は満場一致でなくては可決されないとして、否決に持ち込まれる。

英米の反対に増して人種平等案に強い反対をみせたのはオーストラリアだった。パリ講和会議で、国際連盟加盟権の獲得と人種差別撤廃案への拒絶による破棄という成果をみせたヒューズ豪首相は、帰国するや国民の熱狂的歓迎を受け、メルボルンでの演説で、「Australia is safe.」と白豪主義を高らかに謳った。

オーストラリアでは一九〇八年、戦争小説『オーストラリアの危機』が刊行されていた。その内容は一九一〇年代に日本がオーストラリア北部領に侵攻し、人種戦争が勃発するというものであった。著者フランク・フォックスは、オーストラリア連邦結成の立役者の一人であり連邦の最初の一〇年間における国政の中心人物であったアルフレッド・ディーキンの親友でもあった。そのため、フォックスの人種戦争を論じたこの小説は、政界への影響力を持ち合わせていた。[*42]

もともと、英国の流刑地として多くの英国人入植者や囚人が一八世紀後半に大陸に入り込み、先住民迫害と同時に英領として発展してきたオーストラリアは、「有色人種」圏にある「白人国家」としての自己認識と不安を強く持っていた。[*43] 白豪主義としても知られるオーストラリア入植者らの強い白人優越意識は、自らが本国から流されてきたあぶれ者としての劣等感が、「有色人種」に対する優越感となってあらわれ、さらに「有色人種」圏であるオーストラリアを侵略したことによる潜在的罪悪感から生じる恐怖感で成り立っていた。

二〇世紀初頭、日本が「北からの脅威」として浮上しつつあったとき、ヒューズは「われわれは有色人種の大海の中の一滴にすぎない」、しかもたった「五〇〇〇万の白人集団」であり、それを囲む「有色人種」は「一〇億」にもなる。「白豪主義」という「神聖」を「保持」していくには、オーストラリアを一〇億もの「有色人種」からどう守り抜くかにあると演説していた。[*44]

このような経緯を持ち、さらにはパリ講和会議の時点で総選挙を数ヵ月後に控えていたヒューズが日本の人種平等案に断固として反対し続けたのも当然だった。

英国も第一次世界大戦中、豪州から多大な貢献を受けていた以上、豪州の反対を支持しないわけにはいかず、米国でもカリフォルニア州での大統領攻撃が激しくなっていたため、採択は困難であった。

いずれにせよ、英米が大きな力を持つ国際政治下で、人種平等案挿入の実現には無理があった。日本があくまで「理念」として強調したのも、日本側自身にとっても現実性に欠け、矛盾を内包していることを認識していたからでもあり、先述したように日本の人種平等案は、あくまで西洋列強の支配する国際政治における日本の「平等」、つまり日本が「白人との平等待遇獲得の為め」だけにあったからである。[*45]

また、日本はパリ講和会議で山東半島のドイツ利権を継承するが、英米が人種平等案を否決した代わりに日本に中国での利権を与えねばとの動きがあったことを考えれば、人種平等案は山東問題の解決のバーターになったといえる。

つまり、人種平等案には、第一次世界大戦後の「対中国侵略競争に備えての、焦眉の問題」であった山東要求を貫徹するための「ひとつの布石」でもあった。[*46]

事実、ウィルソンがこれまでの議決を多数決によって採択してきたにもかかわらず、日本の人種平等案だけは、強硬な反対により満場一致でなければ採択しないとして、結果的に否決させたことに、日本は異論を述べることもなかった。他方、山東半島や南洋諸島での利権継承で、日本全権がかなり強く要求したことを考えれば、やはり、人種平等案と山東半島の利権は、無関係とはいえなかった。[*47]

牧野でさえ、パリ講和会議で「人種問題のごとき根本の問題」は、「第二の問題」だったとのちに回顧する。[*48] いみじくも牧野がここで「第二の問題」と記したように、日本全権は、あくまで

「理念」追求としての人種平等案という「第二の問題」を提示したことによって、第一の実利的問題であった山東半島を獲得したのだった。

近衛文麿もまた、日本の人種的使命にかくも意気込んでいたにもかかわらず、四月二八日、人種平等案が第五回総会で最終的に否決されたことには何ら触れていない。

牧野は人種平等案にまつわる最後の演説で、人種平等が理念としてさえ承認されなかったことに"**poignant regret**"（痛烈な遺憾）を抱いていることを述べたうえで、日本は今後も人種平等を主張していくことを「義務」と捉えていると主張して人種平等案の否決を受け入れている。[*49] あくまでそれが外交上の口上に過ぎなかったとしても、日本側もそれによって実益に関わる交渉は成功したと考えれば、日本の人種平等案そのものは「失敗」したが、政治外交上は「成功」したこととなる。

その点に限れば、「平等」の理念を謳った日本の主張自体は、説得力を持ち、そして説得力に欠けていた。だが、そこには、日本側の真意とは別次元において、たしかに全人類の約六割以上を占める「有色人種」に訴えるものがあったことも事実である。[*50]

インドの詩人・思想家であったタゴールをはじめ、アジアの一部の知識層にとって、世界五大強国に伍する日本の姿は、西洋列強の支配勢力からの「解放」の可能性をみるものであり、日本の帝国主義的拡大には賛同しないが、反西洋においては共鳴するものがあった。[*51] また、インド独立運動の先駆者であったネルーのヨーロッパ支配からのアジア解放を示唆するものとしての意義も大きかった。[*52]

その余波はラテン・アメリカでもみられ、一九二二年、メキシコ公使館に在勤していた石射猪太郎は、邦人関係者と料理店などに入ると、そこに居合わせたメキシコ人らが一斉に「日本万歳（ビバ・ハポン）」と酒杯を挙げることもよくあり、アングロ・アメリカでは日本人は嫌われていたがラテン・アメリカでは、「特殊な尊敬と親愛を寄せられていた」[*53]。また、一九一九年にワシントンＤＣに赴任した幣原喜重郎は街で黒人からお辞儀をされ、日本がパリ講和会議で人種平等を訴えたことに感謝すると言われている。牧野も黒人から同様の謝意を述べられている[*54]。

このように、日本に思い入れを持たぬ、もしくは持つ必要にも迫られていない人々にさえ訴えるものがあったとすれば、日本の人種平等案とは、自己利益以上の投げかけであったことはたしかであり、近衛の主張した西洋へのアンチテーゼとしての日本の使命は、日本以外から認められる部分を持っていた。近衛の論考そのものは、欧米協調派にとって現実主義的視座に欠けた無責任なものであったが、近衛の反西洋意識は、心情的には思想的立ち位置を超え、さらには国外においても、共有されるものであったことからも、それはうかがえるであろう。

かつて田鍋がかくも業種を超えて各界が人種平等という一点で合致することに感嘆したように、人種平等に込められた反西洋意識は、欧米協調であろうと対外強硬派であろうと、程度の差こそあれ、心情に訴えるものであった。

そうでなければ、たとえ皇族に最も近いエリートであったとしても、二四歳に過ぎぬ若輩の一論考が、国内外でかくも存在感を放つまでには至らなかったであろう。

挫折

一方、パリ講和会議が開催された際、国内で「世界有色人種中の先輩」としての位置付けを豪語した佐藤鋼次郎は一九二一年、人種平等案挿入の「失敗」を次のように批判した。

国際聯盟も人種的差別待遇の撤廃案が採用されなくては、全くの骨抜きになり、畢竟白人間の協約に過ぎない。日本人が五大強国の一に奉られたは難有い様だが、座敷へは上げないで、土間に坐らせられて居ながら、御相談に預つたのは名誉だなどと云つて喜んで居る人などは余程御目〔出〕度いではないか。近来我国にも新思想が輸入され、階級打破の議論も盛んである様だが、先づ之よりも我国民が一致して、人種上の階級打破を叫ぶべきが順序ではないか。[*55]

国内でパリ講和会議における日本全権の様子をこのように描写した佐藤は、人種平等案に単なる口上以上の意味と意義を見出していたのであろう。

佐藤は、昨今の「各種事件の根本要素は、政治にあらずして人種にある」とし、「白人世界」とアジアのあいだには何らかの協約を結ぶ必要性があり、もしそれが成立しなければ「世界は大なる人種戦に捲込まるゝに至るであらう。而して真の人種戦は最残忍なる殺戮戦を意味するものである」と、人種的対立の潜在的危険性を説いていた。[*56]

幸か不幸か、佐藤鋼次郎は排日移民法が制定施行されることを知ることなく一九二三年にこの世を去る。陸軍中将を経て晩年、関東国粋会総長となる佐藤鋼次郎の言論には幾分かの思想的特色を帯びているといえるかもしれない。しかし、佐藤が生前論じていた人種偏見をめぐる怒りや鬱屈した感情は、その翌年の一九二四年に排日移民法が制定されて以降、日本政府の政府高官らから、国際主義者の代表格ともいえる新渡戸稲造にいたるまで、思想的立ち位置を越え、激昂と落胆となってあらわれることとなる。

その点で、一九一九年のパリ講和会議における人種平等案から次に論じる二四年の排日移民法にいたるまでの人種をめぐる連続性は、近代日本の人種意識を考察するうえで特筆に値するだろう。事実、排日移民法が施行された際、エリート層のなかには、パリ講和会議における人種平等案を思い返し、屈辱に耐えぬ感を抱いた者が少なくなく、人種をめぐるこの二つの事例は、近代日本のひとつの挫折を象徴するものとして考えられていた。

排日移民法

排日傾向

排日移民法とは、一九二四年（大正一三）に米国で定められた日系移民の全面的受け入れ禁止措置であるが、それ自体独立した法律ではない。厳密には、一九二四年に各国移民の上限を一八九〇年の国勢調査時の各国出身者数の二％以下に設定した移民法（Immigration Act of 1924／Johnson-Reed Act）における排日条項の通称であり、それは、日系移民が「帰化不能外国人」とされたがゆえの全面禁止措置であった。[*57]

ただ、排日移民法にいたるまでには、前段階として一九一三年の第一次排日土地法、二〇年の第二次排日土地法があり、さらにさかのぼれば、〇六年サンフランシスコ日本人学童隔離事件に端を発している。

つまり、およそ日露戦争後から米国では排日傾向が強まり、一九一九年に日本がパリ講和会議で人種平等案を提案していた頃にも米国では着々と排日政策が州レベルで立法化しつつあった。いわば、一九二四年の排日移民法は二〇世紀初頭から台頭しつつあった排日の集大成であった。だが、ここで特筆すべき点は、排日移民法によって生じるとされた日本側の損失はほとんど取るに足らないレベルであったことである。そしてそれにもかかわらず日本側の感情的反応が、あまりに「激烈」なものであったことである。

これまでも論じてきたように、そもそも排日移民法の排斥対象とされた日系移民とは、日本国内における人口膨張への解決策として日本政府が地方の農村部を中心に奨励した「棄民」だった。また、各国の移民総数から考えても、日系移民は日米双方にとって「immaterial」、つまり取るに足らない存在であった。[*58]

実質的にはかくも「微小の問題」とされた日系移民をめぐる問題が、なぜエリート層のあいだでかくも激烈な怒りを生みだすこととなったのであろうか。[*59]「激昂」とさえ日本外交文書に記され、日米開戦すら論じられるまでにいたった日本側の怒りとは何を意味したのであろうか。

煽動の時代

まず、排日移民法の前段階といえる第一次、第二次排日土地法は、米国国内政治の動向と連動したものだった。

一九〇六年のサンフランシスコ日本人学童隔離事件が撤回されたのは、本来、州政府に介入できなかった連邦政府が、当時のカリフォルニア州知事と大統領とが同じ共和党であったため、州議会に圧力をかけ導けたものだった。

一方の日系移民は、この学童隔離事件以来、白人との摩擦を避けるために、それまで集中していた都市部から、競合が少ない郊外へと移動していった。前章で触れたマッケンジーによる日本人移民実態調査で、日本人移民は白人が手を付けようともしない未開墾の荒れ地を開拓し高い評価を得ていたのも、この人口流動による。

しかし一九〇九年、こうした日本人移民の農地所有を阻止させようと、カリフォルニア州で排日土地法案が提出される。これには帰化権のない外国人の土地所有を認めないという条項があり中国系も含めたものであったが、ターゲットは日系移民だった。

この動きを知ったルーズベルト大統領は、再び共和党の州知事に圧力をかけ廃案にするものの、ルーズベルトの州政治への政治的圧力にも限界があった。

当時、カリフォルニア州は共和党の地盤が強かったため、一八九四年から一九三八年まで民主党は一度も州議会において過半数を獲得したことはなかった。だが、一九一一年、前年のカリフォルニア州議会選挙で「Keep California White!」をスローガンとして選挙運動を繰り広げた民主党が総議席数の四割を占める。以来、排日は、米国国内政治上の有効なプロパガンダとして注目され、連邦政府レベルでの排日移民法制定はここから加速した。[*60]

まず一九一二年の大統領選で、ウッドロー・ウィルソンが勝利し、一六年ぶりに民主党政権が誕生する。ウィルソンは排日の詳細を知らないまま、カリフォルニアでの選挙運動で州民に、州権の尊重と日本人排斥を訴えていた。

一九一三年三月、ウィルソンが大統領に就任すると、珍田捨巳駐米大使は即、面会を求めた。

かつてルーズベルトがサンフランシスコ日本人学童隔離を取り下げさせたように、カリフォルニア州の排日土地法についても同様な処置を求めたのである。
珍田は第一次排日土地法について「帝国政府は国家の面目上本件を極めて重大視す」ることを主張し、日本人への差別待遇が法的に施行されないことを「更に言葉を尽して要求した」。だが、応対した米国国務長官は、排日土地法は人種偏見ではなく、あくまで純然たる経済的理由のみにあると繰り返し回答した。
珍田も執拗に「日本政府は本件を以て国家の面目、威厳に関わる重大問題と認める旨を繰り返し」、両者の議論は平行線をたどった。[*61]
結局、第一次排日土地法は、カリフォルニアで五月に成立、八月一〇日には施行された。これによって約七万もの主として農業従事者であった日系移民の土地所有が禁じられ、借地権すら五年の期限付きとなった。[*62]
ウィルソンは珍田に、阻止しきれなかった旨を伝えると、珍田は尋常でない落胆を見せ、ウィルソンは珍田のあまりに深刻な態度に衝撃を受けている。[*63]
当時外相であった牧野伸顕も、第一次排日土地法は「日本人の体面」に関わるだけに、「複雑を極め」、その処理には幾多の交渉を重ね「痛心に堪えなかった」と回顧する。[*64]
だが、第一次排日土地法が施行されても排日機運はおさまることがなく、その二年後の一九一五年、日本の対華二一ヵ条要求によって、中国政府はこの交渉を内外に漏らし、内外世論を煽る宣伝工作をはかったことで、米国の排日機運は再燃する。[*65]
一九一八年から二年間、石射猪太郎はサンフランシスコ総領事に着任し、その任務は「日米国交の癌であるカリフォルニア州の排日問題に直面する役柄とて、特に難局に立つポストであった」と振り返る。事実、石射夫妻はサンフランシスコ到着後、貸家探しをしたものの、どれも「日本人には貸さない」と拒否され、「排日の味」を「着任早々嘗めさせられた」[*66]。新聞でも排日記事が連日掲載され、「往年アメリカでは毎朝新聞を開いて、まず排日記事によってモーニング・ショックを受けるように習慣づけられていた」ほどで、「日本人排斥が、政治運動として立派に成立つだけの人気と根強さを持っていたのは悲しい事実であった」[*67]。

「写真花嫁」と第二次排日土地法

さらに、一九二〇年の第二次排日土地法の一因となったのが、「写真花嫁」であった。

第一次排日土地法では日系移民の土地所有を禁じ、借地権にも期限を設けたものの、「写真花嫁」による呼び寄せとその多産によって、米国内の日系移民は増加傾向にあり、それに対する米国側の不満は募りつつあった[*68]。なぜなら、渡米した日本人の多くは独身青年であり、当時米国では異人種間の結婚が認められていなかったため、結婚相手は日本から呼び寄せるほかなかったからである。一九〇八年の紳士協約でも、在米日本人が呼び寄せる両親と妻だけは例外的に渡米が認められていたため、多くが渡米後、まだ面識のない「写真花嫁」を呼び寄せ結婚した。写真花嫁の数は一船ごとに何十人、一〇〇人、二〇〇人と増加し、かつ彼らは多産であった。多産の理由は、日系移民自身には帰化権が与えられていなかったものの、米国生まれの子どもには市民権が与えられ、それは日系移民にとって米国で生き残るうえで最も重要な手段となったからである[*69]。

だが、見合いの風習がない米国にとって「写真花嫁」は奇異に映ったのみならず、彼らが多産であったことから、「写真花嫁」は紳士協約を無実化しているとして排日の矢面となる。当時の排日要因として挙げられていたのは、「日本人の不同化性、集団性、多産性、陰謀性、特殊習慣など多方面にわたったが、なかんずく攻撃の焦点は、写真結婚に置かれた」。[*70]

そのため、日本政府は、一九二〇年一月に写真花嫁を禁止、翌月以降、写真花嫁には渡米旅券を発給しない声明を出す。[*71] それでも同年カリフォルニア州では「第一次排日土地法の実質的な抜け道を全て塞いだ」第二次排日土地法案起草が政治家のあいだで議論されるようになり、結果、日系移民の借地権自体も禁じ、かつ日系移民の子どもの土地所有も禁止した第二次排日土地法が、一一月に可決、翌一二月に施行された。[*72]

「写真花嫁」の自廃に反対した在米邦人らは「無用の犠牲」であったと非難したが、石射は、「日本本国においてさえ極めて例外な写真結婚を、恋愛結婚の本場のアメリカに持ち込むことの反社会性を、日本はつとに早く反省すべきであった」と回顧する。[*73]

日本の対応と誤差

一方、一九二〇年四月末には渋沢栄一の主宰で、六日間にわたり東京銀行集会所で「日米有志協議会」会議が開催され、米国の排日対策が討議された。この会議で金子堅太郎は、なぜ米国政府は日本人学童隔離事件のときのように排日土地法に抗議してくれないのかと「恨みごと」を言うと、招かれた米国側メンバーで渋沢の友人でもあった経営者・ヴァンダリップは、日本でも中国人の入国制限をし、土地所有権や借地権を与えず差別しているではないかと反論した。[*74]

金子は、中国人が排斥されるのは彼らが「西洋の文明が標榜して居る原理に基いて制定された刑法、民法及商法を有つて居らぬによる」からであり、半世紀ものあいだ「文明国の期待に添ふやうにと努力して」きた日本人を中国人と同等に扱われては困ると反駁している。[75] 渋沢は英語を解さなかったため、発言は金子が積極的に行った面もあっただろうが、日本側の抗議は、努力のわりにはうまくいかなかった。

　というのも、渋沢栄一は自らの経済ネットワークを通じて「民間外交」に励んだが、第一次世界大戦後の米国は、排他的愛国主義である「一〇〇パーセント・アメリカニズム」が台頭したことで、ニューイングランドの知識層にも「人種思想が再燃」し、実益に基づく経済関係とは別次元で、人種偏見が社会風潮に影響力を持ちつつあったからだ。[76]

　一九一九年のパリ講和会議随行から一九二〇年にかけて欧米見聞した近衛も、パリよりロンドンで「一種の人種的圧迫」を、ニューヨークではさらに「人種的偏見」を感じ、米国では「西部輿論の東部に及ぼす影響甚大」で、「今や排日的気運は澎湃《ほうはい》として米国全土に蔓延しつつ」あったことを肌で感じたうえで次のように論じる。[77]

　資本家や労働者の排日は所詮経済的利害に基づくだけであり、排日も親日も経済的変動にすぎず、利害がともなわない場合には、「いかに筆舌の力を藉りて日米親善」を説いても、「畢竟馬の耳に念仏」に過ぎない。他方、知識層の排日感情に対しても、在米日本人の多くは労働に従事していたため、米国の知識階級が日本人を知る機会は、マスメディアを通じてか、あるいは留学生を通じてであった。そして米国知識層が直接接する在米日本人留学生は、「概してその品質において優秀ならざるもの多く、支那留学生の方遥かに勝れりと云ふ[78]」。事実、パリ講和会議でも、日本全権が語学に苦しむ傍らで、流暢な英語による演説・議論・交渉をこなす中国人エリートの存在に、日本側は圧倒されていた。新渡戸稲造も、パリ講和会議を通じて、特に日本の「宣伝が非常に下手」であったことを痛感させられたと回顧する。[*79]

このような状況下では、中国のプロパガンダに影響力が増し、米国の知識層が中国寄りになるのも当然であり、「実業家同士の交歓もさることながら、更に一般知識階級の方面を開拓すること一層必要」と近衛は主張した。[*80]

知識層の排日向けの対策としては、すでに日本政府は、サンフランシスコ日本人学童隔離事件の翌年である一九〇七年から、金子堅太郎によって日米文化学術交流の必要性が唱えられ、一九一一年には第一回文化使節となった新渡戸稲造が渡米、一年弱で一六六回もの講演を米国六大学で行った。

だが、新渡戸の講演内容は「通俗的」で、肝心の移民問題には触れず、カリフォルニアでの問題も経済的友好関係によって解決できると言ったのみで、排日に対する直接的言及は避けた抽象的な日米友好論に終わった。

このような日本の働きかけは、日米の相互理解が人種偏見による摩擦を超越できるという、現実的には説得力に欠けた抽象的理想論に終わらざるをえず、効力を発揮しなかった。これを提案した金子は、人種偏見に「支配」されているのは「程度が極めて低い大衆」であると認識していた。[*81]それは言いかえれば、日本に対する知識・理解が深まることによって排日機運も緩和されうるとの観測に基づいた見方といえるであろう。

人種偏見を、知性・教養・知識の欠如した人間の持つ浅はかな意識感情に過ぎないと捉えていた一因には、金子が、排日機運が見られなかった明治初期に、岩倉使節団とともに渡米し、米国東部のいわゆる名門大学とされるハーバード大学に学び、たとえ偏見などがあっても表面には出そうとしない知識層に囲まれ、六年間の米国生活を営んだことも関係し、人種偏見への経験的理解には乏しかったからといえるかもしれない。

だが、中国に対する差別・偏見は公然と正当化しながら、西洋における排日は「極めて程度の低い大衆」と非難するのは、説得力に欠けていた。

ただ、何度も論じてきたように、多くのエリート層の関心は、「国家的面目」であり、客観的視座に乏しかったのは金子だけに限らず、エリート層全般の議論に見受けられることだった。

末広鉄腸の長男で、英独仏に留学経験を持ち、帰国後、京都帝国大学教授に就任した政治外交・国際法学者の末広重雄（一八七四―一九四六）も一九二〇年九月に『改造』に発表した「日米戦ふべきか」で、排日問題は、「大国としての我国の面目威厳に関する問題」であり、「我国は大国と云はれ乍ら、二等国、三等国並のものと見做されて、我国の面目威厳を傷くる事幾くなるかを知らぬ」と、日本は「大国」であるにもかかわらず人種的に排斥されることは「二等国、三等国並のものと見做され」ることとして不快感をあらわにしていた。[*82]

翌一〇月には、吉野作造が『中央公論』で、一連の排日立法を「日本帝国の面目から云つても由々しき大事」と論じ、[*83]さらに佐藤鋼次郎も、一一月に刊行した『日米若し戦はば』で「加州問題は寧《むし》ろ我帝国の名誉に関する問題に過ぎない」と断言している。[*84]

ここでも、思想的立ち位置を超え、日本人エリート層にとって排日立法は、一貫して「面目」をめぐる問題として捉えられていた。

相互理解による人種偏見の超越論も、むしろ親米派知識層の願望が反映された理想論というべきものであり、米国で高まりを見せつつあった人種思想とは、どうしても相容れないものがあった。

「同化」の限界——一九二二年小沢孝雄最高裁判決

さらに、当時、国際協調に思想的意義を認める理想主義者のなかには、「今日は世界同化の時代」を迎えたと謳い、人種的差異を超越したかのような壮大なコスモポリタニズムを掲げ、米国の人種主義を読み切れていなかった者が少なくなかった。[*85]

その一人である浮田和民は、人種偏見を解消するには、日本が米国と「同化」することにあると説き、排日に関しては、米国を非難するよりまず日系移民の「改善」すなわち「米化」を奨励し、「まず日本の文明をアメリカの水準にまで引きあげることが先決問題」とした。つまり、人種偏見は「文明」水準の差異より生ずる問題であるとし、米国との「同化」すなわち「米化」することで人種的差異を乗り越えるという主張だった。

評論家、小説家、翻訳家の内田魯庵（一八六八—一九二九）も、パリ講和会議で日本の人種平等案が認められなかったのは、西洋が「日本の文明を認められざる為」と解釈した。日本では、その敗因を「日本文明」の否定、つまり日本が「文明国」としての承認を受けることができなかった、と感情的に捉える傾向が強かった。そして「日本の文明」が認められない一因として、労働者層を渡米させたことに非があるとし、日系移民を米国化させ「改善」させるべきだと主張した。[*86]

日系移民の非同化性を排日要因と捉える見方は、その明瞭さゆえに根強く、欧米協調を支持する理想主義者ではなかった近衛文麿も、排日は「日本に対する嫉妬」であり、日本の勢力は米国人にとって「非常なる脅威」ゆえのものと指摘したうえで、人種偏見を引き起こすのは「日本人の非同化性」にもあるとし、その一例に米国大都市における日本倶楽部の活動を批判した。

ニューヨークに日本倶楽部（初代会長・高峰譲吉）が創設されたのは一九〇五年で、米国で最初に創設された日本協会はボストンで一九〇四年のことである。近衛は各地の巡遊先で、日本倶楽部などに招かれたのであろう。他のエリート層も来訪先の邦人コミュニティーを通じて現地情報を得て、ネットワーク形成に活用したが、近衛の来訪とあれば、より多くの在留邦人が日本倶楽部へ詰めかけたに違いない。

近衛自身、日本倶楽部の意義を全否定こそしなかったが、在米邦人が日本倶楽部に集まるのは、「単に米の飯を食ひ牛鍋をつつくため」であり、それでは外国に住んでいながら「日本式衣食住」に執着し、結果「排日」を招くとした。

近衛の「非同化性」に対するまなざしは、かつて寺内正毅らがみせた日系移民への差別意識に通じる。近衛は、カリフォルニアの日系移民は「偏狭なる国家思想」から、「日本児童に日本語」を強要し、「本願寺別院を建てて宗教までも区別」し、「素性怪しき酌女を聘して夜更くるまで三絃の音に近隣の安眠を妨害」、米国でも日本の風俗慣習に固執しているがために排斥されても致し方なかろうと批判する。しかし、海外経験も乏しく、また皇族に最も近きエリートとされた近衛が、果たしてどれだけ日系移民の苦しみやかなしみを理解しえたであろうか。[*87]

だが、エリート層が「同化」を唱えても限界があることが、一九二二年、連邦最高裁での小沢孝雄に対する判決でたしかなものとなる。

小沢孝雄は、日本で生まれハワイに長く在住し、バークレーの高校を卒業後、カリフォルニア大学で法律を専攻したキリスト者である。語学力、生活様式、宗教も、米国に「同化」していたにもかかわらず「モンゴリアン」であるために帰化を否決される。

米国では一七九〇年に最初の帰化権（Naturalization Act）が制定された。[*88] 二年以上米国に住み、品行方正で憲法を遵守する「free white」者が対象となり、一八七〇年には黒人奴隷の子孫も加えられる。この帰化権が一九世紀後期、国籍によって否定されるようになる。一八八二年の排華法により中国人の帰化が拒否されたのだ。

二〇世紀初頭、日本人の米国への帰化権は、州の裁量に任されていた。だが、一九〇六年に米国移民局が設けられて以降、日本人の帰化申請は拒否するよう法務省から指令が出される。そのため日本人移民の帰化権をめぐる訴訟が相次ぎ、小沢孝雄の最高裁判決がそのテストケースとなっていた。[*89]

米国帰化権は、「free white」と「黒人」以外の帰化対象は曖昧であり、小沢孝雄判決まで、黒人ではない日本人が、「free white」に属するのか否か、法的定義は不明確だった。だが、この裁判以降、「モンゴリアン」は法的排除の対象として明確になる。つまり、小沢判決によって、日本人は「モンゴロイド」であることから米国帰化権は与えられないことが法的に確定し、米国は日系移民を「帰化不能外国人」として、全面的に排除する排日移民法への手掛かりを得たのである。

日系移民をターゲットとした排斥措置が立法化されるにいたるまでの成立過程には、こじつけともいえる面も多分にあったが、その「根本動因は、一に人種的憎悪感」にあることは明らかであった。[*90]

佐藤鋼次郎は一九二一年の著作で、米国側は排日要因を日系移民の非同化性と主張するが、日系移民がどれだけ欧米の習慣に同化しても、「膚の黄きを白くし得るに非ざれば到底排斥は止まないので、畢竟するに前に掲げた如きは表面の口実で、其実際は人種的僻見に基くのである」と論じている。[*91]

事実、米国側も非同化性を排日要因としたものの、結局それは建前や口実にすぎず、「同化」や「米化」程度では変えようもない人種をめぐる差別であることが、小沢孝雄裁判の翌年に制定施行された排日移民法によって明らかになったのであった。

自尊心のありか

「激昂」

日系移民の全面的受け入れを禁止する措置である排日条項が組み込まれた新移民法案（ジョンソン法案）が米連邦議会に提出されたのは一九二三年（大正一二）一二月五日のことである。

日本政府は法案が提出された時点から排日移民法が施行される一九二四年七月一日までの半年間、悲痛の嘆きともいえる執拗さで、排日移民法の制定に抗議し反対を訴えた。

日本政府にとって排日移民法は「日本国民に対する礼儀の問題」であり、「文明世界の総ての尊敬と礼遇とに値する我国民に対する不当の差別」にほかならず、このような「我国民の正当自負心を毀損する此種の差別的立法」は「黙過」できなかった。[*92]

一九二四年一月二一日には、埴原正直駐米大使が国務長官宛てに、排日移民法がどれだけ「国家的自尊心を傷」つけるものであるかを強調したうえで、抗議は日系移民をめぐる「政策の問題」ではなく、あくまで「主義の問題」であると主張した。つまり、日本政府にとって数百、数千の日系移民が米国に入国する許可を得られないこと自体は「何等重きを置くへきものにあらす」、日本政府が「重大視」する点は、日本が国家として、「文明諸国間」における「尊敬と考慮」を受けるに値するか否かの問題、つまりは日本が米国から同じ「文明諸国」としての承認を受けるか否かであるからだとした。[*93]

日本政府が排日移民法に抗議するのは、移民の人権保護ではなく、「唯日本国民として正当に有する自負心」によるものであった。[*94]そして、排日移民法が「大侮辱」かつ「日本人の怒」を超え「激昂」に値するのは、人種的に排斥されることが、日本の国家的自尊心を著しく毀損させると日本人エリート層は認識したからであった。[*95]

二月に排日移民法の最終案が決定され本会議にかけられることになった際も、金子堅太郎は、もしこれが通過すれば、「日本人は未来永劫劣等視せらるることに相成り、大和民族の不名誉にて我らは将来世界に顔出しすることも出来ず概嘆の至りにたへず候」と悲観を露わにした。[*96]

エリート層にとって排日移民法が「国家的名誉の問題」であったのは、人種差別が「日本人の地位」を「曖昧」にさせると考えたからである。[*97]特に、パリ講和会議で日本の人種平等案が拒絶された過去があるだけに、今回「日本は白人との平等待遇獲得の為め機会ある毎に努力」せねばならなかった。[*98]

しかし日本の抗議にもかかわらず、四月に米上下院で可決される。このことは、「帝国の面目を蹂躙するものにして日本国民の脳裏に永久拭ふ可からさる怨嗟の印象を与へ」た。[99]「本件は固より我国の威信体面上最も重要なる問題」であり、「体面を重しとする自負心強き国民に対する侮辱」であり、「不快の念を一層深からしむ」ものであった。[100]

日本政府は、この法案が、どれだけ日本の国家的自尊心を傷つける屈辱に他ならないかを幾度となく説いた上で、何よりも日本人が「有色人種」とみなされることは、日本国民が米国国民からみて「価値なく且好ましからさる国民なりとの汚名を印するもの」（四月一〇日）にほかならぬと強い憤りを表明した。

五月二五日には米大統領クーリッジがジョンソン法案に署名、排日移民法は七月一日の施行となった。だが、日本政府は六月になってもなお米国への抗議文に「我国民の失望如何に深甚なるか」を論じ、日本政府にとって実益とは無関係に近い排日移民法に、最後まで執拗な抗議を続けた。[101]

石橋湛山は、他のアジア人に対する自国の差別的待遇、米国での他のアジア人に対する差別的待遇には触れず、「日本人さえ、白人の間に同等の待遇を受くれば満足」とするのは「利己的であり、卑屈」にほかならず、とても「世界の尊敬を受くる態度でない」と日本政府の姿勢を批判した。[102] しかし、同胞であるはずの日系移民の人権に対してすら一切の配慮や関心を向けなかった日本政府が、かくも客観的見解を持ちえるはずがなかった。

排日機運が激しかった時期、サンフランシスコとワシントンで移民事務に携わった石射猪太郎は、日本政府が日系移民の人権などにいささかの関心も示さず、ただ単に日本の「面子」を重視していたことを充分認識したうえで、排日移民法によって日本の対米感情はひどく荒み、「日本人は散々踏みにじられた気持であった」と回顧した。[*103]

「日米戦争はまさかないと思ふが」

排日移民法に対する日本の世論は、「商工業者、弁護士、教育界、学生、宗教界の諸組織や労働組合」など瞬く間に燃え広がり、「国辱」をもたらした「軟弱外交」に激昂、特に政界・学界・論壇の「現状不満分子」や右翼団体、在郷軍人会が激しく煽動し、きわめて感情的な抗議活動が繰り広げられた。

また、米国商品や映画に対するボイコット、米国人宣教師に対するいやがらせが頻発し、五月末には米国大使館近くで抗議の自殺がなされると、一ヵ月のあいだに、数人が後追い「憤死」を行い、「ただちに「殉国」の「国士」慰霊の集会」が開催された。[*104]

六月七日夜には、帝国ホテルのダンスパーティーに右翼団体が白刃を振りかざし乱入し、排日問題が悪化しているときに、このような宴を開き「日本の女性が外人相手に踊り狂うとは国辱もはなはだしい」と五十数人の壮士が剣舞の騒ぎを起こしている。

そのとき支配人室にいた犬丸徹三は会場にかけつけ、茫然自失している楽団に「君が代」を演奏させ、暴れる右翼団体に「無礼者ッ、国歌が演奏されているのに、不謹慎ではないか」と怒鳴りつける。ようやく騒ぎは静まり、「天皇陛下万歳」を叫んで引き揚げていった。[*105]

この時期、東京では社交ダンスが流行していたのは、前年の関東大震災以降、東京に米国式娯楽や生活様式が一気に浸透し始めたことによる。石射は、東京で突如として米国文化が浸透しつつあったなかでの排日移民法の制定は、皮肉であったと記したうえで、帝国ホテルでの日本刀の剣舞で居合わせた内外人を震え上がらせたのは、「児戯に類した滑稽さだが、日本の品位を自ら下げる苦々しい国粋発揮だった」と回顧する。[*106]

日本のマスヒステリックな世論や抗議状況は、米国で誇大に報道され、『シカゴ・トリビューン』（五月二八日）には、日本政府は「三百万の予備役軍人を召集した模様」と伝えたうえで、「対日戦争に備えて米国海軍の増強を訴えた」。[*107]

日本では米国大使館に掲げられた星条旗を奪い去るほか、「海軍省には開戦準備を促す手紙がしきりに舞い込む」始末であった。[*108]

日本国内の抗議運動には、人種問題と必ずしも直結しない既存の不満や鬱屈した感情によるものもあったろう。また、日米ともに、日米開戦の可能性を示唆する報道自体、煽動性を持っていた。だが、ジャーナリズムの煽動性を差し引いたとしても、排日移民法に対する日本側の「激昂」には異様な激しさがあった。

石橋湛山も、一般市民が排日移民法に抗議するため「狂的憤死」を図ったことや、「相当教養ある、思慮深かるべき日本人にても、今度の事には可成り激した」反応をみせたことを前にすると、もはや日米の「協調は終り」であると記すしかなかった。

さらに、日本の激昂が、「米国に対する報復手段」としての「亜細亜連盟」に向かうとすれば、「其結果は東西洋の大衝突を予想」させ、「世界の平和は、未だ曽つて経験したことなき大脅威を感ずる」。[*109]

親米派外交官の代表とされる石井菊次郎ですら、移民問題が人種問題へと「進転」したことを認めたうえで、日米両国にとって「此程難解なる重大問題は他に在り得ない」と悲観、日米戦争は「如何に実現の要素を欠くとしても」、「古今未曽有の大争闘」が太平洋上に展開されうることは免れないとした。[*110]

そして排日移民法施行の月にあたる一九二四年七月、武者小路実篤は『文藝春秋』（一九二四年七月号）で、「日米戦争はまさかないと思ふが」と題した巻頭随筆を発表、「日本の運命」は一九二四年を契機に「狂ひかけてゐた」と記した。以前から日米開戦の可能性は未来戦記物などで論じられてきてはいたが、人々がその危機を、現実世界に起こりうるものとして肌で感じ取ったのが、この一九二四年七月一日であった。[*111]

排日移民法の衝撃は、発言力と影響力を持ち合わせたエリート層のあいだでも著しいものがあった。渋沢栄一は、米国議会で排日法案が通過したとの報道を耳にしたとき、「予は半信半疑と云ふよりも寧ろ誤電であらうと信じてをつた」。[*112]柳田國男は排日移民法を「我邦歴史上の大事件」とし、この事件で日本人は「屈辱と失意」を強いられたとした。[*113]かねてより日本政府の「軟弱外交」に欧米に対する「劣等感」を感じていた清沢洌でさえ、排日移民法を「米国人が他国の感情と面目を尊重せざること、暴君の如きもの」とし、「日本人を有色人種なる故を以て差別待遇をした」ことは、「日本人の最も敏感なる民族的誇りを害ねた」と強く非難した。[*114]

南カリフォルニア大学・コロンビア大学に学び、一九二〇年にはニューヨーク大学で博士号を取得し、一〇年以上にも及ぶ米国在住経験を持つ上海東亜同文書院教授の坂本義孝（一八八四―一九四六）も、排日移民法によって日本は「人種差別てふ烙印を世界環視の裡に押さるゝに至つた」と論じた。[*115]

新渡戸稲造も、満州事変前夜に書かれた一九三一年の書簡に、排日移民法を「青天の霹靂にひとし、く、肺腑をえぐる痛撃」とし、「私の心は深く傷つき」、「わが民族が、尊敬される座から突然、世界の賤民の身分へと突きおとされたかのような、屈辱を覚えた」と記している。[*116]『国民新聞』はこの七月一日を「国辱の日」と名付け、排日移民法を「日本人の額に劣等人種の烙印を捺した米国の非人道的行為」としたうえで、この日を「日本否全亜細亜人種の為にも、永久に忘るべからざる恥辱日」とした。

この日、増上寺で開催された対米国民大会の開会宣言では、箕浦勝人（一八五四―一九二九：新聞記者・政治家・実業家）が排日移民法を「亜細亜民族に対する大圧迫の先声我が国民に対する挑戦の前駆」と読み上げた。[*117]

排日移民法は、もはや日米問題を超え、米国対「亜細亜人種」、そして「白人」対「有色人種」の問題として捉えられていった。その論調は、反西洋、特に英米といったアングロサクソンの覇権に対する抵抗や対抗意識と共鳴するかのように展開していった。

一九二四年の『外交時報』では、大庭唯吉が「白人に対抗すべき可能性ある唯一の有色人種」である「日本民族」を「徹底的に圧迫して頭の上らぬやうにするのが」「アングロ・サクソン民族」であると訴えた。[*118]

翌年の一九二五年、松井等（陸軍中尉・東洋史学者）は、もはや「色の衝突の中心に立つものは我が日本」であり、「有色人種のトップを切りて、白人民族と正面的に対立しつゝあるものは、謂ふ迄も無く我が日本である」と説いた。[*119]そして一九二六年には『外交時報』主筆の半沢玉城が「日本よ、東洋に還れ」と題した論文を発表する。

徳富蘇峰や半沢がいみじくも記すように、排日移民法は、まさに脱亜入欧から脱欧入亜へと転風潮を反映したものであったといえるであろう。[*121]

換をみせる契機であった。[*120] 半沢も当時対外強硬派で知られる論客ではあったが、たしかに時代的

怒りと自尊心

このように、新渡戸稲造から右翼団体まで、思想的立ち位置を超えて、一九二四年に表れた日本の怒りとは一体何であったのだろうか。

まずいえることは、その怒りとは所属感の欠如、すなわち劣等感を本質としていたことにあろう。劣等感とは所属感の欠如から生じる意識感情であることは前章で論じたとおりである。そして、近代日本が抱いた「所属感の欠如」とは、西洋世界に属したくても属しえない人種的差異から生じる劣等感であった。

この「所属感の欠如」とは、これから論じる近代日本の国家的自尊心と密接な関わりを持ち、かつ近代日本の人種意識を理解するうえで最も重要な鍵である。ここで順を追って説明したい。

劣等感とは、一般的に自己が他者よりも劣っていると意識したり感じたりする認識とされるが、それは厳密にいえば正しくない。劣等感とは、本来自己が他者から認められるべき存在であると認識しているにもかかわらず、他者から十分な承認を受けることができていない（と認識する）ことから生じる怒りであるからである。[*122]

つまり劣等感とは、まず自己が他者から十分承認を受けるにふさわしい存在であるとの自己認識を前提とする。つまり、自分は特別な存在であるという意識があって生まれるものといえる。その特別意識は、自尊心に近い性質を持っている。

なぜなら劣等感とは、自尊心の強い人間でなければ持ちえない苦しみだからだ。だからこそ自尊心は、言葉の持つ響き以上にその本質はきわめて脆く、常に他者からの承認をめぐり優劣感情に苛まれる不安定な性質を持っている。[*123,124]

ゆえに、他者からの承認が満たされないとき、怒りが生じる。そして、自己を認めようとしない他者、自己に承認を与えない他者に対する怒りは、その他者が自己にとって重要であればあるほど、激烈なものとなって表面化する。

近代日本の国家的自尊心とは、西洋という最も重要な他者からの承認を得てはじめて満たされる精神構造であった。しかし前章でみたように、日露戦争以降、日本は人種を媒介とした西洋世界との「所属感の欠如」を抱き始める。脱亜をスローガンに「西洋化」に邁進したものの、自らの力では変えようもない肌の色によって所属感を得ることができない人種的不安を抱いたのが日露戦争後の日本であった。

それでも、大隈重信が東西文明融和論を提唱したように、一九一〇年代までは、文明の獲得によって人種的差異を乗り越えられるという希望的観測を抱いた。それはまだ日本が明らかな人種的排斥に遭遇していなかったからである。しかし一九二〇年代、その希望は潰える。

一九二〇年代、日本は「世界五大強国」のうち、英米に次ぐ「三大列強」の一国としての自国意識を強く抱いた。だが、パリ講和会議から排日移民法と人種をめぐる軋轢は、日本がたとえどれだけ国際的地位を築いても、「有色人種」であることを払拭することはできないという現実だった。そして、排日移民法によって顕在化した怒りとは、行き場のない「所属感の欠如」にほかならなかったのである。

他方で、排日移民法を契機に表面化した人種的対立から作り上げられた日本の「人種的使命感」は、人種的な「所属感の欠如」を払拭し、なおかつ自己の特別意識を満たすうえでこの上ない大義名分となり動機づけとなった。人種的対立の枠組みは、「所属感の欠如」を払拭しえる、まさに「有色人種」あるいは「黄色人種」という「所属感」の再確認であり、帰属意識の確認行為であり、それは何よりも不安定な自尊心に大いなる安定を見出しうる起爆剤となったのだった。徳富蘇峰は、日本が「黄色人種」さらには「有色人種」の最前線に立ち、西洋に挑むことを、こうして「大和民族が、世界的大問題の第一線に立つと思へば、何となく心が勇み立つを、覚えぬこともない」（五月六日）と興奮を隠さなかったのも、この一連の心理的作用によるものといえるであろう。[*125]

しかし、どれだけ感情的に昂揚しても、どれだけ壮大な使命感を抱いても、日本は果たして「人種的使命」を実現しうるだけの力を持っていたのであろうか。

「泣き寝入り」

結局、日本にとって排日移民法は「泣き寝入りの他なかった」。[*126]

排日移民法に対し、何ら影響力を行使できぬ日本の現実を、法学者・憲法学者・政治家の美濃部達吉（一八七三―一九四八）は『改造』に発表した「対米雑感」（一九二四年）で次のようにみていた。

まず冒頭で、「アメリカの排日運動は、日本国民に対する侮蔑の感情が其の根柢を為して居ることは、更に疑を容れぬ」としたうえで、当初排日感情はカリフォルニアなど太平洋沿岸地域の

「地方的感情」に過ぎなかったが、「今は全米国に通ずる国民的感情となった」。もはや日本人に対する人種偏見は全米の国民感情と化しつつあるが、「感情は理窟ではない。理窟を超越して遥にそれよりも強い力を有つてゐる」。

排日移民法制定の経緯については、「政府の罪でもなければ、外交官が悪いのでもない」と、批判にさらされていた日本の軟弱外交でも、駐米大使・埴原正直でもないとし、「詰りは国力の相違である」と断言する。美濃部は、現代における国際政治では、「少くとも目前の問題を解決するものは常に国力」であり、「国力の相違は自ら侮蔑の感情を誘起する」ゆえに米国人が日本人を露わに侮蔑するのも、「畢竟国力の遥に日本に優越することを自覚するから」であるとし、さらに次のように続ける。*127

> 情ないかな、日本は国力に於て、少くとも経済力に於て、絶対にアメリカの敵ではない。如何に侮蔑せられても、如何に無礼を加へられても、黙して隠忍するの外、対策あるを知らぬ。せめては相手を侮蔑しようとしても、するだけの気力も無い。

美濃部は、日本が人種的に侮蔑を受けるのも、そこに人種をめぐる侮蔑感情があるとはいえ、それに対抗しうるほどの力がないのは、日本にそこまでの国力がないからであり、もしも米国（及び西洋諸国）の人種的侮蔑感情に対抗しようとするならば、「国家百年の大策としては、所詮は亜細亜民族の協力一致を図るの外は無い」と記した。

美濃部は、人種感情が理屈ではいかんともしがたい動物本能的性質をもったものであることを十分理解しながらも、いや、理解していたがために、その侮蔑に対抗しうるほどの国力を持ち合わせていない日本は、どれだけ騒いでも意味がないことを達観していた。そうであるからこそ、最後に美濃部は「吾等日本国民は、唯深く自ら抑損して、自分の地位を自覚し、無意味な尊大、虚栄の心を去つて、切に自分の実力を養ふの外は無い」と結論づけたのだった。[*128]

美濃部の主張は、人種偏見は根本的には変えようがないものであるが、それをある程度抑えることができるのは力であり、その点で、米国の排日移民法にすら何ら影響力を行使できなかった日本は、それだけ「持たざる国」であることを自覚せよというものである。

それは多くのエリート層が口に出さずとも痛感しつつあったことだっただろう。

一九一九年のパリ講和会議における人種平等案挿入の「失敗」、一九二一年から二二年のワシントン会議における海軍軍縮協定、山東半島返還、シベリア撤兵、二三年の日英同盟廃止、そして二四年の排日移民法といった日本をとりまく一連の国際的状況を考えれば、英米の圧力に抗しきれるほどの国力に日本が欠けていたことはたしかである。

振り返れば日露戦争以降、日本はおぼろげながらも「一等国」としての自意識ばかりが先行した状態にあったが、実質的には、とても英米には敵わない中進国に過ぎなかった。[*129]にもかかわらず、人種的観点ではなまじ「一等国」ないしは「五大強国」において唯一の「有色人種」であったがために、その自意識はさらに肥大化したといえる。

むろん、唯一の「有色人種」であるがゆえに日本に託された人種的使命はたしかにあったが、どれだけ感情的に日米開戦など勇ましいことを謳っても、それだけの国力がともなわない、少なくとも英米に対抗しうるだけの国力なぞ、当時の日本が持ちえるはずがなかった。また、そうであるがゆえに、自意識ばかりが肥大化し、人種意識に反映され、人種的対立の先導者としての自己像を描いていくことになる。*130 そして、不安や劣等感を抱いているがゆえに形成されていく勇ましい人種的対立の先導者としての自己像は、一九三〇年代、「持たざる国」ゆえに抱いた精神主義のひとつの支柱となっていく。

一九二〇年代とは、奇しくも日本がパリ講和会議や排日移民法といった人種をめぐる現実から「持たざる国」であることを自覚させられつつあった時代であり、その後、日本は、着実に「要するに力」（佐藤鋼次郎）の時代へと向かっていくのであった。*131

＊1　寺崎英成、マリコ・テラサキ・ミラー「大東亜戦争の遠因」『昭和天皇独白録』文春文庫、一九九五年、二三—二四頁

＊2　以上、牧野伸顕『回顧録』下、中公文庫、一九七八年、一七一頁。なお、パリ講和会議における日本の人種平等案に関する包括的研究としては、**Naoko Shimazu, *Japan, Race and Equality: The Racial Equality Proposal of 1919*,** Routledge, 1998 を参照

＊3　近衛文麿『戦後欧米見聞録』中公文庫、一九八一年、一二頁

＊4　牧野伸顕、前掲『回顧録』下、九五頁

＊5　木村鋭市「巴里媾和会議と珍田伯」菊池武徳編『伯爵珍田捨己〔ママ〕伝』共盟閣、一九三八年、二三二、二三三頁

＊6　牧野伸顕、前掲『回顧録』下、九五頁

＊7　木村鋭市、前掲「巴里媾和会議と珍田伯」二二〇頁

＊8　以上、マーガレット・マクミラン著／稲村美貴子訳『ピースメイカーズ』下、芙蓉書房出版、二〇〇七年、五三頁

＊9　また、巴里媾和会議での珍田の様子を、「外国一流の大政治家を向ふに廻して、五尺そこそこの日本の小さな

男が、議論紛糾の中に泰然として驚かず、粘り強く自己の主張を次第々々に転換して、何時の間にか本道に立帰るといふやうな余裕綽々たる光景は、筆者三十年の外交官生活中に始めて見た珍らしい光景であった」と回想する（木村鋭市、前掲「巴里媾和会議と珍田伯」二二二、二二七頁）

＊10　細谷千博『日本外交の軌跡』NHKブックス、一九九三年、五二頁

＊11　「事項五　巴里講和会議に於ける人種差別撤廃問題一件」『日本外交文書』一九一九年、第三冊上、四一二頁

＊12　以上、マーガレット・マクミラン著／稲村美貴子訳『ピースメイカーズ』上、芙蓉書房出版、二〇〇七年、七九頁。英文箇所は、*Paris 1919*, p.59.

＊13　近衛文麿、前掲『戦後欧米見聞録』一三頁

＊14　以上、マクミラン、前掲『ピースメイカーズ』下、七、五三頁

＊15　マクミラン、前掲『ピースメイカーズ』上、八四頁

＊16　ポール・ゴードン・ローレン著／大蔵雄之助訳『国家と人種偏見』ティビーエス・ブリタニカ、一九九五年、一三四頁

＊17　第一次世界大戦時の日本の軍事協力については菅原武志「アーサー・バルフォアと第一次世界大戦における日本の軍事支援問題」『国際政治』一六八号、二〇一二年、日本国際政治学会を参照

＊18　重光葵『外交回想録』中公文庫、二〇一一年、六四頁

＊19　同前

＊20　以上、マクミラン、前掲『ピースメイカーズ』下、五二、五三、七〇、七一頁

＊21　筒井清忠『近衛文麿――教養主義的ポピュリストの悲劇』岩波現代文庫、二〇〇九年、三六頁

＊22　神川彦松「人種問題解決の緊要」『外交時報』三四〇号、一九一九年一月一日、三三一―三四頁

＊23　前掲「事項五　巴里講和会議に於ける人種差別撤廃問題一件」四三七頁。田鍋安之助（一八六三―一九四六：福岡県生まれ）は、一八八二年に海軍軍医学校入学、八七年に東京海軍病院に勤務し、八九年に上海へ渡り一時帰国、九一年に再度上海へ向かい、そこで開業する。九八年には東亜同文会（一八九八―一九四六）の設立時に参画し、常任理事となる。詳細は「列伝田鍋安之助君」『続対支回顧録』下、原書房、一九七三年、二六八―三一九頁

＊24　『日本外交文書』に列挙されている出席者は、座長として杉田定一（一八五一―一九二九：福井出身、政治家、第一三代衆議院議長：一九〇六―〇八）、河野広中（一八四九―一九二三：政治家、第一一代衆議院議長）、島田三郎（一八五二―一九二三：政治家、官僚、第一九代衆議院議長）、大木遠吉（一八七一―一九二六：元貴族院議員）、津軽秀麿、小川平吉（一八七〇―一九四二：弁護士、政治家、元衆議院議員、一九〇一年に上海の東亜同文書院設立に参画）、佐藤鋼次郎（陸軍中将）、上泉徳弥（海軍中将）、副島義一（一八六六―一九四七：法学者、早大教授、政治

家)、松田源治(一八七五―一九三六：政治家、政友会有志代表)、下岡忠治(一八七〇―一九二五：官僚政治家、朝鮮総督府政務総監)、大竹貫一(一八六〇―一九四四：政治家)、内田良平(一八七四―一九三七：福岡出身、黒龍会主)、五百木良三(一八七一―一九三七：政治運動家)、田鍋安之助、田中弘之(宗教界有志代表)、安藤正純(一八七六―一九五五：新聞界有志代表、政治家)、西村丹治郎(一八六六―一九三七：国民党有志代表)など(以上、前掲「事項五　巴里講和会議に於ける人種差別撤廃問題一件」四四一、四四二頁)。なお、黒龍会は一九二四年七月一日の排日移民法施行の際にも、同様の抗議集会「国民対米会」を決起しており、内田良平はその幹事として、排日移民法が国辱に値すること、並びに「亜細亜民族に対する圧迫」であり「東亜大陸に対する平和の脅威」であると訴えた(吉田廣元編『対米問題と国民の覚悟――奮起せる大国論集』万年社、一九二四年、二頁、是澤博昭『青い目の人形と近代日本――渋沢栄一とL・ギューリックの夢の行方』世織書房、二〇一〇年、ii頁)

＊25　櫻井良樹「解題」内田良平文書研究会編『黒龍会関係資料集一』柏書房、一九九二年、Ⅸ頁。黒龍会は後述する排日移民法への抗議集会の働きかけなども行っていた

＊26　以上、前掲「事項五　巴里講和会議に於ける人種差別撤廃問題一件」四四一頁

＊27　さらに佐藤は、白人が明治神宮で西洋文明は間違っていたと懺悔する内容の『明治神宮懺悔物語』も著している(片山杜秀『ゴジラと日の丸』文藝春秋、二〇一〇年、三三三頁)

＊28　前掲「事項五　巴里講和会議に於ける人種差別撤廃問題一件」四四二頁

＊29　以上、「人種的差別撤廃同盟大会」一九一九年二月七日『大阪朝日新聞』(神戸大学電子図書館システム(二〇一二年一二月二五日閲覧：http://133.30.51.93/das/jsp/ja/ContentViewM.jsp?METAID=10127530&TYPE=IMAGE_FILE&POS=1)。なお、演説者すべての演説内容は「人種的差別撤廃期成会運動記」『亜細亜時論』第三巻第三号(一九一九年三月八日号)、内田良平文書研究会編『黒龍会関係資料集七』柏書房、一九九二年、一三九―一四七頁に掲載されている

＊30　以上、前掲「事項五　巴里講和会議に於ける人種差別撤廃問題一件」四三六、四三七、四四九頁

＊31　以上、マクミラン、前掲『ピースメイカーズ』下、六七、六八頁

＊32　前掲「事項五　巴里講和会議に於ける人種差別撤廃問題一件」四七八頁

＊33　婦人参政権は、国政レベルの参政権(選挙権のみ)は、一八九三年のニュージーランドを皮切りに、オーストラリア(一九〇二年)、フィンランド(一九〇六年)、ノルウェー(一九一三年)、デンマーク並びにアイスランド(一九一五年)と続き、一九一八年にはソ連のレーニン政権で選挙権・被選挙権を含む婦人参政権が実施され、その影響で、イギリス(一九一八年)、アメリカ(一九二〇年)にも婦人参政権が認められるようになった(以上「婦人参政権」社会科学辞典編集委員会編『社会科学総合辞典』新日本出版社、一九九二年、五七二頁)

＊34　石橋湛山「人種的差別撤廃要求の前に」『石橋湛山全集』第三巻、東洋経済新報社、一九七一年、七〇頁

＊35　石橋湛山「大日本主義の幻想」『石橋湛山全集』第四巻、東洋経済新報社、一九七一年、二四頁

＊36　近衛文麿「英米本位の平和主義を排す」『日本及日本人』政教社、一九一八年一二月、二四頁

＊37　以上、石橋湛山「袋叩きの日本」、前掲『石橋湛山全集』第三巻、八六―八八頁

＊38　中西寛「近衛文麿「英米本位の平和主義を排す」論文の背景――普遍主義への対応」『法学論叢』一三二巻四―六号、京都大学、一九九三年、二三九頁

＊39　以上、近衛文麿、前掲「英米本位の平和主義を排す」二五、二六頁

＊40　岡義武『近衛文麿』岩波新書、一九七二年、一四頁

＊41　国内論調にも同様の反応がみられ、四月二四日に帝国ホテルで開催された人種差別撤廃期成同盟会第三回大会では二百余名が参列、欧米の人種差別撤廃反対は、「正義人道」を「無視」しており、「満場一致」で日本国民は人種的差別待遇撤廃を認めぬ国際連盟には加入せずとの決議案を出した（前掲「事項五　パリ講和会議に於ける人種差別撤廃問題一件」五〇四頁）

＊42　ネヴィル・メイニー著／赤根谷達雄訳「「黄禍論」と「オーストラリアの危機」――オーストラリア外交政策史における日本：一九〇五―一九四一」『国際政治』六八号、一九八一年、六―八頁

＊43　オーストラリアの白豪主義をはじめとする人種差別の歴史については、藤川隆男『人種差別の世界史――白人性とは何か？』刀水書房、二〇一一年を参照

＊44　*Sydney Morning Herald*, 15 August 1916. ネヴィル・メイニー同論文、一二頁。なお、パリ講和会議での日豪の対立は、人種問題だけではなく、実質的な議題であった南洋群島領有をめぐる問題も関与していたが、南洋群島は、赤道以北を日本が委任統治し、以南をオーストラリアが委任統治することで一時的に解決をみせた（酒井一臣「「脱欧入亜」の同床異夢――アジア・太平洋地域協力の予兆」大阪大学西洋史学会編『パブリック・ヒストリー』第三巻、大阪大学西洋史学会、二〇〇六年、三四、三五頁）。さらに、南洋群島をめぐる日本と国際政治の専門書としては等松春夫『日本帝国と委任統治――南洋群島をめぐる国際政治：一九一四―一九四七』名古屋大学出版会、二〇一一年を参照

＊45　『日本外交文書』一九二四年、第一冊、二六頁

＊46　藤本博生「パリ講和会議と日本・中国」『史林』五九巻六号、史学研究会編、一九七六年、七一頁。この点は、Sean Brawley, *The White Peril: Foreign Relations and Asian Immigration to Australia and North America 1919-1978*, University of South Wales Press, p.8-29 でも論じられている

＊47　一九三四年二月一九日、朝日新聞社は帝国ホテルで外交座談会を主催、出席者は牧野伸顕、秋月左都夫、林権

助、松井慶四郎、石井菊次郎、幣原喜重郎、芳澤謙吉、栗野慎一郎だった。この酒席で、牧野は、パリ講和会議の人種平等案に関し、西洋列強はそれぞれが「人種問題はみな困る」国内事情を抱えていたため、日本がもうこの問題には固執しない旨を宣言すると、ロイド・ジョージは牧野のもとを訪れ「実に君、済まなかつたネ」といい握手しつつも、「余程安心した」のか安堵の表情を浮かべていたと回顧する（以上、朝日新聞社編『日本外交秘録』朝日新聞社、一九三四年、一四八—一五四頁）

＊48　牧野伸顕、前掲『回顧録』下、一七三頁

＊49　『日本外交文書』一九一九年、第三巻、上巻、五〇九頁

＊50　Paul Gordon Lauren, "Human Rights History: Diplomacy and Racial Equality at the Paris Peace Conference," in *Diplomatic History*, 1978, p260.

＊51　クリストファー・ソーン著／市川洋一訳『太平洋戦争とは何だったのか』草思社、一九八九年、六〇頁、細谷千博『日本外交の軌跡』NHKブックス、一九九三年、五四頁

＊52　入江昭著／篠原初枝訳『権力政治を超えて』岩波書店、一九九八年、五六頁。酒席の座談会であったのも、朝日新聞社側が「我国外交の裏面史」を刊行する目的で開催したことと無関係ではなかっただろうが（朝日新聞社副社長・下村宏「序」）、幣原も牧野も石井菊次郎も皆、自身の回顧録では到底記さないような人種差別発言が記録されている。幣原は黒人からお辞儀されたときは「僕を黒ン坊と見違つたのか」と思ったと笑い、牧野は「兎に角人種問題といふものは、大変な反響を起しましたネ」と語る。石井菊次郎のワシントンでの「黒ン坊」に対するまなざしも同様で、「黒人は七代たゝねば白くならんさうだ。（笑声）然し折角一度白くなつたものも又黒人の血が混ざると今度は一代で前よりも黒くなるさうだ。これは人類学者の説だが……（笑声）」と露骨な黒人蔑視をみせていた（以上、朝日新聞社編、前掲『日本外交秘録』一四五—一五五頁）。同様に、パリ講和会議での英米全権等の日本全権に対する人種的侮蔑意識も露骨であった。特に英国はたとえ日本が国際政治上に台頭しても日本が非白人国家である限り、そこに人種的平等は認められえない姿勢を一貫させていた（ポール・ゴードン・ローレン、前掲『国家と人種偏見』一二三—一五三頁）

＊53　石射猪太郎『外交官の一生』中公文庫、一九八六年、一二三頁

＊54　以上、朝日新聞社編、前掲『日本外交秘録』一四五—一五五頁

＊55　佐藤鋼次郎『呪はれたる日本』隆文館、一九二一年、四頁

＊56　以上、同前、七〇、九一頁

＊57　簑原俊洋は日本外交文書でも使われている「帰化不能外国人」は、原文の「aliens ineligible to citizenship」が正式に訳されていないとして「帰化資格のない外国人」と訳すが、本書では、日本外交文書で記されている「帰化不

能外国人」を用いる（簑原『排日移民法と日米関係』岩波書店、二〇〇二年、一六二頁）
＊58　一九二四年四月一〇日埴原大使からヒューズ国務長官宛て書簡『日本外交文書』一四一頁。日系移民の数が最多であった一九〇七年でも、米国への入国総数は約三万人に過ぎず、一九〇一年から一〇年までのあいだの日系移民入国数・約一三万人に対して、米国へ入国したイタリア系移民は二〇五万人であった。排華法により一八八二年以降、中国系移民は減少したとはいえ、それでも、一八九〇年の国勢調査では、在米日本人人口が二〇五〇人に対し、中国人人口は一〇万七〇〇〇人であった（以上、飯野正子『もう一つの日米関係史』有斐閣、二〇〇〇年、一二頁）
＊59　一九二四年四月一八日『日本外交文書』二八九頁
＊60　以上、簑原俊洋、前掲『排日移民法と日米関係』三三、三四頁
＊61　以上、牧野伸顕、前掲『回顧録』下、八七、八八、九一頁
＊62　石射猪太郎、前掲『外交官の一生』五四、五五頁
＊63　渋沢雅英『太平洋にかける橋』読売新聞社、一九七〇年、二四九、二五〇頁
＊64　牧野伸顕、前掲『回顧録』下、八五頁
＊65　岡俊孝「満蒙特殊権益と米国の対日外交」『法と政治』関西学院大学、第一六巻二号、一九六五年、一九九頁。堀川武夫『極東国際政治史序説――二一ヵ条要求の研究』有斐閣、一九五八年、豊田穣『大限重信と第一次世界大戦』講談社、一九八四年、一三五、一三六頁。最近の研究としては、奈良岡聰智「加藤高明と二一ヵ条要求――第五号をめぐって」小林道彦・中西寛編『歴史の桎梏を越えて――二〇世紀日中関係への新視点』千倉書房、二〇一〇年
＊66　石射猪太郎、前掲『外交官の一生』五二、五三頁
＊67　石射猪太郎、前掲『外交官の一生』五五、一七二頁
＊68　以上、簑原俊洋、前掲『排日移民法と日米関係』三八頁。第一次排日土地法が「骨抜き」だった面もあったのは、とジョンソン州知事が恩師のルーズベルトから、国益のために日米友好関係維持は重要であり、排日土地法へも慎重な配慮をするよう助言を受けていたためだった（簑原、同書、四七頁）
＊69　「日系移民史　排日問題」(http://abetomo.net/yasujiro/hainichi.shtml：二〇一三年六月一七日閲覧)
＊70　石射猪太郎、前掲『外交官の一生』五五頁
＊71　幣原喜重郎『外交五十年』読売新聞社、一九五一年、三五、三六頁、石射猪太郎、前掲『外交官の一生』五七、五八頁
＊72　以上、簑原俊洋、前掲『排日移民法と日米関係』四四、四七、五〇、五三―五五、二四九、二五〇頁。なお一九二〇年には、ワシントン、ネブラスカ、ネヴァダ、テキサス各州でも排日土地法が成立した（チャオ埴原美鈴・中馬清福『「排日移民法」と闘った外交官』藤原書店、二〇一一年、年表）

＊73　石射猪太郎、前掲『外交官の一生』五七、五八頁。なお石射は、排日にも日本人が反省すべき諸要因があり、それを認識する必要もあることを感じ、本省で通称第三課長となった一九二五年に、米国の排日小説を、当時女子大生であった姪の名前で翻訳出版している。原著は一九二〇年にカリフォルニア州排日土地法が騒がれていたとき、「サンフランシスコ・ブレティン」紙に連載された小説で、キプリングの志をもじり「東は東」と題した、エリック・ブランダイス著の通俗小説だった。「日本人の固陋な風俗習慣と陰謀性を背景に、一日本富豪の息子と、アメリカ娘との恋愛悲劇を、最も醜悪に描いた排日のための排日小説であった。太平洋岸アメリカ人の排日感情の底を流れる、対日本人観が覗われる一面、我々日本人にとっても、反省の糧を与えるものなので、私はその翻訳を思い立ったのである」（石射、同書、一六三頁）。石射は外交官のなかで異色の経歴を持っていたことで知られていたが、石射の『外交官の一生』にみられる自国認識・対外認識は非常に均衡のとれたものであり、卓越した鑑識眼が随所にみてとれる。よって排日移民法に対しても、あくまで客観的認識に基づく姿勢を維持していた成熟さを備えていた
＊74　渋沢雅英、前掲『太平洋にかける橋』三四三、三四四頁。なお、石射猪太郎によれば、日本側が排日移民法に対する抗議中、米国側からは、中国人の来航禁止制限や外国人土地所有禁止法に加え、在外二世に対する兵役義務を課す国籍法や徴兵令などが非難対象となっており、「土地法と国籍法は、のちに改正されたが、喧嘩すぎての棒ちぎれであった」（石射、前掲『外交官の一生』一四四頁）
＊75　渋沢青淵記念財団竜門社編『渋沢栄一伝記資料』三五巻、渋沢栄一伝記資料刊行会、一九六一年、三八〇頁
＊76　麻田貞雄『両大戦間の日米関係――海軍と政策決定過程』東京大学出版会、一九九三年、三〇四頁。国際連盟での平和主義を謳ったウィルソン大統領（任期：一九一三―二一年）さえも、大統領選では、黒人への投票権剝奪をめぐるさまざまな除外システムの廃止を訴えていたが、「結局は南部人」であり、就任後は、何も着手しなかった（マクミラン、前掲『ピースメイカーズ』下、六八頁）。『ピースメイカーズ』では、「大統領選では最初黒人にも参政権を与えようと訴えていた」とあるが、憲法上では黒人参政権は一八七〇年に認められていたものの、人種差別を明示しないかたちでの投票権剝奪方法が多くの州で採用されていた（安藤次男「一九六五年投票権法とアメリカ大統領政治」『立命館国際研究』一二巻三号、二〇〇〇年、一七五頁）
＊77　近衛文麿、前掲『戦後欧米見聞録』一三七、一三八頁
＊78　近衛文麿、前掲『戦後欧米見聞録』一三九、一四一頁
＊79　新渡戸稲造『内観外望』実業之日本社、一九三三年、一八一頁。なお、一九二一―二二年のワシントン会議での九ヵ国の全権代表が並ぶ写真でも、徳川家達主席全権大使と、中華民国の代表は、その立ち居振る舞いが醸し出す印象は大幅に異なるものだった。徳川宗家一六代当主と政治外交エリートと比べることに無理があるとはいうものの、同じアジア人でも、外見がメディアに与える印象はかくも異なる

＊80　以上、近衛文麿、前掲『戦後欧米見聞録』一四一頁
＊81　以上、金子堅太郎「東西両洋連結の急務」『太陽』一九〇七年二月号、三一—三五頁
＊82　末広重雄「日米戦ふべきか」『改造』一九二〇年九月号、九一頁
＊83　吉野作造「加州排日立法の対策」『吉野作造選集』第六巻、岩波書店、一九九六年、一二四頁
＊84　佐藤鋼次郎『日米若し戦はば』目黒分店、一九二〇年一一月、五頁。なお、この著作は初版刊行の翌月には、七版まで重版され、注目度はそれなりに高かったと思われる
＊85　浮田和民「第二次維新の国是五ヵ条」『太陽』一九一三年六月号、九頁
＊86　内田魯庵「国民心理の根本的改造」『太陽』一九一九年六月号、三六—三九頁
＊87　以上、近衛文麿、前掲『戦後欧米見聞録』一三八、一三九頁
＊88　Sess. II, Chap.3;1 stat 103. 1st Congress; March 26, 1790.（http://library.uwb.edu/guides/usimmigration/1790_naturalization_act.html：二〇一三年一月一八日閲覧）、及び貴堂嘉之「日本語版序文」、ロバート・リー著／貴堂嘉之訳『オリエンタルズ——大衆文化のなかのアジア系アメリカ人』岩波書店、二〇〇七年
＊89　坂口満宏『日本人アメリカ移民史』不二出版、二〇〇一年、一四四頁、吉田亮『アメリカ日本人移民とキリスト教社会』日本図書センター、一九九五年、八八頁、及び、Joseph M. Henning, "White Mongols?: The war and American discourses on race and religion," Rotem Kowner edited, *The Impact of the Russo-Japanese War*. Routledge, 2007. Pp.153-66.
＊90　綾川武治「白豪主義研究（七）——白豪主義の煩悶」『外交時報』四四二号、二一〇頁
＊91　佐藤鋼次郎、前掲『呪はれたる日本』一〇二、一〇三頁
＊92　以上、一九二四年一月一七日、埴原大使より松井外相宛ての書簡『日本外交文書』一九二四年、第一冊、一一一—一一三頁
＊93　以上、一九二四年一月二一日、埴原大使より米国国務長官宛て英文書簡写し、松井外相宛ての和訳『日本外交文書』一九二四年、第一冊、一二〇—一二二頁
＊94　一九二四年二月二二日、埴原大使より松井外相宛ての電報『日本外交文書』一九二四年、第一冊、一二二、一二三頁
＊95　一九二四年二月二〇日、埴原大使より松井外相宛ての電報『日本外交文書』一九二四年一冊、七頁
＊96　以上、渋沢雅英、前掲『太平洋にかける橋』四一三頁
＊97　一九二四年四月一三日、埴原大使より松井外相宛ての電報『日本外交文書』一九二四年一冊、一三三頁。一九二四年四月一〇日、松井外相より埴原大使宛ての電報『日本外交文書』一九二四年一冊、一三一頁

＊98　一九二四年三月一六日、埴原大使より松井外相宛ての電報『日本外交文書』一九二四年一冊、二六頁
＊99　一九二四年四月一八日、松井外相より埴原大使宛ての電報『日本外交文書』一九二四年一冊一五二頁
＊100　一九二四年四月一八日、中川望大阪府知事より松井外相他宛て電報『日本外交文書』一九二四年一冊、二八八頁。同年同月二〇日、埴原大使より松井外相宛ての電報『日本外交文書』一九二四年一冊、二三三頁。五月三一日、埴原大使よりヒューズ宛ての和訳『日本外交文書』一九二四年一冊、一九九頁
＊101　一九二四年六月一日着埴原大使より松井外相宛ての日本政府抗議文訳『日本外交文書』一九二四年一冊、一九二頁
＊102　以上、石橋湛山「米国は不遜日本は卑屈――我国民は友を亜細亜に求めよ」『石橋湛山全集』第五巻、東洋経済新報社、一九七一年、一〇八頁
＊103　石射猪太郎、前掲『外交官の一生』一四三頁
＊104　以上、松沢弘陽「第二八巻について――「対米問題」とその時代」『内村鑑三全集』月報二九（『内村鑑三全集』第二八巻、岩波書店、一九八三年）、八、九頁
＊105　『私の履歴書　経済人四』日本経済新聞社、一九八〇年、四二五頁
＊106　石射猪太郎、前掲『外交官の一生』一四五頁
＊107　渋沢雅英、前掲『太平洋にかける橋』四二三頁
＊108　以上、松沢弘陽、前掲「第二八巻について――「対米問題」とその時代」九頁
＊109　以上、石橋湛山「対米反感の激昂――世界の平和脅されん」、前掲『石橋湛山全集』第五巻、一一二、一一三頁
＊110　鹿島平和研究所編『石井菊次郎遺稿外交随想』鹿島研究所出版会、一九六七年、三七、三八頁。なお、石井菊次郎は、移民問題を「人種問題の変形」と称した（石井菊次郎『外交余禄』岩波書店、一九三〇年、五二二頁）
＊111　武者小路実篤「日米戦争はまさかないと思ふが」『文藝春秋　八十年傑作選』文芸春秋、二〇〇三年、一頁
＊112　渋沢栄一「日米問題の解決と対支新方策」『外交時報』四六七号、一九二四年五月一五日、六三頁
＊113　柳田國男「七月一日から愈〻排日法の実施につき」『定本柳田國男集』別巻第一、筑摩書房、一九六二年、五、六頁
＊114　北岡伸一『清沢洌――日米関係への洞察』中公新書、一九八七年、四七頁が引く清沢洌「米国の排日的示威運動」『中外』一九二四年四月一五日から引用した。清沢洌『日本外交史』下、東洋経済新報社、一九四二年、四三一頁
＊115　坂本義孝「外交的岐路に立つ日本（強権外交より文化外交へ）」『外交時報』五〇二号、一九二五年一一月一日、四二頁。

＊116　麻田貞雄、前掲『両大戦間の日米関係――海軍と政策決定過程』三〇九頁。一九三一年七月六日付のコロンビア大学のPresident Nicholas Murray Butlerに宛てた手紙で、「I was more than disappointed. I was wounded. I felt humiliated, as though my race had been suddenly thrust from their place of respect into that of the world's pariahs.」『新渡戸稲造全集』第二三巻、教文館、一九八七年、六三一頁

＊117　以上『国民新聞』一九二四年七月一日朝刊三面及び夕刊三面、同年七月二日朝刊三面

＊118　大庭唯吉「新日本の外交政策」『外交時報』四七六号、一九二四年一〇月一日、一一四頁

＊119　松井等「色の衝突と選ばれたる民（黄白人種衝突問題の解決策）」『外交時報』四九三号、一九二五年六月一五日、五一頁、「我が日本の通商的障害」『外交時報』七三五号、一九三五年七月一五日、四頁。松井等（一八七七―一九三七）は東洋史学者。陸軍中将大蔵平三の長男。東京帝大卒業後、陸軍中尉。大正九年国学院大学教授（デジタル版日本人名大辞典＋Plus）

＊120　排日移民法と脱欧入亜に関しては、長谷川雄一「一九二四年における脱欧入亜論の浮上」『国際政治のイメージ』一〇二号、一九九三年、並びに簑原俊洋「排日運動と脱欧入亜への契機：移民問題をめぐる日米関係」服部龍二・土田哲夫・後藤春美編『戦間期の東アジア国際政治』中央大学政策文化総合研究所研究叢書六、二〇〇七年を参照

＊121　半沢玉城（「日本よ、東洋に還れ」『外交時報』五一二号、一九二六年四月一日、一頁。半沢玉城（一八八七―一九五三：宮城県生まれ）は、日大卒後、『東京日日新聞』記者を経て、当時東京の有力紙のひとつであった『やまと新聞』編輯局長。論調は山県系で、山県有朋、寺内正毅、後藤新平らと近い関係にあり、軍部にも人脈があった。一九一八年頃には外交時報社に転じ、一九二〇年四月には『外交時報』の発行人兼編輯人となり、一九二一年には社長就任、社長在任期間は二二年にわたった（以上、伊藤信哉『近代日本の外交論壇と外交史学』日本経済評論社、二〇一一年、一〇七、一〇八頁）

＊122　河合隼雄『コンプレックス』岩波新書、一九七一年、六〇、六一頁

＊123　小熊英二は近代日本という「黄色人種」の植民地支配、つまり「有色の帝国」の心理を、「強者への憧れと対抗意識のなかで揺れ動きながら、弱者への支配を行なう状態を指す。そこでは、優越感と劣等感、先進意識と後進意識、支配者意識と被害者意識が複雑にまじりあう」と記す（小熊英二『〈日本人〉の境界』新曜社、一九九八年、六六二頁）

＊124　安定した自尊心とは自己が重要視する他者からの承認に依拠することを論じているものとして、米原謙『徳富蘇峰』中公新書、二〇〇三年、一六〇頁

＊125　徳富蘇峰「前途多難　日米関係の真相」『国民新聞』一九二四年五月六日夕刊、一面

＊126 石射猪太郎、前掲『外交官の一生』一四四頁
＊127 以上、美濃部達吉「対米雑感」『改造』六巻五号、一九二四年五月、二九頁
＊128 以上、同前、三〇頁
＊129 山本七平は小学校の頃から日本が「五大強国」のうちの「三大列強」の一国であることを教えられてきたが、ニュース映画などのメディアからロンドン、パリ、ニューヨークをみると、とてもではないが東京は貧弱で、日本はどうみても「貧乏ったらしい国」としか思えなかった（山本七平『昭和東京ものがたり』第二巻、日経ビジネス文庫、二〇一〇年、一七九頁）
＊130 この頃東京で小学時代を過ごした山本七平は、当時の日本の国力並びに生活水準が英米には到底比較にならぬほど貧弱であったがために、「万世一系、万邦無比の国体」に頼らざるをえない精神主義に陥っていったことを指摘する（山本七平、前掲『昭和東京ものがたり』第二巻、一七九、一八〇頁）
＊131 佐藤鋼次郎、前掲『呪はれたる日本』二四三頁

第4章

「要するに力」——日独伊三国同盟とその前後

僕は残念ながら武力が最初に口をきく今は世界的に時代であることを知つてゐる。だからいくら有色人種が精神的に優つてゐても、武力で優らなければどうにもならないことを残念に思ふ。*1

武者小路実篤「日本人の使命の一つ」『改造』一九三七年八月号

現実主義と精神主義

現実主義的人種認識へ

自らが形成した自意識に反し、国力や生活水準では英米にはとても敵うレベルではなかった一九二〇年代の日本は、心情的には英米に対する対抗意識を持ち合わせていたとしても、現実的には欧米協調にあることが重要であった。

人種的対立は欧米協調路線とは相反する。日本への人種偏見が欧米で激しくなればなおさら、日本にとって人種的差異は不利とならざるをえない。

陸軍を代表する宇垣一成(一八六八—一九五六)は、一九二二年(大正一一)の段階で、人種問題が「国益や力に匹敵するほどの決定的要因」とみなしてはいなかった。[*2] 宇垣の認識は、「[アングロサクソンは]有色人種の勃興、人種熱の昂潮、民族主義の興起には一大恐慌」をきたしているため、日本は国内向けにそのような文言を訴え団結をはかるのはいいが、対外的にはあくまで「国際主義四海同胞主義で行くことが必要」としていた。[*3]

宇垣は人種的対立が潜在的危険性を持ち始めるなか、強国のなかで唯一の「有色人種」である日本が、人種的対立を顕在化させるなり、刺戟させることとなれば、不利を被るのは日本と認識しており、それは現実主義的観点からいえば妥当であった。

そもそも、肌の色も、人種偏見も、言って変わるようなものでも払拭できるようなものでもない。中央大学教授で政治外交・法学・憲法学者として多数の著作を残した法学博士・稲田周之助

（一八六七―一九二七、新潟県生まれ）は、一九二二年に『外交時報』に発表した「人種問題の過去及び将来（白人の憂患）」で次のように指摘している。[*4]

人種問題とは、人類学や人種学など「人類の種属の異同」を論じるものでなく、「専ら其時其処に於ける関係者の心理状態に基いて発動」される「所謂人種感想 Race Consciousness なるもの」に尽き、「人種感想なるものは常に物理及び数理の外にあり」。「人種感想」が心理・感情によるものである限り、「感情は感情を生み疑惑は疑惑を重ね、遂に其本末を顚倒して争ふべからずして争ひ、闘ふべからざるもの相闘ふ。是れ其の災禍を招く所以」である。[*5] 三〇冊以上にも及ぶ稲田の著作のなかには『人種問題』（一九一五年）もあり、かねてより人種問題にも関心を寄せていたとされる稲田は、人種問題の根底は生理的本能的動物的感情である限り、解決しようがないとの認識を持っていた。

このような「常に物理及び数理の外」にある人種偏見を払拭などできるはずがないならば、自ら触れぬほうが国益となるとの見方は、これからみていくように、一九二〇年代半ばから三〇年代半ばまでのエリート層における人種認識のひとつの特徴であった。

そのような人種認識は、人種問題に対する本質的理解なり洞察の表れであり、その傾向は一九一〇年代の日本の言論には見られなかったものである。

それは何よりも、一九一九年のパリ講和会議における人種平等案、二四年の米国排日移民法といった人種をめぐる国際政治上の連続的な経験によって形成されたものであった。また日本は、その二つの事例を通じて人種をめぐる心情的なわだかまりを持ちながらも、国力とそれによる政治力学こそが現実を決定していく「要するに力」（佐藤鋼次郎）の時代ととらえ、それを反映した現実主義的な対応がみられていく。

一九一六年に陸軍中将となる佐藤鋼次郎（一八六二―一九二三）は、一九一〇年代、排日問題があくまで経済的社会的問題であると主張する米国側の建前に対し、人種問題の本質は「政治にあらずして人種」と論じたが、一九二〇年代、日本の人種認識には、〝人種にあらずして政治〟ともいえるマキャベリズムが反映されるようになっていった。[*6]

図６　佐藤鋼次郎

ここで重要なのは、国力こそをがものをいう「要するに力」の時代を迎えた一九二〇年代から、日本の思想的風潮には、精神主義が台頭し始めたことである。

現実主義と精神主義は、一見、相反する響きを持っているが、日本の場合、それは表裏一体の性質を担っていた。なぜなら、日本の国力のなさを現実的に認識し始めたからこそ、日本が頼るべき残された力として浮上したのが、精神主義であったからである。

国土も狭く、天然資源も乏しい日本にとって、持ちえる力（すなわち英米に対抗しえるであろう力）とは突き詰めれば精神力しかなかった。厳密にいえば、国力のなさを認識するからこそ対外的には現実主義的姿勢が生まれ、また同時に国力のなさを認識するからこそ、国内では精神主義が生まれ、それを唯一の支えに自己を鼓舞していこうとした経緯があるといってもいい。

そして、このような日本の現実主義ゆえの精神主義にも、人種的側面は、決して無関係な要素ではなく、「要するに力」の時代でも、折に触れて表面化するのだった。

例えば、マキャベリズムの象徴であるはずの日独伊三国同盟でも、人種的側面は同盟国双方でぬぐいきれぬ矛盾として浮かび上がざるをえなかった。というのも、日本の立場からすれば、日独伊三国同盟という現実主義的な同盟にさえ、人種的自己認識をめぐる大きな精神的意義が託されていたからだった。

すなわち、日本はあくまで現実的利害の一致によって日独伊三国同盟を締結したわけだが、そこには、かつて日英同盟に託された白人との同盟による精神的充足感と同様のものが日本側には心情的に強く期待されていたからである。

一方のナチス・ドイツは、日本を人種的に侮蔑しながらも、政治的生存のためならば、日本という「悪魔と手を組む」(アドルフ・ヒトラー)ことすら辞さないとした。日本もその政治姿勢では同様であったが、人種意識では、ゲルマン民族を最優秀とするドイツと同盟を組んだことによる精神的昂揚は否めなかった。あくまで現実的利害関係に基づく日独伊三国同盟のなかにさえ、人種的要素は多分に含まれ、心情的には、日本を「二流」の「蒙古民族」と侮蔑するドイツと同盟を組むことで人種的優越感を抱こうとした明らかな矛盾も、日本は抱えざるを得ない現実があった。

他方、戦時中、人種対立は対英米プロパガンダとしての政治的口上にも用いられた。だが、現実的には日独伊三国同盟にありながら、他方ではアジア主義を唱え、対英米の人種対立をほのめかすのは、明らかに矛盾だった。

いわば、一九二〇年代後半から日本は、好むと好まざるとにかかわらず、人種と政治をめぐり、現実と精神が乖離しつつも乖離しない、その交錯の時代を迎えたのである。

では、一九二〇年代半ば以降、台頭していった現実主義と精神主義のはざまで、いかなる人種認識が形成され、そしてそれは何を意味していたのであろうか。

二〇世紀前半の日本を代表する外交専門誌『外交時報』には、当時台頭しつつあった現実主義と精神主義が反映された人種に関する論考がいくつか掲載されている。

一八九八年に創刊された『外交時報』は、特に一九二〇年代以降、政財官軍学で評論の第一線を担っていた論客が多く寄稿していた。編集人の半沢玉城は、対外強硬派の論客として知られていたものの、『外交時報』には半沢の持論と相容れないものも多く掲載されており、一九二〇年代から三〇年代における日本の国際情勢認識をそれなりの中立性を持って反映した外交専門誌であった。[*7]

本章前半では、『外交時報』に掲載された六つの人種関連の論考から、この時期の人種をめぐる現実主義と精神主義がいかに形成されていったのかを取り上げたい。そのうえで、マキャベリズムの象徴ともいえる日独伊三国同盟の人種的諸相、そして戦時期へと続くその系譜を考察したい。

「貧乏人の子沢山」——安岡秀夫

まず、現実主義的な人種認識は、先にあげた人種偏見に対する本質的理解と、日本の国力に対する客観的認識という二点なくしては形成されえなかった。

一八九一年に慶應義塾大学部文科正科を卒業後、一八九三年に時事新報に入社、一九〇二年には社説記者となり、一三年には社説部長、二一年には監査役、二六年には退社し、中国関係の著作を複数持つ安岡秀夫[*8]（一八七三─一九三〇、高知県生まれ）は、「一日本人の弁明──英国人並に米国人に与ふる書」（一九二三年）と題した論考で、次のように論じている。

安岡は日本には二つの弱点があるとする。それは「他の富強国が打揃ふて同じ人種に属するにも拘らず、日本のみ独り所謂異人種に属して居ることで、又他の一つは、日本の面積が、其の人口並びに人工増殖率に対比して、余りに狭小なことである」[*9]。

一点目の、「日本のみ独り所謂異人種」であることから、どうしても他の富強国から差別されている感が否めないことは、これまでも論じてきた通りである。

その上で日本が抱えた第二の弱点とは、「人口過剰天恵貧弱」であった。

しかし「所謂異人種」であることも「天恵貧弱」であることも、いずれも日本がいかんともしがたいものである。だからこそ、日本は、人種平等や人種対立といった非現実的で「無茶な考」を持つ気も力もないではないか。

いずれも変えようもない現実であるからこそ、人口膨張問題は移民を奨励して緩和し、「極力、産業（特に工業）通商の発展に努力し、即ち人力に依つて天恵の足らざる所を補ふことに心掛けるのが、日本国民の生存上の必須条件」ではあるまいかと問うた。

「天恵貧弱」を「人力」で補うことしか日本に手だてはない。ましてや、人種的差異とは、専門家にとっても「甚だ困難な問題」でありながら、「頗る曖昧なもの」でもある。特に政治・国際関係では「殆んど他愛もない程に無意味」ではないか。安岡は、「所謂異人種」であることも「天恵貧弱」であることも、変えようもない日本の運命である限り、それをどうこう言おうとも意味をなさないことを説いたのだった。

安岡は、感情的な人種対立論も、うわごとめいた人種平等論も支持しない。人種問題の根本をなす人種偏見も、人間の生来持ち合わせた本能的なものである限り、どれだけ人種偏見を非難し反対しようとも、自分の人種が変わるのでも相手の人種が変わるのでもなく、そういった感情が消え去るものでもないとする。[*10]

安岡の「無意味」とは、人種偏見の本質を理解していたからこその現実主義的人種論であり、また、日本の国力にしても、天恵貧弱を人力によって補っていこうとする傾向も、「持たざる国」としての自覚が現実主義的認識によって形成されつつあったことを示すものだった。

「軽薄」――稲葉君山

関東大震災が起きたのは、安岡の記事が掲載された翌月、一九二三年九月一日のことである。ただでさえ「天恵貧弱」の日本にとって、巨大な被害をもたらした関東大震災は国家的打撃であった。さらに、日本が「所謂異人種」であることを決定づけられたかのような排日移民法が施行されたのは、その翌年にあたる一九二四年である。

東洋史学者の稲葉君山（一八七六―一九四〇）は、一九二四年八月に『外交時報』に掲載した「大亜細亜主義の障碍」に、関東大震災と排日移民法という「二個の苦悩」こそが、昨今声高に唱えられ始めた「大亜細亜主義」の直接的要因なのだとして、日本の「大亜細亜主義」の「動機の不純なることに対して、寧ろ顰蹙を禁じ得ない」と批判する。

つまり、日本はパリ講和会議以来、第一次世界大戦の好景気にも浮かれ、「五大強国」意識ばかりが先行し、「支那やその他の諸民族のことなどは、まるで眼中に無かつたといつてよい」。

もちろん、アジア主義を唱えるすべての日本人がそうだったとは言わないが、「多数日本人の頭脳には、大亜細亜主義などゝといふことは、かつても考へられなかつた」。

しかしいまとたんに「大亜細亜主義」が叫ばれ始めているのは、一九二三年九月、日本は関東大震災による「国家的打撃の為めに、五大強国は愚か三等国迄一時に落ち込んだといふ悲惨なる経験」をし、五年や一〇年で復興できるようなレベルをはるかに超えた損害を被ったこと、さらには翌年、排日移民法という「これ迄大手を振らずとも兎も角も対等らしい交際を表面ながら続けて来た面目は一遍にたゝき潰された、所謂泣き面に蜂」を受けたことによるものではないか。稲葉はそう主張したうえで、次のようにまとめている。

　これら二個の苦悩は、軈て彼等をして大亜細亜主義の呼声を高からしめたものである。呼声といふよりも、寧ろ彼等の呻きの声である。果して動機は純真ではない。謂はゞ一時の方便である。つまり彼等の国力が充実し、排日問題が起らなければ、かゝる主義を提唱しやうとはせまい。大亜細亜主義を以て、排日問題に対抗し、幾分なりとも米国に対する報復を行はふといふのが関の山である。故に米国の態度が一変し、あの問題が万一緩和するであらうといふ見込みが立てば、何時でも大亜細亜主義を捨てるであらう。日本人は軽薄である。[*11]

稲葉が言及するように、アジア主義それ自体は排日移民法以前からみられた思想的潮流であるが、それまで「亜細亜」のことなぞ見向きすらしなかった日本人が突如として「大亜細亜主義」を唱えるようになったのも、主義・思想というよりも、関東大震災による「国家的打撃」と、排日移民法によるものに過ぎない。もしも日本の国力が充実し、関東大震災も排日移民法も起こらなければ、「大亜細亜主義」など唱えるはずもない、たとえ日本が人種的団結めいた主義思想を唱えるふりをしてみても、結局その動機もすべては「国力」と「面目」の問題に過ぎないのだと稲葉はみたのであった。

「机上的価値」——稲原勝治

同様に、人種偏見と国力のありかたに対する現実主義的な認識をみせたのが、稲原勝治（一八八〇—一九四六、鳥取県出身）である。稲原は、一九〇七年に二七歳で渡米し、スタンフォード大学、ハーバード大学で学び一一年に帰国。その後、大阪朝日新聞外報部長・英文日日主筆・華府軍縮会議随員を経て、日本外事協会会長を務めた[*12]。稲原は、「米国の排日は人種戦争也」（一九二四年）で、米国の排日理由として一般的に指摘される経済的・社会的要因は「何れも補助的原因」に過ぎず、補助的原因が消滅したとしても「日本人排斥は決して終熄するのではない」として、人種に対する本質的理解を次のように記している。

要は我々は日本人であり、白人でないから、排斥されるのであつて、米国人の眼から見れば、日本人たることがすなはち罪悪なのだ。換言すれば排日を完全に消滅せしめんとすれば、我々は先づ我々が日本人であることを、永遠に止さなければならぬ。これが出来ない相談であると云ふならば、排斥は当然のことであると覚悟するより外に途はない。唯問題は国力の如何次第で、排斥を表面の事実とするか、或はせぬかの区別が起つて来るだけのことである。[13]

排日の根本要因が日本人に対する偏見である限り、いかなる表面的要因が解消されても排日が解消されるわけではない。「問題は国力の如何次第で」、排日を顕在化させるかさせないかだけのことであると主張するのであった。

稲原は自著『外交読本』（一九二七年）にも同様の論旨を展開しており、経済問題・社会問題としての排日論は、「寧ろ単に口実、乃至キッカケ」に過ぎず、パリ講和会議での人種平等案についても、あれは「単に机上的価値」に過ぎず「実際の効果に乏しいもの」として次のようにまとめている。

> 各人は法律の前に同等なりと云つたところで、これは単に云ふだけのことで、実際問題としては、各人必らずしも同等でない如く、人種は平等なりと云ふ命題が、よし成り立つたところで、この熟語の増加に、直ちに実際を左右する力が、あるものとは思はれない。実際は、広い意味の力が解決して行くので、熟語とは何等の関係がない。[14]

たとえ文言に人種平等が掲げられたとしても実際には意味がなく、結局「実際は、広い意味の力が解決して行く」と論じる稲原の人種認識も、他と同様、人種偏見が生理的・動物本能的な感情によるものである限り、人間がどうこうできる領域ではないことを理解してのことであった。言いかえれば、偏見や差別という人間の根本に宿る意識とは、字面程度で解決できるような、そんな甘いものではないことをも理解してのことだろう。

稲原の文体には職業性もあってか、煽動的な筆致も否めないものの、事実、人種平等ないしは人種差別をしないとの公言は、国際性を謳うための、もしくは表面的に担保するための儀礼的な口上に過ぎないことは、現代でも十分すぎるほどいえることであり、その点で、稲原の指摘はたしかに、「人種平等」をめぐる普遍的真実を突いていた。それは人種偏見に対する本質的理解なくしてはありえず、また「力」に対する現実主義的理解なくしてもありえない、相互が併行して形成された現実主義的人種論であった。

「人種相互寛容論」——松原一雄

さらに、人種偏見に対する現実主義的な認識から生まれたものに「人種相互寛容論」がある。国際法を専門とした外交官で日本大学・中央大学教授の法学博士・松原一雄（一八七七—一九五六、福井県出身）は、「色の世界」（一九二五年）で、人種偏見にまつわる問題とは「一世紀か二世紀の短い間に解決せられるものであらうか」と投げかけたうえで、人種平等も人種対立も無謀で無意味であることを次のように論じた。[*15]

人種問題は戦争で解決出来るものではない。況んや日米両国のみが互に戦争をした所で、世界の大問題たる人種問題が茲に解決出来るものではない。此問題の為めに日米が互に戦ふのは無益徒労の戦争である。日米互に戦ふたればとて、又どちらが勝つたにしろ、白色人種が絶滅するものでもなければ、有色人種が地球から消え失せるものでもない。而して何れか一方が絶滅する所まで行かなければ、右の戦争は何等意義をなさない。人種問題の解決には唯だ異人種相互間の寛容あるのみである。吾人は空想的な人種平等論や、非人道的な人種戦争論を唱ふる代りに、クーリッヂ大統領と共に人種相互寛容論を唱ふるものである。

松原の「人種相互寛容論」は、序章で論じたように、異人種間接触が世界的規模で繰り広げられることのなかった一九世紀中葉まで生まれえなかった概念である。もはや異人種間接触が避けられぬ時代となり、人種平等も人種対立も現実的な議論ではないことは、国際政治のなかで矢面に立ち続けている日本ゆえに強く認識したものである。松原の「人種相互寛容論」は、人種対立的要素を対外的には極力出さず、欧米協調路線でいくことこそ日本の国益にかなうという当時の論調と共鳴するものであった。

「ヘマ」——高木信威

他方で、日本が「有色人種」であることは変えようもないことであり、自ら日本が公の場で「人種平等」を訴えたこと自体が「ヘマ」であり「自己卑下」であったと、説いた者もいる。高木信威（一八七二—一九三五）である。

高木信威は、『国民新聞』の記者・主筆を経て『東京日日新聞』の編集局長を務めたのち、一九一四年に渡英、政治経済研究をし、一九二一年にはロンドン王立学芸協会の終身会員となった。そして中央大学教授時代に「日本の進むべき大道」（一九二八年）を発表し、パリ講和会議における日本の人種平等案を次のように批判した。

〔人種平等案は〕有色の弱小国から同情と讃辞とを得た結果を見て、鬼の首でも取つた様に思ひ居る人々もある様だが、弱小国の同情を得て強大国の警戒と嫉視とを招いだ事は、差引き取返へしの付かない損失を引受くる事であつた。一体日本は既に条約改正に依り、泰西文明国と対等の地位に於て、国際家族の完全なる一員たることの承認を得た。其の間何ぞ人種差別の問題を含み居らう。国際法理的にも一般理論的にも、日本の此の地位は人種問題に超越したものである。之にも拘らず人種無差別待遇を呼号したのは自ら卑下するも甚しいもの〔後略〕[16]

あくまで日本の立ち位置にのみ着目する高木は、いかんともしがたき人種というものに対するやるせなさを持ちつつも、変えようがないものであるがゆえに、下手に訴えて、かえって欧米の人種偏見を逆なでし増長するようなことこそが日本の「損失」であるとみなしたのである。それは、日本は条約改正後、「泰西文明国と対等の地位に於て、国際家族の完全なる一員たることの承認を得た」にもかかわらず、明治以来、日本が「文明」と「人種」の座標軸のなかで自己の位置づけを模索し続けてきた不安に対する現実的な姿勢のあらわれでもあっただろう。[17]

「斯かる特殊な地位」――田中都吉

最後に取り上げる、外交官として、在ソビエト連邦特命全権大使を務め、かつ新聞経営者であった田中都吉（一八七七―一九六一）は、日本の人種的位置づけをめぐる不安定さを、日本はうに論じた。

日本人は所謂有色人種に属して居つて白色人種でない。世界の先進国文明国と言はれるものは殆んど全部白色人種であるが、日本のみは之と人種を異にして居る。一体、皮膚の色とか云ふ問題などはどうでも宜いではないか、そんなことを気にするのが間違ひであると云ふ風に達観する人は、日本にもあるし、世界を通じて多数あるのであるが、私が多年外国方面のことに関係した経験から申せば、人種問題はさう云ふ生優しいものではない。相当根柢あり、我々日本人として最も関心を持たなければならない問題であると思ふ。[*18]

田中は日本が発展するうえでの最大の障害は人種問題だとして、皮膚の色が変わらない限り、どこまでもつきまとう問題だとする。そのうえで田中は、そうであるからこそ、日本が持つこの「斯かる特殊な地位」に、特別意識なり使命感を見出そうとする。

併し他の方面から観察すると、日本は有色人種の中では最も先進国であり、優越国であると云ふ事実がある。従つて将来他の有色人種が日本人と同じく向上発展するやうになれば、日本人は先輩として盟主として尊敬支持さるべき地位に立つて居るのであつて、現在に於てもさう云ふことが事実として徐々に現はれて居ることは注意すべき点である。要するに人種問題は、外交戦に於ける日本の地位を考へるに当つて、閑却すべからざる重要事であると思ぶ。[*19]

現実主義ゆえの精神主義

本書がこれまでも論じてきたように、不安定な人種的位置づけを安定化させるための人種的使命論なり特別意識は新しいものではない。同時期に限っても、杉村陽太郎など、「有色人種」の指導者的存在としての日本という自己像を謳う傾向は根強かった。[*20]

人種をめぐる優劣感情という振り子のなかで、常に不安を抱いてきた日本が、そこにこそ特別意識を抱き使命とすることで、不安を安定化させ、自己を鼓舞する原動力としてきた。それを手段とした人種的自己認識は、明治以降、脈々と続いてきたものである。六つの論考からいえることは、一九二〇年代半ばから三〇年代半ばの人種的自己認識における特別意識や使命感の背景には、それまでにはなかった「持たざる国」としての自覚による不安が台頭していたことであろう。

そこには、英米への対抗意識は心情的には多分にあったものの、それを実現するだけの力がともなわない現実に対するやるせなさがあり、また、反感はありながらも現実の政治力学では欧米協調こそが身のためであることの認識があった。そうであるからこそ、そういった「力」と人種をめぐる鬱屈した感情が、過剰な自意識や使命感となり、精神主義的人種論へと傾いていったといっても過言ではなかろう。

重要なのは、一九二〇年代から三〇年代における現実主義的人種論に精神主義的人種論ともいえる傾向がみられるにいたった過程には、人種的な「特殊な地位」だけではなく、「天恵貧弱」という日本の現実があったことである。

安岡が、日本は「天恵貧弱」であるがために「人力に依つて天恵の足らざる所を補ふことに心掛けるのが、日本国民の生存上の必須条件」であるとしたように、一九二〇年代以降、物質的には英米にはとても勝ち目はないことを認めざるをえなくなり、それを精神主義によって補おうとしていった。「天恵貧弱」である自国認識を持たざるをえなかったからこそ、精神主義が浮上し、そこで日本の持つ人種的な「特異性」が着目され、合流するかたちで、日本の精神主義を支えるひとつの支柱となりつつあったのだった。

「武力が最初に口をきく今」——武者小路実篤

精神主義的人種論は、人種偏見に対する本質的理解と「力」をめぐる現実主義的姿勢にともなって、日本の使命と化していく。しかし結局はどれだけ精神論を並べたてようとも、「武力が最初に口をきく今」であることを受け入れざるをえないと心理的わだかまりを記したのが、武者小路実篤（一八八五—一九七六）の「日本人の使命の一つ」（一九三七年）であった。

『改造』に掲載したこの論考の冒頭で、武者小路は、「僕は日本人の使命の一つは白色人種にたいして有色人種が平等の実質と実力とを持つてゐることを事実に於て示す点にあると思つてゐる」としたうえで、「白色人種の優越感に対しては好感は持てない」と自身が受けたという人種偏見を次のように論じる。

武者小路は、「無教育の殊に婆さんには、僕は二度程、露骨に人種的な軽蔑をされてゐることを感じたことがある」と記す。武者小路は、人種偏見は「無教育」ゆえのものであるとみなすことで自負心を保とうとするが、「本心にふれゝば彼等は何と言つても我等を軽蔑してゐると見る方が本当と思ふ。又それは西洋に行つてゐると無理がないやうにも思ふ」と、それは教育水準にかかわらず普遍的な心情であることも理解していた。

しかし「僕は白色人種を軽蔑するものではないのだ。もつともつと仲よくしたいと思つてゐるのだ」とも本音を語る。西洋人が日本人を軽侮するのも、「西洋人が日本服を着たら僕達の目から見たら馬鹿に見へるのと同じ」で、非西洋の日本が「西洋化」しようと模倣していることもあるだろうと、日本の西洋に対する文化的劣等感を認めている。だが、人種的観点からすれば、白色人種が有色人種を侮蔑することは許しがたく、また受け入れがたいことであった。だからこそ、その現実を打破する「有色人種の代表者」として、日露戦争以降の日本の人種的使命が浮き上がるのであった。

満州事変以降の東アジア情勢に配慮すれば、決して声高に言えるものではないとしたうえで、武者小路は「戦争して白色人種に負けず、勝つたのは日本だけだと言ふことは事実だ。この事実を永遠に失なふことは出来ない。しかしそれだけ日本は苦しい位置にゐる」と指摘する。そして、日本の使命を次のように説く。

だから日本は背景に有色人種全部の権利を代表する義務があるのだ。精神的に言つても、つまり、僕達はよくこの人類的使命を知らなければならないのだ。つまり、有色人種（いやな言葉だが、いやだからなほこのさいつかはしてもらう）を白色人種が奴僕人種のやうに思つてゐるのが、人類にたいする非常に僭越な考へであつて、平等に見ることを反省させるのが、人類の意必に叶つてゐると言ふ処に、日本人の強い使命があると思ふ。[*21]

日露戦争で勝利した経験を持つ日本こそ、他の「有色人種」のために、人類の平等のために、「白色人種」に「反省」させる使命を持ち合わせているという、これまでも続いてきた精神主義的人種論に共通する見解を述べる。と同時に精神だけでは抗しきれない現実もあることを次のように語る。

僕は残念ながら武力が最初に口をきく今は世界的に時代であることを知つてゐる。だからいくら有色人種が精神的に優つてゐても、武力で優らなければどうにもならないことを残念に思ふ。

武者小路の文体には、その素朴さゆえの切実さが込められている。それは西洋学問を学び西洋文化に感化され育った日本人知識層・文化人ゆえの率直な人種的心情であっただろう。事実、武者小路の人種偏見に対するまなざしは、確かに真実を突いていた。

その一例に、武者小路は、フランス女性と同棲する友人を例に出し、そのフランス女性は普段は「実に感じのいゝ人で、夫の価値や才能を十分認めてゐる。それにもかゝはらず喧嘩の時は、人種的な優劣論をもち出されるので困るとその友人は言つてゐた」と最後に論じている。[*22]

武者小路は、これが人種偏見の本質であり、利害関係が一致しているとき、充足されているときは異人種間であろうとも問題は生じない。しかし、そこに何らかの不和が生じた際、利害の不一致が生じた際、それまで良好な関係を持っていても、人種偏見は顕在化すると語るのである。

利害関係が一致し、愛情関係が成立していたとしても、奥底にある人種偏見や差別意識は双方ともにぬぐい切れぬものであり、永遠に変わらないものなのだという。

かつて、人種偏見とは「ハイドラ」のごときものと表現したのは珍田捨巳であったが、人種偏見とは、その状況によって顕在化と潜在化を繰り返すものであり、根本的には決してなくなる類のものではなかった。[*23]

ここでは人種偏見を公に論じた人々に着目したが、エリート層のなかには、人種偏見について本質的理解をしているからこそあえて口には出さなかった者もいただろう。なぜなら人種感情の本質的理解こそ、人種問題に感情的反応を示すことの無意味さの認識につながったからである。またそのような認識は、特にこの時期、国力をめぐる現実主義的な認識によっても支えられていた。

そして、「持たざる国」日本が形成しつつあった人種と力をめぐる現実主義と精神主義は、「要するに力」の象徴ともいえる日独伊三国同盟においてさえも、無関係とはいえなかった。

「黒い眼と青い眼」

日英同盟廃止から親独傾向へ

一九二〇年代から三〇年代の人種的自己認識に、変化を導く契機となったのは、一九二三年（大正一二）の日英同盟廃止である。

近代日本の人種的自己認識は一九二〇年代前半まで、日英同盟（一九〇二―二三）によって支えられていた面が少なくなかった。[*24] 同盟関係には、常に心理的な影響力が付随する。特に、当時極東の勃興しつつある一国に過ぎなかった日本にとって、「大英帝国」と同盟関係にあることは日本が「一等国」であることを自己証明するうえで、さらには、非西洋でありながら日本はアングロサクソンの国である英国と対等な地位にあるとの自負心を抱くうえで、実に大きな心理的役割を果たしていたからである。その点で、日英同盟が、近代日本の人種的自己認識に与えた心理的影響力は、計り知れないものがあったといえる。

しかし、一九二三年に日英同盟が廃止されたことで、日本は政治経済的にも、また心理的にも、その代わりとなる他者を必要とし、その担い手となったのが、ドイツであった。日英同盟が廃止された一九二三年以降、日本はドイツへと接近し始めていくが、それは日英同盟の廃止によって失った、先端技術の輸入先の確保などの必要性をはじめとする軍事的経済的問題によるものでもあった。

一般的には親独陸軍・反独海軍と認識されがちであるが、日英同盟廃止以降、最先端技術に依存せざるをえない海軍は、ヴェルサイユ体制下で苦しい状況にあったドイツに接近し始めていた。ドイツ海軍は、第一次世界大戦で敗戦国となるまでは、オランダに架空会社を設立し、日本海軍にドイツ海軍の潜水艦などの先端技術を売り込み相当の利益を上げていた。第一次世界大戦後、ドイツは空軍を持つことができなくなったが、その航空技術を日本に売ることで利益を得ることを維持していた。[*25]

したがって、日独の同盟的関係は、軍事技術のやりとりを通じて、日独伊三国同盟(一九四〇年)の前から、すなわち日英同盟廃止以降から形成され始めていた。

一九三六年、日本がロンドン海軍軍縮会議からの脱退を通告すると、英米日は建艦競争に入り、さらには一九三七年に始まった日中戦争が南へと拡張していったことは、海軍の三国同盟支持への転機となった。重光葵は、「日支戦争が南へと拡張せられ、欧州においては、独伊と英仏との軋轢が急角度に悪化して、ここに日独関係緊密化の検討は、英（米）仏との関係を考慮せずしては不可能になって行った。日本において、三国同盟に永らく反対していた海軍の態度が、軍事行動の南進とともに変化したことは、遂に三国同盟に決定的影響を与えるに至った」と回顧する。[*26]

浮かびあがる矛盾

他方、人種的観点から日本の親独傾向をみると、かつて日本が日英同盟によって得た人種的優越感と同様に、日本がドイツと同盟を組むことによって、日本は、ゲルマン民族の優秀性を謳うナチス・ドイツと対等の地位、つまりは日本の人種的優秀性を確認しえるのではないかとの期待は少なくなかった。

事実、ヒトラー・ユーゲントの来日やドイツ人宣教師・教師の招聘、日独親善を図るさまざまな文化的活動をはじめとして、一九三〇年代以降、ドイツ崇拝は日本社会に浸透していく。その背景にはドイツに対する心理的依存が多分にみられたといっても過言ではない。その点で、かつて日本が日英同盟に求めた人種的優秀性の心理的担保としての役割を、ドイツは充分に果たすようにみえた。だがそれは他方で、避けることのできない矛盾をともなっていた。

あらためて申すまでもなく、ナチス・ドイツが主張するゲルマン民族の人種的優秀性は、ゲルマン民族以外の人種に対する明らかな侮蔑を意味し、日本もまたその対象であったからである。

アドルフ・ヒトラーの『わが闘争』の邦訳は一九三七年に大久保康雄によって刊行されて以来、複数の翻訳者による翻訳が次々と刊行されていったが、翻訳関係者をはじめ、日本人エリート層は、それを十分認識していた。

ヒトラーの日本蔑視は認めがたく、また、感情的にも受け入れがたいものであった。これから論じるように、邦訳書には、日本蔑視の該当部分は戦後まで掲載されることなく削除され刊行されたのも、どれだけ日本が日独の同盟関係に政治・経済的利益の追求のみならず、心理的な期待や思い入れを持っていたかを示している。

他方、ヒトラー及びナチス・ドイツにとっても、人種的観点からみれば、自らが侮蔑を厭わない日本と同盟を組むことは、全面的に受け入れられる類ではなかった。[*27] 日独間のトップレベルにおける相互不信はよく知られることであるが、その一因には、このような心理的背景と無関係ではなかろう。

戦時期日本の掲げた大東亜共栄圏はアジア主義を背景にしたものであったが、アジア主義を人種的観点から捉えれば、日独伊三国同盟は相反する面を持ち、ゲルマン民族の最優秀性を唱えるドイツにとっても、アジア主義を唱える日本にとっても、日独の同盟関係は、人種的観点からは、矛盾をはらむ性質を持っていた。

つまり、日本は政治的、経済的な「力」の観点からドイツに接近していったものの、日本はここでもなお人種という「何処までも付き纏ふ所の問題」から離れることはできずにいたのである。

では、日独伊三国同盟の前後において、どのような人種認識をめぐる形成過程があったのであろうか。

『わが闘争』邦訳版をめぐる問題

アドルフ・ヒトラーの『わが闘争』（Mein Kampf, 2Bde. 上巻は一九二五年、下巻は二七年に刊行）は、先述したように日本では日独防共協定（一九三六年）の翌年にあたる一九三七年に刊行された。

当時の親独傾向のなかで、ヒトラーの『わが闘争』の邦訳版が出版される際、ゲルマン民族を最優秀とする人種的優越主義にあったナチス・ドイツを、「蒙古種族」である日本がどのように解釈するのか、その整合性を見出すのは容易ではなかった。

『わが闘争』で論じられた、ゲルマン民族の人種的優越論とは、ゲルマン系を文化創造者とみなすのに対し、ユダヤ・イスラムは文化破壊者、そして日本や中国などは文化維持者（もしくは支持者）であるとしたもので、日本で翻訳された『わが闘争』は、日本を二流民族とみなした部分が削除されて出版される。しかし、その削除された内容は当時の知識人であれば知りえたことであり、邦訳書『わが闘争』でも、内閣書記官長・風見章[*28]による「序」のなかで、ドイツと日本は国柄も国情も異なるだけでなく、「同じ民族主義理論にしても、大和民族とゲルマン民族とでは、顔の色が違ふ如く相違してゐる」ことに言及し、『わが闘争』の世界観もあくまで「独逸のものであるに過ぎず、我等の承服し難き点も多々あるのであるが」と記している。

また、日独伊三国同盟が締結された一九四〇年には、あらためて室伏高信[*29]による邦訳が第一書房から刊行されるが、ここでも、日本人に関する部分は削除されている。

ちなみに、室伏の訳書が出版された翌一九四一年には、改訂版と思われる大久保康雄訳の邦訳書が再版されるが、ここでも該当部分は省かれたままであった。
当然ながら『わが闘争』は英訳も刊行されている。実は大久保康雄訳も室伏高信訳も、ドイツ語による原書からの邦訳ではなく、英訳版から邦訳されたものだった。[*30]

英国による日独離間策

日独の接近に際し、英国のアジア権益をめぐり危機感を持った英国外務省[*31]には、一九三八年から四〇年頃にかけて、ドイツが日本を人種的に蔑視していながらも、同盟を組む矛盾を対日プロパガンダとして利用しようとした動きがあった。[*32] 英国外交文書には、日独の接近への危機感以前にも、日本を唯一の非白人の帝国であることは認めながらも、人種的には蔑視する言及が頻繁に掲載されていたことを考えれば、異人種間の同盟的関係に人種感情はどうしてもつきまとうものであり、[*33] 英国側にも、ドイツ側にも人種的差別意識、すなわち日本に対する人種的侮蔑意識の存在は否定できなかった。[*34]
実際、英国外務省は『わが闘争』における日本蔑視部分を利用し、日独離反を試みたふしがある。一九四二年ドイツ語の原書から『わが闘争』を訳した真鍋良一は次のように訳書で記している。

原書二五八頁より二六一頁までと、三〇三頁より三〇五頁に亙る箇所は、国情の相違から私自身としても到底紹介し得ないものであり、かつ本邦とは全然無関係、また参考にもなり得ないものであるので削除した。第二に原書三一七頁より三二八頁までに至る箇所の一部は、大東亜戦下にあつてある敵性国家がヒトラーの真意を曲解し逆用して、日独離間策の宣伝文書として公布したところを含んでゐる。敵の逆宣伝に用ひたところを此処に訳出して敵性国家をしてまた〳〵利用せしめることは、私としてやはり出来なかつた。同所はヒトラーが独逸国民を奮起さす目的で、いはゞ「テクニク」として書いた論旨であるが、如上の理由から――また前後の関係上少し大きく――削除した。[*35]

真鍋は、日本蔑視の該当部分を削除せねばならなかったことと、英国外務省による日独離間策と思しきことに触れている。英国と交戦中であり、真鍋が英訳について厳しく指摘した面もあろう。また、これが必ずしも英国外交文書とは断定できない。だがその種の試みが議論されていた文書は英国外務省内部文書には存在するわけであることから、そのような対日プロパガンダの動きがあったことは知りえていたと考えられる。[*36]

さらに、戦中に真鍋とは別の邦訳書が刊行されるが、一九四二年から四四年にかけて東亜研究所から上梓された邦訳書の「序」には、これまで複数の邦訳書が刊行された過程を振り返ったうえで、次のようにまとめている。

今日迄我国に於ても『マイン・カンプ』の飜訳は若干試みられたが、其の記述中日本に関する部分が今日の日独関係上に面白からぬ点がある為めに、其の完訳は世上に紹介されず、謂はゞ抄訳の程度に過ぎなかつた。素より日独の良好なる関係を維持する為めに如上の注意が必要であることは云ふ迄もなく、従つて全訳を公刊することは避けねばならないが、さりとて此れを全訳して研究上の資料にすることは毫も差支ない許りか、さうする事が日独両国民の心からの理解提携に却つて役立つ事等が有る可きを自分は信ずるのである。[*37]

ここでは、触れてはならぬことが『わが闘争』にあることを記すだけでなく、「全訳して研究上の資料にすること」は「日独両国民の心からの理解提携に却つて役立つ事」がありうると記している。

それは言いかえれば、少なくとも日本が国家として意図的につくりあげていった親独傾向や、親独の域を逸したヒトラーの英雄視及びナチス崇拝ともいえる社会的空気には、どうしても相容れぬ矛盾めいたもの、ないしは違和感ともいえるものを、人々がどこかで感じざるをえない部分があったからではなかろうか。

可視的差異

事実、日本のドイツ崇拝は、日独防共協定以降、ドイツ人教師や宣教師、さらにはヒトラー・ユーゲントなどを招聘することでもつくりあげられていった。

一九三八年頃、「日本人の多くが充分ドイツにかぶれていて、ナチスの悪口もナチスを支持する日本陸軍の悪口も言いにくい時代であった」。[*38]

当時の平均的な社会認識を反映した『少年倶楽部』（一九三七年二四巻一四号）には、ヒトラー・ユーゲントの暮らしぶりを模範のように描く記事もあった。ヒトラー・ユーゲントが歓迎されたのも、ドイツとの同盟を組むことで、日本の人種的優越意識を鼓舞する心理的傾向もあっただろう。[*39] たしかに、戦時期日本のナチス崇拝は「未曽有なほど強かった」。例えば「ヒットラー・ユーゲントなどという凸坊達の一団が、帝国ホテルに宿泊所を設備され、映画すら〈ヒットラー・ユーゲント御推奨〉の一言を広告にのせないならば、売物にならないかのような印象を作りあげていた」。[*40]

しかし、その一方で、日本人とは明らかに外見が異なる人種と同盟を組むことに素朴な疑問なり違和感を覚えた日本人もいたかもしれない。

ヒトラー・ユーゲントに関する記事が掲載されたその『少年倶楽部』には、「日本と仲良しのイタリヤ首相とドイツ大総統」という題目で、ムッソリーニとヒトラーの写真が掲載されているが、続いて、「黒い眼と青い眼」と題し、帝国大学医学部・医学博士の石原忍が、日本人の黒い眼と西洋人の違いと比較を論じたうえで、次のように記している。

青い膜より黒い膜で包まれてゐる方が、まはりから入つて来る無用の光線を遮ることが完全に出来るから、物がはつきりと見えるわけです。実際、日本人の眼は西洋人の眼よりも視力がよくて、上等なのです。[*41]

石原の記事は、「西洋人」との人種的差異の一つである眼の色から、日本人の身体的優越性を説くものであるが、なぜいまここで、このようなことを医学博士が論じなければならなかったのだろうか。

石原の記事は『少年倶楽部』の意向を反映させたものであったかもしれないが、社会的にも、三国同盟が締結された当時は、ドイツ人教師やドイツ人宣教師らを積極的に日本に招聘したことで、日本国内でも教育機関をはじめとして、日本人が日本国内でドイツ人を見掛ける機会が増えた時期であった。

ゆえに、日独伊三国同盟締結を礼賛する社会的空気のなかで、素朴に、ドイツ人と日本人の人種的差異に関心と疑問を抱いた人々も少なくなかっただろう。何より、誰の目からみても明らかな人種的異質性をどう解釈するか、それは思想的傾向以前の、いかなる児童でも青少年でも素朴に気付く差異であったからである。ドイツと同盟関係に漠然と人種的優越性を見出すのはたやすいが、だからといって具体的に、外見上、明らかに異なる人種的差異をどのように認識するのかという点は、明瞭な解決策なり合理的な着地点を見出せるわけでもない問題であった。

みるからに異人種であるドイツとの同盟をどのように解釈すればいいのか。それは視覚的には素朴な疑問は浮かびあがるものの、少なくとも日本にとっては、「青い眼」をした白人国家であるドイツとの同盟によって、かつて日英同盟に抱いたような人種的優越感を抱こうとした心理があった。だからこそ、『わが闘争』における日本蔑視部分を翻訳し公開することは憚られたのである。それを認識していた一部のエリート層にとっても、それは歯切れのいいものではなかった。

「ナチスは日本に好意をもつか」――鈴木東民

日本をあからさまに蔑視するような人間や国家をなぜ形ばかりでも崇拝せねばならないのか。『わが闘争』の邦訳出版であれ、ドイツ人招聘であれ、すべてはマキャベリズムに基づくプロパガンダであり政治利用に過ぎなくても、心情的には割り切れぬものを抱かざるを得なかったエリートは少なくなかっただろう。

しかし、日本ではそういったドイツ側の日本蔑視を文面ではある程度隠すことはできたものの、同盟国・ドイツでは、在独邦人に対する差別や蔑視が後を絶たなかった。

一九三三年一〇月にベルリンでは、日本の少女が、ドイツ少年から「ヤップ」と侮辱の言葉を浴びせられ、それに少女が抗弁したために棒で顔を殴られた事件が起こっている。

その直後、外務省のなかでも慎重派とされた永井松三駐独大使は独断でドイツ政府に抗議する。それは、この事件が「有色人種に対する差別観念に根ざしたものだったから」であり、在独邦人に対するドイツ人のこのような人種差別は、この傷害事件に限らず見受けられたことだったからである。[*42]

鈴木東民（一八九五―一九七九）によれば永井大使の抗議に対し、外務次官フォン・ビュウロオは、ナチスが排斥しているのは「ユダヤ人とネグロだけ」だが、「文字で表現する場合には、「ユダヤ人、ネグロおよびその他の有色人種」となるものだから、つい日本人を含んでいるかのようにとられてしまうのだ。これにはわれわれも実際困っている。それでわれわれは今、一生懸命に、その適切な表現方法を研究中だから、しばらく抗議の手をゆるめていただきたい」と「子供だましみたいな弁解」をした。

ドイツ政府は、日本少女殴打事件の前に、一人の官吏を解雇しているが、その理由は、その母親が日本人であったからだった。ドイツの官吏法第三条には、「アリアン種にあらざる官吏は解職さるるものとす」とあり、実際排斥されていたのはユダヤ人ばかりではなく日本人も含まれていた。また、一九一四年八月以降に入国した非ドイツ人の強制的国外追放に関する条文には、ユダヤ人のみならず「リベリアのネグロあるいは極東のいずれの国たるを問わず、そこに生れた蒙古種族にも適用される」と記されていた。「有色人種」であり「蒙古種族」である日本人は、法的にも排斥の対象であった。

さらに日本蔑視は通商貿易にも見られ、日本の対独輸出額一に対し、対日輸出額五の割合であるにもかかわらず、ナチスの新聞は、「黄貨《ゲルベ・ワアレン》の脅威」との侮蔑的言葉を使い、日貨排斥を盛んに訴え、一九三三年の秋には日本電球の輸入会社がドイツに創立の運びとなっていた矢先、日本電球の輸入制限が行われた。かつ人絹輸入制限も予告なしに行い、日本からハンブルグに向けた二隻の貨物船に積まれた人絹が無駄にならざるをえなかった。

このような一連の出来事の背景には、「彼らの抜くべからざる人種的憎悪感が潜んでいる」ことは明白であるが、そもそも「ファッショの国であればあるほど有色人種を憎悪し、軽蔑する。それは当然あり得べきことで、何も不思議とするに足りない」と、鈴木東民は言及する。[*43]

鈴木は東京帝国大学経済学部卒で、吉野作造に師事したのち、大阪朝日新聞に入社後、電通の前身である日本電報通信社のベルリン特派員として一九二六年から八年間渡独。帰国後、一九三五年に読売新聞社に入社、外報部次長、部長を経て論説委員となった。鈴木は長い滞独経験に基づき、ナチス・ドイツがどれだけ日本を露骨に侮蔑しているかを指し示す右記のような事例をいくつも取り上げ、「ナチスは日本に好意を持つか」（一九三四年）と題した論考を『文藝春秋』に掲載した。

日本ではドイツ崇拝が着実とつくりあげられていった矢先、鈴木がこのような寄稿をしたのは、日独間の人種をめぐる著しい温度差を危険視したこともあったかもしれない。

また鈴木は「極端な反ナチ主義者」のジャーナリストとして知られていた。[*44]

鈴木の反ナチ思想には、長年の滞独経験に加え、日本人である鈴木と婚姻関係にあったドイツ人女性の全財産がナチス・ドイツに没収された個人的体験に基づくものでもあったかもしれない。しかし、たとえ鈴木の個人的感情を差し引いたとしても、鈴木が論考で取り上げた複数の事例からすれば、ナチス・ドイツの日本蔑視は確かに存在しただろう。[*45] もちろん、鈴木の職業性からすれば、文体に煽動性が否めないのも事実である。しかし、『わが闘争』の邦訳に携わった一部のエリート層が言葉を濁すようにそのわだかまりを示唆せざるをえなかったのも、また『少年倶楽部』で同盟国を賛美しながらも、「黒い眼と青い眼」のように、どこか煮え切らないものが醸し出されていることを考えれば、やはり日本にとって日独伊三国同盟とは、純然たる現実的利害関係だけを意味してはいなかったのだろう。

言いかえれば、日独伊三国同盟に託されたもうひとつの意味、すなわち、白人国家と同盟を組むことで人種的優越感を担保しようとした精神的期待を、日本側はどうしてもうまく消化しきれないものがあったのではないだろうか。

乖離し、乖離しえないもの

「悪魔と手を組む」

ヒトラーは一九四二年（昭和一七）五月一七日の夕食時に、外国人ジャーナリストのなかには、ドイツの日本との同盟がナチス・ドイツの人種主義と相反することを指摘する者がいることについて、次のように論じている。

こういうす馬鹿には、第一次大戦中にはイギリスが日本と手を組んで我々にとどめの一撃を加えたのだといっておこう。こういう視野の狭い連中にはこの答えで十分だろう――目下の戦争は生きるか死ぬかの戦いであり、肝心なのは勝つことである。そのためには悪魔と手を組むことも辞さないのだ。[*46]

「生きるか死ぬかの戦い」で、主義思想などは意味をなさない。力のためならば、「悪魔と手を組む」ことなどマキャベリズムの王道であり、特に一九三〇年代から四〇年代の国際政治・国際関係がより複雑化・緊迫化していく時代のなかで、主義思想が及ぼせる影響力は、せいぜいその正当化のための口上や「方便」といった程度に過ぎなかった。ドイツにとっての日本との同盟に託された実質的意義は、戦争後の東南アジア権益を得るための保険であり、また「日独関係の緊密化は、総て対ソ関係を対象とするものであった」。だが、日独のトップレベルでの不信は根深く、三国同盟を締結しておきながら、日独間の軍事協定は実態がともなっていなかった。いくらマキャベリズムとはいえ、日独間の不協和音はどうしても隠し切れないものがあり、それは日本側も同様であった。

松岡洋右や近衛文麿は、日中戦争と対米戦略を目的とした実質的意義を三国同盟に見出していたが、石井菊次郎などのように、ドイツのような人種差別国家と同盟など組んでいいのかとドイツに対する強い不信を抱く反対勢力も少なくなかった。

もとより昭和天皇も三国同盟には強い反対を示し、重光葵は「元来、天皇陛下は、元老とともに、三国同盟には非常に反対であったが、近衛公の輔弼説得によって、遂に政府の意見に従われた」と記している。[*47]

石射猪太郎も、オランダ公使時代（一九三八―四〇）の日記で、日独伊三国同盟について「私は全く局外にあったが、三国同盟論には初めから反感を持っていた。私が近代史で読み取ったドイツは不信の塊りであり、かつての世界大戦で宣言した「必要は法律を知らず」が、一貫したドイツ外交の奥の手だと、私は観じていた。いわんや彼ヒトラーに対し、私の日記は「変態的犯罪者」と烙印した。こんなドイツと一緒になって、国運を危うくしてたまるものか。それが私の頭のしこりであった」と述べている。[*48]

さらに、日本では一九三〇年代後半に、ユダヤ人排斥を謳うナチス・ドイツの人種主義とは相反する人種的外交政策ともいえるユダヤ人自治区構想が練られていた。

当時ナチス・ドイツから迫害されたユダヤ人をどう扱うか、一九三七年から五相会議（一九三七―三八）で、対ユダヤ人対策要綱が論議され、満州に逃げてくるユダヤ人は受け入れ、日本内地にも数千人の単位で、ユダヤ人が迫害から逃れるために滞在していた。

このユダヤ人対策要綱は、「河豚計画」（美味で魅力はあるが、一歩まちがえれば死を招く猛毒となりかねない、という意味）と呼ばれ、満州にユダヤ人自治区をつくり移住させれば、ユダヤ人保護の点から人種平等を訴えることができ、それは対英米に対しても有効なプロパガンダとなり、また資金面でもユダヤ系ネットワークからの利益が期待できると考えたからである。ナチス・ドイツはこの計画を批判したが、日本側は内政干渉とした。

結局、構想が練られながらも自治区はできなかったが、日本の陸海軍にはユダヤ問題の専門家がおり、戦時下の満州、日本内地、上海租界に、ユダヤ人が放置の状態で迫害されずにいた事実があった。[*49] 時代はたしかに〝人種にあらずして政治〟の季節を迎えていた。しかし、それでも、その象徴であろう日独伊三国同盟をみても、日独双方に人種と政治は、どうしても乖離し、乖離しえないものがあった。それはこの時代、日独に限ったことではなく、時代的潮流といえるものであっただろう。

本章冒頭で触れたように、一九三〇年代後半の日本は、先進国としての自意識こそあったが、実質は中進国に過ぎなかった。軍事的にも経済的にもとても英米に対抗できるレベルではなかった。だからこそ、その落差や不安を埋めようとするかのように、自意識や対抗意識ばかりが強くなる。ましてや二流意識そのものは、序章から論じてきたように、近代日本の「西洋の権威化」から形成され続けてきた根本的な自己認識であり、一九三〇年代になってドイツから指摘されてはじめて気づいたことではない。むしろそれは、近代日本エリート層の心性には、常に直視しがたい、しかし避けがたい影であり続けてきたことである。

さらに、二流意識にともなう人種的不安感も、日露戦争以降、国際政治に台頭した唯一の「有色人種」として強烈な自負と負い目であり続けてきた。

そのうえで、一九二〇年代後半から次第に形成されていった「天恵貧弱」ゆえの「持たざる国」としての自覚。つまり、一九三〇年代から四〇年代にかけて、日本は「国力」の欠如と「有色人種」という、この二つの変えようもない運命に向き合い、その運命と共に生きざるをえなかった。だからこそ、国外ではマキャベリズムで対抗し、国内では頼るべき「人力」を鼓舞するために精神主義が台頭した。現実主義ゆえの精神主義とは、この時期の日本にとって、いわば結果的必然であった。[*50]

言いかえれば、日本の現実主義と精神主義は表裏一体であったからこそ、「国力」「武力」を問うとき、また精神主義を唱えるとき、さらには外交姿勢にさえ、「人種」がいつも、つきまとう影のように介在したのであった。

「積怨の刃」

果たして人の心情とは、マキャベリズムのためにどれだけ封印しえるものであろうか。

一九四一年一二月八日の真珠湾攻撃の際、第八戦隊首席参謀で海軍中佐の藤田菊一（一八九九―一九八四）は、真珠湾の「奇襲成功せり」との電報を受けた瞬間を、「快なる哉敵は遂に覚らざりしなり「覚えたか亜米利加」三十余年積怨の刃は汝の胸に報ゐられんとすると」と、真珠湾攻撃に秘めた米国への「積怨」を日記に綴っている。[*51]

その二年後の一九四三年五月には海軍大佐となる藤田菊一の日誌は、真珠湾攻撃の年にあたる一九四一年の一一月一三日からのものが防衛研究所に所蔵されている。

第一巻にあたる『藤田菊一日誌　昭和一六年一一月一三日～昭和一七年三月五日』の冒頭には、真珠湾攻撃の「積怨」を示唆する「前記」が次のように記されている。

我人種平等法要求すらも英米連合の反対に遭遇せり之に依り英米に対する我国民の憤懣は漸次増進するに到りしが其後打続き開かれたる華府倫敦両軍縮会議に至りて益〻深まり来れ

り[52]

真珠湾攻撃に込められた「三十余年の積怨の刃」は、遡ればパリ講和会議の人種平等案の「失敗」に始まり、ワシントン及びロンドン軍縮会議での英米の日本に対する圧力によって「益々深ま」っていった情念であった。藤田が「武職」の身分にある以上、その言及を藤田の率直な思いとして捉えられることはできない。本章冒頭でも論じたように、三国同盟には人種的矛盾が見られたが、対英米戦における人種対立は、「聖戦」の正当化を促すプロパガンダとして、また自らを鼓舞する使命感や存在意義を掻き立てるうえで十分に機能したからである。

例を挙げれば、海軍少将の関根郡平（一八八六―一九六四）は、『外交時報』に発表した「東洋対西洋」（一九三九年）の冒頭で、以下のように述べている。

「凡そ有色人種は白色人種よりも劣等であると云ふ観念程、吾々現代日本人の反感を挑発するものはないであらう」。そして、日本が掲げる「東亜新秩序の建設」の意義について、「吾々日本人と多少に拘はらず同じ血液を持つて居るところの東洋民族を解放し救済して東亜の協同体を創造せんとするのに外ならぬ」と、「東亜新秩序」には日本がその指導的立場となって白色人種に対抗する人種的意義があるとした[53]。

また、同志社大学を卒業後、米国コロンビア大学大学院に留学したのち同志社大学教授、神戸女学院大学学長、甲南大学教授を務めた社会学博士の難波紋吉（一八九七―一九七九）は、同じく『外交時報』に掲載した「大東亜戦争と人種戦線」（一九四二年）の冒頭で次のように論じる。

「大東亜戦争は東亜の安定と世界平和を確保するための戦争であると同時に、また有色人種一般特に黄色人種を白色人種の羈束から先づ解放し、かくすることによつて世界的人種戦線を結成するための戦争であると見ることが出来るであらう」[*54]。

さらに、太平洋戦争開戦から二年後の一九四三年一一月九日、東条英機首相はラジオ講演で「人種的差別を撤廃」することにも触れている[*55]。一一月に東条によって発表された「大東亜共同宣言」の第五項目にも、「人種的差別を撤廃」することを目的とした旨が記されており、英米に対抗したアジア主義的人種論が見られるが、日中戦争及び三国同盟など現実的な政治動向を考えれば、アジア主義はあくまでその断片的な一要素に過ぎず、この文言も自己正当化や感情的鼓舞を目的とした枕詞的な口上であった。

「聖戦」

第二次世界大戦も日米開戦もマキャベリズムが支配し交錯する国際政治上で勃発したことであり、人種感情はプロパガンダとして表面化したことは否めない。だが、西洋に直接、間接に接触を持ち、多少なりとも影響を受けてきたエリート層にとって、人種感情は、そういった政治的現実とまったく切り離せるものとは言い切れなかっただろう。

言論統制下の当時において、公に残された言説の真意をはかることは容易ではない。だが、それを示唆する事例として、古屋安雄（一九二六―、上海生まれ）が戦争末期に目にした親米派キリスト者の日米戦争支持の様子が挙げられるかもしれない。

国際基督教大学名誉教授で牧師の古屋安雄は、上海中日教会の牧師を務めた父を持ち、その後プリンストン大学で神学博士号を取得するなど、国際的な生育環境に身を置いた日本人の一人であった。

そんな古屋が青年期を迎えた戦争末期、八〇歳を超えた、ある引退牧師の東京の自宅で、高校生が「日本はこの戦争に勝つでしょうか」と質問をした。そのとき、その牧師は「立ち上がって、こぶしを振り上げながら」、「もちろん、勝ちますよ。有色人種を差別する白人を、神様がいつまでも許しておられるはずがありません。神様は、日本を用いてこの不正義を無くそうとなさっているのです。日本は勝たねばなりません」と答えたという。[*56]

この場にいた古屋安雄によれば、この牧師は若い頃、欧米で人種偏見が顕在化しつつあった一九世紀末期に渡米経験があった。一九世紀末期は、三島弥太郎や内村鑑三が渡米した時期と、ほぼ同時期にあたる。内村の渡米は一八八四年であったが、古屋安雄の父で、上海中日教会の牧師を務めた古屋孫次郎（一八八〇―一九五八）も、一八九九年に渡米し人種差別に遭って以来、「何か西洋人に軽蔑されたりすると、やっつけてやったものである」と語っている。[*57]

古屋孫次郎は常々「日本の使命」を論じていたが、一見強気にみえるその精神的背景には、若き日に米国で培った人種をめぐる悔しさがなかったとは言い切れない。

日米開戦後、日本人のキリスト者たちが、親米派であったにもかかわらず日米大戦を「消極的にせよ支持した」のは人種体験と無関係でなく、先に挙げた「老牧師も、同じような体験をもっているのだろう」と古屋安雄は考察する。

そして、「父をはじめ、戦前の親米派のキリスト者は、こういった人種差別の体験のゆえに、ひょっとしたらこの戦争は軍部が言っているように聖戦ではないか、と思ったのであろう」とし、「親米派のキリスト者までもが、あの戦争に勝つかもしれないと思ったのは理由のないことではなかった」と論じるのであった。[58]

ふりかえれば、日独伊三国同盟の締結時、外相であった松岡洋右も、一八九三年、一三歳でスクールボーイとして渡米し、オレゴン州ポートランドの労働者向けレストランで皿洗いやコーヒーの行商をしながらオレゴン州立大学法学部に入学し、二番目の成績で卒業した際、「どうしても日本人は一番になれんのう」と漏らしていた。[59]

松岡の米国体験は、最も排日機運の高かった時期と場所にあたり、特に労働者層の排日は強く、環境としても日常的に人種偏見に接した日々を過ごしていたのであろう。三輪公忠は、松岡の外交姿勢に「西部の男」的要素がみられたのも青年期の米国での人種体験と無関係ではないであろうとしている。[60]

一九三三年にホノルル日系移民に向けた演説でも、渡米中は人種偏見に遭ったことに触れ、また、松岡は国際連盟首席代表として訪欧した際、年末休暇のイタリア旅行に随行した吉沢清次郎一等書記官に車中で「今の若いものはええのう、劣等感がのうて！」と語ったという。吉沢はのちの回顧談でも、松岡が吉沢ら若手は外交で「いわゆる inferiority complex〔劣等感〕」がないことは羨ましいと語ったことを鮮明に記憶する。[61]

過去の個人的体験や性質がどれだけその後の思考及び行動に影響を及ぼしているかは個人差もあり、また表面的にはいかようにも関係づけられうる。また、それが政治家であればなおさら、単純には言いきれない面もあろう。[62]

古屋安雄の挙げた例は、戦争末期におけるごく一部のエピソードに過ぎず、また松岡洋右の米国体験もあくまで一個人のものに過ぎない。だが、明治以降、多くのエリート層が欧米留学することで社会的上層に位置づけられた系譜を考えれば、過去の欧米滞在経験によって抱いた人種的感情が、戦時期の人種的対抗意識にまったく無関係であったとは言い切れない。人種が煽動性を持つだけに、状況的必要性に応じて引き合いに出される面も否めないものの、人種偏見は「禍根」であり続けたことには変わりがなかったのではなかろうか。[*63] つまり、人種意識は、表面的にはプロパガンダとして断片的に浮上したのであれ、潜在的には常にあり続けた心情だったのではなかろうか。

「夢ならばとぞ思ふ」

事実、一九四五年八月一五日、玉音放送によって「終戦」を知った藤田は、「今に到りては已を得ずとするも光輝ある我国の歴史を汚し伝統を傷くるに到れること残念なり無念なり国民孰かこの不運に泣かざるものあらん」、そして、「我等臣子としてこの四年間大御心を体し得ず殊に武職にある身としてその責を尽し得ざりしこと慚愧の至なり昭和二十年八月十五日何たる悪日ぞ夢ならばとぞ思ふされど現実は冷厳なる事実なり」と、「武職にある身として」、その「冷厳なる事実」を認めながらも「慚愧」に堪えない悲痛を綴った。[*64] そして藤田は最後にこの敗戦をまとめるのであった。

この戦必竟大和民族が尚アングロサクソン民族に及ばざりしための敗北なりされど大和民族は決して劣等民族に非るを思ふ明治維新以来七十余年営々として築き上げたる国力を一朝に蕩尽せりと雖も七十余年の短年月にてかゝる国力を築き上げたる民族の底力は断じて銷磨

せず必ずや戦后の経営に之を発揮しこの悲運を転じて福とし米英を見返す日遠からざるべし[*65]

真珠湾奇襲攻撃は、パリ講和会議における人種平等案以来の英米に対する「積怨の刃」であると綴った藤田菊一は、一九四五年八月一五日を、「何たる悪日ぞ夢ならばとぞ思ふ」と悲痛の念を抱きつつも、この敗戦は、「畢竟大和民族が尚アングロサクソン民族に及ばざりしための敗北なり」と、「大和民族」対「アングロサクソン民族」の戦いには打ち破れることとなったと記している。それは単に人種的な側面だけではなく、その背景と不可分にあった「国力」をめぐるあまりの落差による「敗北」も意味していることは言うまでもない。

藤田の「前記」から一貫して記されてきたのは、パリ講和会議以来、近代日本が抱き続けてきた人種的感情の系譜が、「この戦」にどれだけ関与していたかである。

そして、そのような人種的認識は、昭和天皇が戦後、「大東亜戦争の遠因」として論じた人種的見解と見事に合致していた。

昭和天皇が「日本の主張した人種平等案は列国の容認する処とならず、黄白の差別感は依然残存し加州移民拒否の如きは日本国民を憤慨させるに充分なものである」と、「大東亜戦争の遠因」がパリ講和会議以来、近代日本が蓄積してきた人種的感情によるものであるとの見解を側近に示したのも、昭和天皇自身が、周辺の指導者層の社会的空気にそういった心性の系譜を感じとってきたからだろう。

だからこそ、藤田の人種的言及は、たしかに当時の日本の指導者層に共有されていた人種意識を如実に反映したものだったといえる。

さらに、たとえ「この戦」に敗れても、「大和民族は決して劣等民族に非る」ことを証明する事例として、明治維新以来の日本の急速な発展にみる「民族の底力」を藤田は挙げるが、ここでもやはり日本が英米に対抗しうる力としてみなされたのが「民族の底力」すなわち「人力」であった。藤田の言及を直接的に記せば、結局日本は「この戦」で、人種でも国力でも、アングロサクソンには勝てなかったということだった。

ふりかえれば「要するに力」の時代的潮流は、パリ講和会議以降、顕著になっていった。日本にとって「国力」の欠如と「五大強国」のなかで唯一の「所謂異人種」であることを否が応にも認識させられていったのは、奇しくもこの時期であり、その二つの苦悩は、並行して、また螺旋状のように交錯しながら近代日本エリート層の意識下に形成されていったのだった。

言いかえれば、日本の場合、その国力をめぐり、現実主義ゆえの精神主義が表裏一体になっていたように、人種でも同様に、現実主義ゆえの精神主義が表裏一体になって顕在化と潜在化を繰り返していったのだ。これこそが、唯一の「異人種」として「五大強国」の一国へと上り詰めていった日本の現実であったのだろう。

現実と精神が乖離し、乖離しえないように、マキャベリズムが顕著となる時代でも、人種と政治は乖離し、そして乖離しえなかった。恐らくこころにあるものとは、折に触れて顕在化するが、たとえ顕在化せずとも、それは消滅や封印されるものでもない。常にぬぐいきれぬものとして潜在化しているものなのだろう。武者小路実篤がいみじくも記したように、それこそが人種意識の本質であったのかもしれない。

そして、人間のこころを潜在的に支配するかのような人種意識の本質は、それとは相反するはずの、現実世界を支配するマキャベリズムによって、はじめてその姿が浮き彫りになっていったのだった。

＊1　武者小路実篤「日本人の使命の一つ」『改造』一九三七年八月号、一七七頁
＊2　戸部良一「宇垣一成のアメリカ認識」長谷川雄一編著『大正期日本のアメリカ認識』慶應義塾大学出版会、二〇〇一年、四七頁
＊3　宇垣一成『宇垣一成日記一』みすず書房、一九六八年、三九三頁
＊4　稲田の海外経験は、略歴にある限りでは、一八九三年に大蔵省より印度及び海峡植民地貨幣制度取り調べを嘱託され同地方に渡航、翌年には東京日日新聞社の前身である日報社の社員となっており、海外渡航経験としては一年未満であったようである（「稲田周之助博士略歴」稲田法学博士追悼会編『稲田法学博士論集』巌松堂書店、一九二九年、頁数記載なし）。稲田周之助は一八九〇年に東京法学院卒、新聞記者などを経たのち、母校の教壇に立つ（伊藤信哉『近代日本の外交論壇と外交史学』日本経済評論社、二〇一一年、一九一頁）
＊5　稲田周之助「人種問題の過去及び将来（白人の憂患）」『外交時報』四三三号、一九二二年一一月一五日
＊6　佐藤鋼次郎『呪はれたる日本』隆文館、一九二一年、七〇頁
＊7　以上、伊藤信哉、前掲『近代日本の外交論壇と外交史学』三一五頁
＊8　丸山信編『福沢諭吉門下』紀伊國屋書店、一九九五年、項目四二〇。なお、安岡秀夫は、明治期の官僚政治家である安岡雄吉（一八五四―一九二〇）の実弟で、安岡雄吉の孫婿が安岡正篤（一八九八―一九八三）。安岡秀夫は幸徳秋水のいとこにあたり、幸徳秋水とは幼少期をともに過ごした「竹馬の友」であった（幸徳秋水著、塩田庄兵衛編『幸徳秋水の日記と書簡』増補決定版、未来社、一九九〇年、四二頁）。安岡秀夫の著作には『日本と支那と』（東声社、一九一五年）と『小説から見た支那の民族性』（聚芳閣、一九二六年）がある
＊9　安岡秀夫「一日本人の弁明――英国人並に米国人に与ふる書」『外交時報』四五一号、一九二三年八月一五日、一一八―一二二頁
＊10　安岡秀夫、前掲「一日本人の弁明――英国人並に米国人に与ふる書」一二七頁
＊11　以上、稲葉君山「大亜細亜主義の障碍」『外交時報』四七三号、一九二四年八月一五日、八六―八八頁。本名

は稲葉岩吉。東京外国語学校卒業、内藤湖南に師事、一九〇〇年に北京留学、一九〇八年から満鉄調査部にて「満州歴史地理」編纂に携わる。一九二五年から朝鮮総督府の修史官として「朝鮮史」三五巻を編修、一九三七年に満州建国大学教授（デジタル版日本人名大辞典＋Plus）

＊12 稲原勝治の外交関連著作は二〇作にも及ぶ。『アメリカ民族圏』（竜吟社、一九四三年）に掲載された略歴では、一九〇七年にスタンフォード大学政治学科卒業、一九〇八年にハーバード大学政治経済学科卒業とあるが、稲原のいう「卒業」の厳密な意味は明らかではない。さらに稲原は『英文日本年鑑』『英文南方年鑑』、英文雑誌『コンテムポラリー・ジャパン』を主宰した（『アメリカ民族圏』参照）

＊13 以上、稲原勝治「米国の排日は人種戦争也」『外交時報』四六七号、一九二四年五月一五日、三二頁

＊14 稲原勝治『外交読本』外交時報社、一九二七年、二五八、二五九頁

＊15 松原一雄「色の世界」『外交時報』五〇五号、一九二五年一二月一五日、三四頁。なお、松原一雄は一九〇二年東京帝国大学法科大学卒、同年秋に文官高等試験に合格、東京法学院（現・中央大学）で国際法専攻、一九〇四年一〇月には外交官及び領事官試験に合格、翌月外務省入省。長春領事、通商局第一課長、オランダ公使館書記官、一九二三年に駐独大使館参事官を最後に退官後、日本大学と中央大学の教授に就任した（伊藤信哉、前掲『近代日本の外交論壇と外交史学』一一九頁）

＊16 高木信威「日本の進むべき大道」『外交時報』五七四号、一九二八年一一月一日、九頁

＊17 このような人種的位置づけないしは地位に対する神経過敏さは、排日移民法施行後も改訂工作を模索していた日本政府の動きにもみられることであった。一九二七年、澤田節蔵（一八八四―一九七六：澤田美喜の夫）のワシントン在任二年目に、早稲田大学野球部が訪米し、一二、三の米国大学チームと試合をした。大使館側はその調整に関与していなかったが、早稲田チームがワシントンの黒人大学で試合をすることが新聞掲載された際、大使館嘱託のフレデリック・モーアが「黒人大学で競技をすることは自分等も黒人と同様だということを認めることになり、日本人移住者を黒人同様に差別阻止している移民法の改訂を求めている大使館の工作を根こそぎ崩すものだ」と強く反対した。もちろん、それは米国における黒人問題と無関係ではなかったが、日本の人種的位置づけが不安定である最中、日本人が黒人と関わりを持つことは不利になりうるとの認識はある程度共有されていたと考えられる。事実、その後、澤田が知人の、テネシー州の黒人大学学長から講演依頼を受けた際、個人的には快諾したかったが、「大使館の責任者である私が黒人学生と懇談することになれば、モーアの憤激はもちろん、悪くすれば移民法改訂工作も水泡に帰するかも知れないという気分が高まってきた。ワシントンでの事務が山積しているとの理由で招待を断ったが、人種差別に反対する者が差別的な決定をしたのは残念である」と回顧している（以上、澤田壽夫編『澤田節蔵回想録――一外交官の生涯』有斐閣、一九八五年、九九、一〇〇頁）。回想録を見る限り、澤田自身に人種的差別意識は見られず、

白人に対する劣等感も、有色人種に対する優越感も見られない（駐在中、澤田家のもとで実によく働く黒人女中についても、その前の女中であった「ドイツ系アイルランド系白人娘よりずっとよい手伝いをしてくれた」と記している（澤田壽夫編、同書、一〇〇頁）。それは、本書後半で論じる夫人の澤田美喜による敗戦後の「混血児」養護施設の設立運営並びに「混血児」の渡米のための移民法改訂へのさまざまな尽力にも十分裏付けられているといえるだろう。しかし、澤田は個人として人種差別意識を持っていなくても、公人として差別的行動を選択せざるをえず、それはどれだけ日本政府が日本の人種的位置付けの不安定さに神経過敏であったかを物語るものでもあった

＊18　以上、田中都吉「外交戦に於ける日本の地位に就て」『外交時報』七一三号、一九三四年八月一五日、五七―五九頁。田中の経歴はデジタル版日本人名大辞典＋Plus

＊19　同前、五八頁

＊20　身長が一八五センチ・体重一〇〇キロもある豪傑でスポーツマンとして知られ、フランスのリヨン大学では日本人として三人目の博士号取得者となり、一九二七年には国際連盟事務局次長を務め、一九三三年にはＩＯＣ委員も務めた外交官・杉村陽太郎（一八八四―一九三九）は、「正義の剣は全有色人種のために」と見出し、「我国策窮極の目標は有色人種の長者又は指導者となり彼等の発達を誘導輔翼するにある」、そして「日本の極東に於ける使命は後進民族を指導啓発してアジア文明の光を以て世界の文化と人類の進歩とに貢献することである。故に濫にアジアの平和を紊しアジア人を蔑視し奴隷視するものは日本の敵である」と、田中と同様の意見を論じている（杉村陽太郎『国際外交録』中央公論社、一九三三年、三六三頁）

＊21　武者小路実篤、前掲「日本人の使命の一つ」一七六、一七七頁

＊22　以上、同前、一七七、一七八頁

＊23　駐米日本大使・子爵・珍田捨巳講演「日本文化の平和性」、一九一二年四月二五日、カーネギー・インスティチュート創立第一六回年次祝賀大会で行った際、その講演の結語で、日露戦争後に勃発した「黄禍論」のような日本人に対する人種偏見について「猶ほ今日に於てもしばしば其のハイドラにも似た奇怪な頭を擡げるのを見るのであります」と触れた（菊池武徳編『伯爵珍田捨己伝』共盟閣、一九三八年、一六二頁）

＊24　日英同盟をめぐる人種的側面に関しては、アンソニー・ベスト著／松本佐保訳「日本における汎アジア主義と英国――一八九五～一九五六年」松浦正孝編著『アジア主義は何を語るのか――記憶・権力・価値』ミネルヴァ書房、二〇一三年、二四〇―二五四頁を参照

＊25　詳しくは相澤淳『海軍の選択――再考真珠湾への道』中公叢書、二〇〇二年を参照

＊26　『重光葵著作集一　昭和の動乱』原書房、一九七八年、九二頁

＊27　日独伊三国同盟が人種的観点からの解釈において困難であったのはドイツ・イタリアにとっても同様であった。

「人種主義などは自国民への説得に使用することはできても、他国とりわけ欧米諸国に対しても同じように主張することは困難であった」（石田憲「同床異夢の枢軸形成――一九三七年のイタリアを中心に」工藤章・田嶋信雄編『日独関係史　一八九〇―一九四五』第二巻、東京大学出版会、二〇〇八年、九一頁）。ドイツもイタリアも同盟締結にあたり、「人種主義の見地からは日本をふくめることに大きな問題が存在し」、協定交渉中には、「ムッソリーニとヒトラーは「黄色人種の帝国」設立には反対のはずである」との新聞報道がミュンヘンでなされ、それは日本にも伝えられたが、アウリーティ駐日（伊）大使はこれは日本の「偏見」を助長したものであると報告した。特にイタリアは、第二次エチオピア戦争（一九三五―三六年）前に過激な「黄禍論」を喧伝したことで、日伊関係が一時険悪化していた（以上、石田、同書、九八頁）。また「人種主義の問題は独伊両国間でも深刻な議論となっていた」（同書、一三〇頁）

＊28　風見章「序」、アドルフ・ヒトラー著／大久保康雄訳『わが闘争』三笠書房、一九三七年、一頁

＊29　先述した室伏高信は、明治大法科中退後、時事新報、朝日新聞などの政治部記者を経て、第一次世界大戦期に『改造』の特派員として渡欧した経験を持つ国粋系保守の評論家である。『亜細亜主義』（批評社、一九二六年）などの著作を持ち、当時著名な論客の一人ではあった。満州事変以降軍部とのつながりを深めながら戦争不利を知ると隠遁し、戦後は思想転換し戦時中までの仲間を罵倒するなど、相当の日和見的傾向があった。

＊30　真鍋良一「訳者序」アドルフ・ヒトラー著／真鍋良一訳『吾が闘争』上、興風館、一九四二年、一二、一三頁所収

＊31　日本のアジア主義に対する英国の反応に関する研究としては、アンソニー・ベスト、前掲「日本における汎アジア主義と英国――一八九五年～一九五六年」二四〇―二五四頁を参照

＊32　等松春夫教授による英国外務省資料（ＦＯ三七一）調査によると、英国側は、日本蔑視ゆえの削除部分に解説をつけて、パンフレットを作り、米国の西海岸の数ヵ所から、日本の政府・軍部・指導者層に送りつければ検閲に引っ掛からないであろうとの動きあったが、途中で消えてなくなる

＊33　「Japan is the only non-white first-class Power. In every respect, except the racial one, Japan stands on a par with the great governing nations of the world. But, however powerful Japan may eventually become, the white races will never be able to admit her equality.」（1921）Lauren, *op.cit.* p104,（サーラ・スヴェン「岐路に立つ日本外交――第一次世界大戦末期における「人種闘争論」と「独逸東漸論」」環日本海学会編集委員会編『環日本海研究』環日本海学会編集委員会、二〇〇二年八号、一七頁）

＊34　さらに垣間見られる英国の日本蔑視としては、石射猪太郎の英国在勤中の二つのエピソードが挙げられる。「ある時、ある婦人名の手紙が、大使館に舞い込んで来た。あけて見るとその文面に、自分はかつてアフガン王宮、

ペルシャ王宮に儀礼師範として招聘され、宮廷内の指導には多年の経験を有する者である。日本宮廷においても、同様の指導を必要とするだろうと思う。ついては自分を招聘されてはいかが、せいぜい日本皇室を立派にお躾けしてあげる、とある。この手紙には恐れ入った。日出ずるところの帝国も天子も、この婦人の眼にはアフガン、ペルシャの列を出ないのだ。この種の手紙は、これ一通だけだったが、イギリス民衆の対日本観に触れたような気がしてならなかった」（石射猪太郎『外交官の一生』中公文庫、一九八六年、一七五、一七六頁）。また、英国では、三、四年前、日本の固陋な風習を論じた『きもの』という英文小説が大いに売れ煽動的な読み物として知られたが、それは、前英国外務省極東課長ガトキン氏が日本在勤中の見聞に基づき、ペンネームを用い、出版したものと言われていた（石射、同書、一八〇頁）

＊35　真鍋良一、前掲「訳者序」一九、二〇頁

＊36　翌年の一九四三年にも真鍋良一訳の邦訳書が再版されるが、削除は同様であった

＊37　「序文」、『我が闘争』第一巻上、東亜研究所、一九四二年、一、二頁

＊38　以上、阿川弘之「私の履歴書」『桃の宿』講談社文芸文庫、二〇一〇年、四九頁

＊39　ある製菓会社は日独伊三国同盟締結記念の絵画コンクールを主催した（片山杜秀『ゴジラと日の丸』文藝春秋、二〇一〇年、一六八頁）

＊40　戒能通孝「日本民族の自由と独立」『改造』一九五〇年二月号、九、一〇頁。戒能通孝は一九四九年には早稲田大学教授、一九五四年には東京都立大学教授となり、全八巻の著作集がある

＊41　石原忍「黒い眼と青い眼」『少年倶楽部』一九三七年一二月号、三九七頁。同号に掲載された「日本と仲よしのイタリヤ首相とドイツ大総統」は頁数なし。片山杜秀によると、戦時期、葉山英二による児童書『日本人はどれだけ鍛へられるか』（新潮社、一九四三年）が刊行され、そこでも日本人は白人より視力がよく、白人に勝るといった議論がなされていた（片山杜秀、前掲『ゴジラと日の丸』二八二頁）

＊42　あるドイツ人の小学生が、日本人から日本の写真集をもらったところ、学校の教師から「それは劣等な人種の風俗や習慣をうつしたものだから棄ててしまえ」と言われており、ナチス・ドイツの日本人蔑視は教育者にも浸透していた（鈴木東民「ナチスは日本に好意をもつか」文藝春秋編『「文藝春秋」にみる昭和史』㈠、文春文庫、一九九五年、二六二頁

＊43　同前、二六二―二六八頁

＊44　鎌田慧『反骨――鈴木東民の生涯』講談社、一九八九年、一八八頁

＊45　たしかにこの時期、日独親善を図るさまざまな催しが企画されたが、そのひとつに一九三七年、日独親善を目的とした日独合作映画『新しき土』（ドイツ版のタイトルは『サムライの娘』）があった。この映画は日独合作とはい

え、日本側の監督である伊丹万作（伊丹十三の父親）は、ドイツ側の監督であったアルノルト・ファンク（ドイツ山岳映画の巨匠）の描くごちゃ混ぜのジャポニズム的風景（京都の家の背景に宮島の厳島神社が映しだされるなど）に耐えきれず、結果的には日本版とドイツ版の二作が製作される「同床異夢」の作品となった（平井正『ゲッベルス——メディア時代の政治宣伝』中公新書、一九九一年、一八二頁）。また、ドイツ版の内容は、渡独した日本青年・輝雄（小杉勇）が恋人（ルート・エヴェラー）を連れ帰国したものの、輝雄には許嫁（原節子）がおり、その父（早川雪州）も輝雄の帰国を待っていたが、輝雄はドイツ留学によって日本の家父長制度に厭気をさし婚約解消を試み、その輝雄にドイツ人女性も非難し、許嫁は火山に身を投げようとするものだった。さらに、そこで描かれた日本は、日常的に火山が噴火し、地震が続き、台風が襲来し、日本本土は壊滅状態に陥り、人々は「新しき土」を求め、満州へ移住する話であった（片山杜秀『新しき土』恐るべし——もうひとつの『日本沈没』」、前掲『ゴジラと日の丸』一七九、一八〇頁）。ドイツ版のジャポニズムも、ナチスの領袖であり宣伝工作に長けたゲッベルスが、もとよりドイツ人が日本人に対して持つ人種的侮蔑感情をどうにか「サムライ」イメージでカバーしようとした狙いもあったようである（平井、同書、一八一頁）。いずれにせよ、ドイツ側の映画には、日本が日独の同盟に対し抱いたような熱気なり崇拝なり、親善意識は見出せるものではなかった

＊46　ヒュー・トレヴァー＝ローパー解説、吉田八岑監訳『ヒトラーのテーブル・トーク』下、三交社、一九九四年、一六三頁

＊47　以上、前掲『重光葵著作集一　昭和の動乱』九二、一五〇頁。また、シンガポールが陥落した際、チャーチルは落胆したが、ヒトラーも衝撃を受けた点や、ヒトラーは日本蔑視をする傍ら、対英和平交渉には努力していた点などを考えれば、人種的要因と無関係とは言い切れないかもしれない

＊48　石射猪太郎、前掲『外交官の一生』三六六頁

＊49　「河豚計画」に関してはマービン・トケイヤー、メアリー・シュオーツ著／加藤明彦訳『河豚計画』日本ブリタニカ、一九七九年。また、ヘブル大学のベン・アミ・シロニーによるJews in Japan. ほか、手塚治虫『アドルフに告ぐ』は、神戸に住むユダヤ人の一家に関する作品でゲシュタポの日本支部のような役割をしていた様子がよく調べられよく書かれている

＊50　「持たざる国」ゆえに精神主義へと傾いていった思想的傾向については片山杜秀『未完のファシズム』新潮選書、二〇一二年を参照

＊51　藤田菊一『藤田菊一日誌　第一巻　昭和一六年一一月一三日〜昭和一七年三月五日』三九頁、防衛研究所蔵

＊52　同前、五頁

＊53　関根郡平「東洋対西洋」『外交時報』八二八号、一九三九年六月一日、八〇—八三頁

＊54　以上、難波紋吉「大東亜戦争と人種戦線」『外交時報』八九三号、一九四二年二月一五日、二二頁。さらに難波は、「試みに見よ、現在の世界が如何に白色人種優越の世界であるかを」と記し、日本はこの「白色人種優越の世界」「白色人種の政治的支配」への対抗であり「挑戦」を試みようとしているとした（難波、同論文、二三、二五頁）。難波の経歴については『日本人社会学者小事典』http://www.artdai.com/mon/econ/archives/2005/05/post_79.html【二〇一三年三月二二日閲覧】

＊55　清沢洌『暗黒日記Ⅰ』ちくま学芸文庫、二〇〇二年、三三五頁

＊56　古屋安雄「親米派キリスト者の戦争協力」『キリスト教と日本人』教文館、二〇〇五年、八四―八六頁

＊57　古屋孫次郎『日本の使命と基督教』不二屋書房、一九三四年、三、四頁

＊58　古屋安雄、前掲『キリスト教と日本人』八四―八六頁

＊59　松岡洋右伝記刊行会編『松岡洋右――その人と生涯』講談社、一九七四年、四七頁

＊60　三輪公忠『松岡洋右』中公新書、一九七一年、三六頁

＊61　松岡洋右伝記刊行会編、前掲『松岡洋右――その人と生涯』四六八頁

＊62　同じくスクールボーイとして渡米し人種差別を受けたことのある清沢洌は、松岡が一九三〇年代前半に大衆から絶大な支持を受けたことを次のように分析した。西洋学問を「土台」にした「青白きインテリ」は「西欧自由主義を無批判に信奉する」者が多い一方、大衆は「日本主義を根底」としていたため松岡が「時代の寵児」となったのは、両階級が明確に分化した時期に指導的立場を発揮したからだった（以上『松岡洋右――その人と生涯』五三五頁）

＊63　内田寛一「世界の禍根たる人種諸問題」『外交時報』七四二号、一九三五年一一月一日、一四三頁。内田寛一（一八八八―一九六九：佐賀県出身）は京都帝国大学卒の地理学者。東京文理大助教授を経て東京教育大学教授。日本地理学会会長、日本地理教育学会会長（デジタル日本人名大辞典＋Plus）

＊64　『藤田菊一日誌　第一二巻　昭和二〇年六月一日～八月二二日』、九四、九五頁、防衛研究所蔵

＊65　同前、九六頁

第5章 敗戦と愛憎の念

日本人にとって敗戦は、軍部の解体や連合国軍による占領を意味しただけではなく、それまで日本人が抱いてきた日本人としての規範、価値観、自己認識、すべてに不信と疑念を抱き、日本人が日本人自身を否定したことを意味した[*1]。

ダグラス・マッカーサーの証言、

米上院軍事外交合同委員会公聴会で、一九五一年

ふたりの写真——昭和天皇とマッカーサー

「転向」の構造

日本の人種意識を考えるうえで、一九四五年（昭和二〇）の敗戦が決定的な影響力を与えたことは、本書が詳細を説明するまでもないだろう。それは誰の目からみても歴然とした「力」による勝敗であった。そして、異人種に占領されるという、いまだかつて日本が経験したことがない時代を迎えたからである。

約二〇万弱の占領軍が駐留したことは、それまで外国人をみたことがなかった多くの日本人が、日本国内で、白人及び黒人を目にし、人種的差異というものを目の当たりにすることを意味した。それも、彼らは単に人種的に異なるだけではなく、勝者であり、支配者であった。

敗戦・占領期日本の人種意識は、単に米国人と日本人、アングロサクソンとモンゴロイドといった二項対立ではなく、勝者と敗者、占領者と被占領者との「力」をめぐる明確な関係性が成り立ち、交錯していた。そのような、いわば絶対的な権力関係のなかで、日本人はいかなる人種意識を形成していったのであろうか。

ここで時代的傾向のひとつとして挙げたいのが、敗戦直後から日本人のあいだでみられた、露骨な「転向」ともいわれる、マッカーサー及び進駐軍への熱狂的支持と、米国への崇拝である。[*2] それは、当然ながら米国側の物資支援やインフラ整備に徹底した情報統制、さらには天皇制の維持とその利用など占領政策としての成果でもあった。

とはいえ、米国が、敵国であることに変わりはなかった。直接的であれ間接的であれ、夫、息子、身内、近親を殺めたであろう米軍を、なぜ日本人はかくも崇拝し、熱狂的に支持できたのであろうか。

それぞれの体験と感覚には、当然ながら個人差をともなう。また、かくも絶対的な権力関係が成立しているなかで、人種意識をどれだけ中立的に論じられるのか、容易ではないだろう。

しかし、これまで本書で論じてきたように、そもそも人種意識とは、人々があらゆるレベルの、広義の意味での人種体験を通じて、無意識的に形成し共有している社会的空気のようなものでもある。そして、敗戦・占領期が日本人の人種意識に及ぼした影響とは決定的なものがあった。清水幾太郎は、敗戦・占領期をもって、それまで形成されてきた日本人の人種意識の「総決算」を迎えたと記したが、その諸相はいかなるものだったのか。

本章では、敗戦・占領期における日本人の顕著な意識変容とされる「転向」や、その背景、そしてその「転向」に著しい役割を担ったとされる昭和天皇の諸相を通じて、敗戦・占領期における社会的空気に、いかなる人種意識が介在し、反映、形成されていったのかを考察したい。

玉音放送の涙

一九四五年八月一五日の正午、玉音放送がラジオから流れた際、人々が涙を流し、地に伏せた姿が知られるが、その涙とは、いかなる感情によるものだったのだろうか。

昭和天皇の肉声によって伝えられた敗戦は、悔しさや情けなさをともなうものであっただろうが、軍部主導の開戦以来、犠牲という二文字では到底語りつくせぬ被害を受け続け、衣食住すべてに欠乏せざるをえなかった多くの日本人にとって、「敗戦」は心情的には受け入れがたかったとしても、生理的には底知れぬ安堵をもたらすものであった。[*3]

津田左右吉（一八七三―一九六一）は、八月九日にソ連が対日宣戦したことを知り、「またしても、政府は日本をどうするつもりかと思はずにはゐられなかつた」。そこで八月一五日が訪れ、玉音放送を聞いた際、「すこしのうちはぼんやりしてゐたように思ふ。さうして、初めて明かに意識せられたことは、ほつとした気もちであつた。まあよかつた、日本は破滅を免れた、といふ感じである。次には、なさけない日本のあはれな姿が今さららしく目に浮んで来た」。[*4]

敗戦を頭で理解しようとすれば、「なさけない日本のあはれな姿」が思い浮かんだが、津田左右吉にとって、八月一五日に感情としてまず先行したのは「日本は破滅を免れた」ことからくる「ほつとした気もち」であった。

また、椎名麟三（一九一一―七三）は、玉音放送を町のみなで聞いたとき、「みんな泣きましたよ。解放感のあまり泣いたのか、悲しさのあまり泣いたのかわからぬが、とにかく泣いた。おれはよかつたなと思つた。よかつたなというのはうまく説明できないけれども、解放感でもないな。何か重いものが一つ自分の体からはずれたと感じたくらいなもので、それほど感動もしなければ、それほど解放感も味わなかつた。ただみなが泣いているのを不思議そうに眺めていただけだ」[*5]と回想する。

玉音放送によって知った敗戦に対する無感動ともいえる反応は、当時軍部からのあらゆる抑制や強制によって身につかざるをえなかった戦時中の「習性」や、戦時期の異常な状態による精神的麻痺のようなものからくるものだっただろう。[*6]

事実、梅崎春生（一九一五―六五）によれば、当時「やっぱり解放感を率直に顔に出すのを憚るような雰囲気があつた」。武田泰淳（一九一二―七六）も、「そりやあるよ、急に出してはまずい。それはだれでもそうだろうけど、心の中は何となくにこやかになつたかもしれぬな」と、梅崎と同様に、敗戦時、人々のこころには、解放感がたしかにあった。[*7] 戦時期の異常な事態を考えれば、その終結の形が何であれ、「解放感」を生理的に感じなかった人間はいなかっただろう。

他方で、徳川夢声（一八九四―一九七一）は、次のように戦争末期の自身の精神状態を回顧する。

> 吾々にしても、空襲の始めには罹災者に同情して、胸の迫るものがあったが、終戦近くになると、知人が爆死しようが、一向感動しなくなったと言ってよい。隣り町まで焼けて来ても、吾が町が焼けなければ、めでたしめでたしであった。一概にこれを利己的とは言いきれない。自分の家も、いつ焼けるか分らず、自分の命もいつ失われるか分らぬ、という状態が続くと、人間というものは、そういう風になるものである。[*8]

遠藤周作も、『黄色い人』（一九五五年）のなかで、戦争末期の様子を「死んでいく人が余りに多い今日、ぼくには人々が死ぬことが当然のようにさえ思われ」たと記す。[*9]

また、吉行淳之介は、大空襲のとき、頭の上に座布団を乗っけながら、頭上を飛行するＢ29を眺めていたときのことを、「なにかとてもきれいだったな、Ｂ29というのは。あのときの精神状態は、やっぱりふつうじゃないね。どうでもいいやという気持と、それから自分には爆弾が当たらないという気持もあったのかな。何だろうね」と言うと、北杜夫は「なにか痴呆した楽天主義みたいなものがありましたね」と語る。[*10]

米軍の日本本土への無差別爆撃によって非戦闘員の死者が急激に増加した戦争末期は、餓死寸前の、生きながらにして死んでいた状態であった。[*11]ゆえに、椎名の「無感動」や言いようもない感情も、それだけ当時人々が置かれた状況が、異常事態にあったこと、またそれだけ尋常でない精神状態にあったことを指し示している。

日本本土の焦土化は、米軍の爆撃だけでなく、日本の軍部並びに行政機関が強制的に建物や家屋を破壊した強制疎開もあり、人々は米軍の攻撃のみならず、日本の軍部並びに政府による直接的被害にも遭わざるをえなかった。[*12]

要するに、戦争末期、多くの日本人が経験した時間とは、軍部や政府に対する厭気と不信、空腹と過労による疲弊と死と隣り合わせからくる恐怖と諦観、そして精神的麻痺をともなった、すべてがただ壊滅へと向かっていく瞬間の連続であった。

まぶしさ

したがって敗戦直後、もはや日本人には、米国に対する敵意などもちえる余力すらなかった。同時に、そのときの日本人は政府に対する不信感と諦観、日本の軍部に対する反感や厭気こそあれ、もはや日本人には米軍へ敵意を持つ気も力も残されてはいなかった。よって、敗戦は、まぎれもなく日本の降伏にあったが、個々人の人生においては、それまで自身に覆いかぶさっていたあらゆる悲惨さや困窮、そして死の恐怖からの解放であり、進駐軍の存在は、それだけで希望を意味した。

政治評論家で作家の戸川猪佐武（一九二三—八三）は、占領期に日本人の親米感情が急速に形成されていったことについて、「米軍側からいえば、食糧や衣料の放出政策、予想外な軍規保持の効果があつたからだといえよう。だが日本側からいえば、反軍厭戦の感情がすでに敵慨心を消失させていたのである」と回想する。[*13]

徳川夢声が一九四五年二月一七日に記した娘たちの様子にも、「アメリカ人を憎むという気もちが若い女たちには殆ど無いように見える。吾々自身にしてもアメリカ人を憎悪する点においては未だしであるが、娘たちの場合はそれが甚だしい」と、「鬼畜米英」は、少なくとも一般の人々のあいだには、浸透しきれないものがあった。[*14]

また、敗戦が公に知れ渡った八月一五日、徳川夢声やその隣人のあいだでは、早速、自分たちが住む杉並区はどこの軍に占領されるのかが話題となるが、「どうも重慶はイヤだねえ」という隣人に、夢声は「まったく、重慶はイヤだね。いっそもうアメリカ軍にしてもらいたいよ」と言った。そして「いっそ、毛唐なら毛唐で諦めがつく。よく日支は兄弟というが、こんな場合は、肉親に財産を横領されるより、他人様相手の方が苦痛は少い。血の近い、嫌悪というやつであろう」と記している。[*15]

夢声にも、「鬼畜米英」は見られず、同じ人種であるはずの中国人に対する「血の近い、嫌悪」のほうが根深かった。ただ、中国人に対する夢声の「血の近い、嫌悪」は、むしろ日本人が日本人自身に対して感じていた自己嫌悪の投影のようなものでもあっただろう。

事実、その約二週間後の八月二九日、夢声は、電車に乗っても街中を歩いても、「この頃の日本人の顔は、実に情けなくなる」もので、「チンパンジーとそっくりの爺だとか、虫みたいな顔をした産業戦士とか、ボラみたいな女房とか、どう見ても戦争に勝つ国の顔でないのが充満している。まさに劣等民族であるという気がしてならない。〔中略〕確かにこれらの顔を透して、日本の戦敗を直感していた」。

夢声は、自分も日本人でありながら「日本人の顔が厭でならない」のは甚だ不謹慎であるとするものの、「日本のものは何でも最高である、という盲目的自信が、日本を戦敗に導いたのであると思う」と付け加えている。[*16] 底を突いた貧困と絶望にある敗戦国民であることは、日本人自身からみても、その風貌に顕著にあらわれていた。

連合国軍最高司令官のダグラス・マッカーサー（一八八〇―一九六四）が厚木飛行場に降り立ったのは、その翌日の八月三〇日のことである。

近く米国の占領軍が進駐してくることを聞き、人々のあいだでは当然、占領される側としての不安や恐怖感もあっただろう。戸川は、マッカーサーが厚木基地に降りてきたこの日、「日本人の眼には、不安と恐怖と、その反面、希望と期待と、複雑なかげが宿つていた」と記している。[*17] そして、敗戦直後、ジープで日本に進駐してきた米兵たちの姿は、あまりにもまぶしかった。

米兵の多くは日本人よりもはるかに背が高く、たくましい体格を持ち、堂々たる振る舞いをするかのようにみえた。占領期、進駐軍は意識的に日本でパレードを行い、陸軍の機械部隊を前面に出すことで視覚的にも日本人を圧倒させその力の誇示を意図的に行っていた。日本人は日常的にみかけるジープに乗る米兵の様子や、機械化された軍隊が象徴する「力」に圧倒的な衝撃を受けた。[*18] さらに、占領と同時に日本にもたらされた大量の食糧は、たとえそれがいかに劣化したものであっても、まぎれもない生命の糧となった。

かろうじて生き残った日本人と進駐してきた米国人の現実にあったその落差はあまりにも歴然としており、作家の日野啓三（一九二九―二〇〇二）は、「敗戦直後にジープで入ってきたアメリカ兵の頬の色、闇市に並んだ煙草「ラッキー・ストライク」のあの鮮烈なデザイン」をみて、「負けるべくして負けた」と痛感した。*19

また、トヨタ自動車最高顧問の豊田英二（一九一二―二〇一三）は、占領期に渡米するとき、パスポートには「日本人」と書かれておらず、「連合国軍最高司令官の命令何号に基づく日本人」と長々と記されたうえ、人種は「モンゴリアン」と記され、明らかに「一人前扱い」されていないことに「ショック」を受けた。*20

当時、三〇歳を過ぎた豊田が、右のようなＧＨＱ（連合国軍最高司令官総司令部）の表記や「モンゴリアン」と表記された自身のパスポートをみて受けた「ショック」は、単にパスポートの字面だけによるものではなかっただろう。敗戦を機に、さまざまな場面で見せつけられた進駐軍と日本人の悲惨なまでの格差と落差が、背景にあったことはあらためて言うまでもないだろう。

そういった格差や落差に対し、どのような感性と態度を見せたかは、年齢と階層、また地域や性差によっても大いに異なるだろう。しかし、これまで外国人すらみたことがなかった多くの日本人は、廃墟に突如として現れた米兵たちの肉体、ジープ、食糧、物資、文化、そのすべてが放つ圧倒的なまぶしさに、勝者としての米国を、そして敗者としての日本を認めざるを得なかった。

「天皇と外人」

次に、進駐軍は、自らの権力を視覚的に日本人に訴える手段に長けていたが、なかでも日本において、圧倒的な影響力を持ったのが、一九四五年（昭和二〇）九月二八日以降に新聞紙上で公にされた、マッカーサーと昭和天皇が並んだ写真であった。

それは、単に人種的差異が映し出されていただけではなく、その背景には絶対的な権力関係があり、勝者と敗者としての権力関係と人種的差異が、交錯するように、また密接に相互関与したうえで、日本人に対する強力な視覚的メッセージとなって全国に流布したのであった。マッカーサーと昭和天皇の写真は、一九四五年九月二七日午前一〇時、米国大使館で行われた第一回会見時に撮影されたものである。その写真は、翌二八日の新聞に掲載されたものの、政府は「天皇と外人が、肩を並べて写っている」ことに驚愕し、山崎巌内相がその夜遅く、読売、朝日、毎日の三大紙に発売禁止処分を命じた。しかし、GHQは二九日午前、「新聞、通信の自由に対する一切の制限の撤廃」を指令し、三〇日以降、この写真は広く国民に知られることとなった。[*21]

占領期、GHQは占領に不利になる情報に対しては徹底した統制を行っており、広島・長崎の原爆関連報道を一切禁じ、進駐軍による悪行や暴行はもちろんのこと、またそれにより生まれた約二〇万に及ぶ「混血児」に関する情報も公にすることはなかった。

GHQの情報統制において、昭和天皇とはきわめて重要な媒体であったことは間違いがない。米国側は、かねてから敵国である日本に関する調査を進めていたが、真珠湾攻撃や特攻隊など、日本の狂信的行動ともいえる姿勢を支える精神構造の一端に、天皇制と天皇を「現人神」とする日本人の価値体系があると認識していたからである。

天皇制をめぐっては、米国国務省内でも、ジョセフ・グルーなど知日家による擁護派と、親中派による反対派とに分かれ、反対派のあいだでは、ヒトラー、ムッソリーニに次いで、昭和天皇の絞首刑を訴える声があがっていた。

しかし、マッカーサーは、自身の軍事秘書であり側近であったフェラーズをはじめとする日本通から、天皇制の維持は日本占領を円滑に行ううえで、さらには対ソ・反共政策としても最も効力を発揮しうる手段であるとの示唆を受けており、マッカーサー自身、その実質的価値と有効性を見出していた。[*22]

図7　マッカーサーと天皇

手中にあった震え

ただ、敗戦から第一回会見時にいたるまで、日本側には、昭和天皇がいかなる処分を受けるのか、昭和天皇はもとより側近及び政府関係者は不安のなかにあった。昭和天皇は国家元首であり、その戦争責任をめぐって、さらには昭和天皇及び天皇制をめぐるすべてが、米国側の、マッカーサーの手中に、そして決断に委ねられていた状況であったからである。よってその不安のなかマッカーサーとの会見を米国側に求め、打診したのも日本側であった。

当時の侍従長であった海軍大将の藤田尚徳（一八八〇―一九七〇）は、その会見に向けて事前にマッカーサーを訪問すべく、九月二〇日、「陛下の使者」として、モーニングにシルクハットを着用し、「威儀を正して」、ＧＨＱに向かった。

藤田の訪問は、事前に宮内省及び外務省の係官がＧＨＱ側に打ち合わせられたものであったが、藤田が到着すると、面会までしばらく待たされ、「いやしくも陛下の使者である」にもかかわらず待たされたことに、藤田は「情ない気持ちであった」[*23]。結局、交渉の結果、昭和天皇が米国大使館を訪問することが決まる。

一九四五年九月二七日、午前一〇時、米国大使館で昭和天皇を出迎えたのは、マッカーサーの側近であるフェラーズ准将とバワーズ大尉の二人であり、マッカーサー自身は廊下の途中で、昭和天皇を出迎えた。「元帥は陛下の震える手を両手でとって握手し、陛下はそうしながらも低くお辞儀をなさるので、結局、陛下の頭の上で握手するような形」となったと、後年バワーズは回顧する。[*24]

昭和天皇の手は、マッカーサーの側近にもわかるほど震え、その震える手がマッカーサーの両手に握られていながらも、最敬礼をしようと努めたその姿は、そこに文化的な差異もあるとはいえ、自らの処分及び日本の命運を握る勝者を前にした敗戦国の国家元首として、ある種当然の、そして必然的な振る舞いだったかもしれない。

写真は、この握手ののち、応接間に移動した際に撮影された。昭和天皇の震えは写真にこそ映し出されていないが、昭和天皇の手は、撮影後、応接間でマッカーサーと通訳の奥村勝蔵と三人のみとなり、マッカーサーが昭和天皇にたばこを差し出し、火をつけようとした際も、マッカーサーが気づくほど震えていたという。[*25]

しかし、写真を通じてでさえ誰の目からみても明らかだったのは、マッカーサーと昭和天皇の、あまりに歴然とした身体的差異、つまり背丈の高低、体格の大小、服装からみうけられる上下関係、そして精神的ゆとりを感じさせるマッカーサーのいで立ちの隣で硬直した姿で立つ昭和天皇の姿であった。

いうまでもなく、誰がみても瞬時に情報を得ることのできる写真は、見る者の立ち位置によってさまざまな解釈を可能にさせる一面も持つ。

藤田は自身の著作で、この日に撮影され翌日以降、新聞報道に流布された昭和天皇とマッカーサーの写真が、「いかにもゆったりと手を腰にやったマ元帥と、礼服に威儀を正していられる陛下を対照して、勝者マ元帥に対して敗者としての陛下が、いかにも圧倒されていたかのように伝える向きもある」ことに言及したうえで、「決してそのような空気はなかったことを付言しておきたい」と記し、それを物語る一例として、「マ元帥は、尊敬の念をもって〝陛下〟（ユア・マジェスティ）とお呼びしていた」と回想する。[*26] だが、会見時に通訳を務めた奥村によれば、「陛下」という言葉は「ついぞ聞かれなかった」とも述べている。[*27]

この会見をめぐっては諸説あるものの、[*28][29][30] 日本側が会見に託した要望が、昭和天皇の戦争責任追及を免れることと、天皇制の維持にあったことはたしかであろう。恐らくその思いは、会見時、自身の戦争責任をマッカーサーに口頭で明らかにしたとされる昭和天皇自身にも皆無であったとは言い切れない。

特にマッカーサーとの会見を終えた昭和天皇が、それまでにない安堵の面持ちであったことを考えれば、自身の処罰に関しても、天皇制の維持に関して、漠然でありながらも米国側の対応に期待が持てる印象を、昭和天皇自身が感じとったからであろう。

擁護という利用

ともあれ、このような背景と経緯によって公開された写真が、日本国民の「転向」に及ぼした成果は絶大であった。天皇制維持による日本占領の円滑化というGHQの意図ともくろみが見事に成功したと言えよう。すなわち、日本人の精神的支柱としての昭和天皇の存在を擁護するかたちで利用しながらも、同時に、その神格性は否定するという、一見相矛盾した二つの手段が、見事に合致し効力を発揮したことによる。

ではなぜ、天皇をめぐる、かくも相矛盾する二つのもくろみが、実現しえたのであろうか。

第一に、会見を打診した日本側の主たる目的であった昭和天皇の戦争責任追及の回避は、側近や政府関係者らエリート層だけが案じていたことではなく、昭和天皇をその目で見たことがない多くの国民も強く切望することであった。そして、マッカーサーと並ぶ昭和天皇の写真は、敗戦から約一ヵ月半後の時点で、昭和天皇は処罰されないかもしれず、さらには天皇制の維持を示唆するものでもあったからである。

徳川夢声は、玉音放送を聞いた翌日の八月一六日、まず思ったこととは、「考えても考えてもやりきれないことは、マッカーサーが来て、一時的にもせよ、吾が皇室の上におかれるということだ。陛下は忍び難きを忍ぶと仰せられた。況んや吾々は何んな辛いことでも、忍ぶのが当然であるが、これだけは何としても辛い」であった。[*31]

八月三〇日、マッカーサーとともに厚木飛行場に到着した米軍情報将校のボナー・フェラーズは、ただちに大学時代から親交をもっていた渡辺ゆりの消息を尋ねたのち、ゆりとその師である河井道子を、米国大使館の敷地内の自宅に招待し、夕食をともにした。その際、フェラーズは二人に、天皇が戦犯になることについて尋ねると、ゆりはすぐさま、「陛下にもしものことがあれば、自分は生きていない」と答え、河井も「天皇が追放されれば暴動が起きるだろう」と語った。二人の反応をフェラーズは「深刻な目つきで聞いていた」。[*32]

河井の創立した恵泉女学園では、「戦時中ですら教育勅語や御真影とは無縁の教育が行われ、毎日礼拝が続けられていた」。だが、それでも当時、日本人のキリスト者が天皇や皇室に対し「個人的な敬意と親近感を持っていた」ことは珍しいことではなかった。[*33]

ゆりが、敬虔なキリスト者でありながら天皇に対する忠誠心ともいえる情緒的紐帯を持ち合わせていたように、また、壊滅的状況に陥っていった戦争末期を経験しながらも、国民意識調査に回答した約七割の国民が天皇を擁護する意識を持ち、マッカーサーに送られた約五〇万通もの手紙の多くは天皇擁護の嘆願書で占められていた。[*34][35]

一九三二年から日米開戦時の一九四一年一二月八日まで駐日大使を務めたジョセフ・グルーは、日本における天皇とは、すなわち数千万もの働き蜂を動かす「女王蜂」のごとき存在と指摘していた。そうであるがゆえに、日本占領における天皇制利用の価値を促したのであったが、後述するマッカーサー崇拝や熱狂的支持をみれば、まさにその通りの結果を生んだといえる。[*36]

だからこそ昭和天皇の処罰が免れ、天皇制も維持されることを知った国民は、その決断を下したマッカーサーを、熱烈に支持したともいえる。つまり、占領期のマッカーサー崇拝は、昭和天皇の擁護と天皇制の維持と不可分にあり、天皇に対する日本人の情緒的紐帯を活用したことで、「転向」を可能にしたのであった。

神格性の否定

第二に、GHQは、日本占領を円滑に遂行するためには、天皇制を維持しながらも、天皇崇拝は打破せねばならなかった。[*37] そのようなGHQの情報統制において、昭和天皇の神格性を崩すことは重要な任務であり、この写真は、天皇の神格性を否定するうえで、圧倒的な影響力を持った。

事実、敗戦時、中学一年生であった映画監督の恩地日出夫（一九三三―）は、戦時中、天皇のために死ぬことだけを教え込まれていただけに、この写真に大変な衝撃を受けた。正装のモーニングを着用した昭和天皇の横に並ぶマッカーサーが夏の略式軍装の大男で、昭和天皇はその肩にも及ばぬ背丈であることを伝えているこの写真をみた恩地は、「〈敗けたんだ〉と心の底から実感した瞬間だった」と述べている。[*38]

実際この写真を人々がどう認識したかは、年齢や性別、地域や環境によるある程度の違いを考えれば、一概には言いきれないが、誰の目からみても明らかな背丈の高低、体格の大小、服装から受け取れる権力関係、そして全体的な印象など、二人の身体的差異は、勝戦国である米国と、敗戦国である日本の格差のすべてを一瞬にして物語らせるに十分なものであった。[*39]

ましてや、マッカーサーはこのときすでに六五歳であったが、進駐した多くの米兵は一〇代後半から二〇代の青年であり、その若々しくたくましい肉体は、認めようと認めまいと、老若男女問わずほぼ全ての日本人に対し、圧倒的なまぶしさを放っていた。

この頃、はじめて米映画「ターザン」をみた恩地は、「ジャングルの川を泳ぐターザンの見事な肉体に見とれていた。それは、肋骨がうき出た自分の胸や銭湯で見かける日本の大人たちの裸体とは全く違う、異人種の肉体だった。そして〈やはりこれは負けるよなあ〉とつくづく思った」[*40]。

背丈や体格が、その人間のもちえる人格なり教養なり品位を示すものでは決してないことは誰もが理解しているだろうが、生理的、本能的には、肉体から受ける印象が及ぼす影響力は大きい。その点で、昭和天皇を見下ろすかのような大柄で堂々と、精神的ゆとりすら感じさせるマッカーサーと、その隣に並ぶ小柄で硬直したかのようにみえる昭和天皇の姿は、日本の敗戦を可視化させるに十分であり、また昭和天皇の神格性を否定する視覚的要素を見事に備えていた。つまり、人々は、この写真に映し出された二人の肉体とその明らかな視覚的差異を通じて、敗戦を痛感したのである。

さらにここで重要なのは、マッカーサーと並ぶことによって露呈した「人間」としての昭和天皇の姿、すなわちその肉体が示した意味だろう。

多くの人々は、それまで主に御真影を通じてしか、昭和天皇の姿を目にすることはなかった。だが、全国に流布されたこの写真は、国民にはじめて、昭和天皇の身体を、どれだけの背丈や体格で、どのような風貌なのか、生身の人間の姿として把握する機会を与えたのである。しかも、国民の前に、昭和天皇がはじめて「生身の人間」として映し出されたのは、〈少なくとも日本人には）はからずも、マッカーサーという白人の横に直立した姿だったのである。そして、マッカーサーという他者と並ぶことによって昭和天皇の身長や体格、いでたちなど身体的特徴があまりにも鮮烈に提示されたのである。

要するに、人々は、この写真を通じて、マッカーサーと昭和天皇が持つあらゆる差異を視覚的に捉えただけでなく、昭和天皇が、もはや「現人神」ではないことも目の当たりにしたのだった。昭和天皇は一九四六年一月一日、「人間宣言」を行い、以来洋装のいでたちで、全国を巡幸することになる。

マッカーサーが企てた一連の「改革」は、軍事力の粉砕から始まり、「宗教と国家を分離する」に終わったと自身が回顧するように、天皇の神格性の否定もまた最重要項目のひとつであり、マッカーサーはそれをたしかに遂行したのだった。[*41]

その日、恩地日出夫が通学していた中学の正門わきには、戦時中、御真影を安置した奉安殿がそのまま残されていた。それをみて、恩地は「〈カラッポなんだろうな……〉と、ひどくむなしい気持で眺めた記憶がある[*42]」。

ふりかえれば、マッカーサーとの写真は、昭和天皇の神格性の否定、すなわち「人間」であることを国民に視覚的に知らしめた、まぎれもない証明であった。その点で、昭和天皇の「人間宣言」とは、実質的にはこの写真が公開された瞬間からはじまっていたのだった。擁護という利用並びに神格性の否定、その双方において、ふたりの写真の及ぼした影響力は甚大であった。より厳密にいえば、ふたりの人間が持つ身体の及ぼした可視的影響力は著しいものがあった。しかも、その身体的差異は、総司令部の介入・統制できる領域ではない、文字通りふたりの生身の人間が生まれながらにして持っていた可視的差異であった。その点で、総司令部の情報統制が徹底されていたなかで、この写真ほど、率直な可視的メッセージを持った情報はなかった。そして、それまで「外人」も「天皇」も目にしたことがなかった多くの日本人にとって敗戦・占領期とは、この誰の目からみても明らかな、背丈や体格や風貌、そして肌の色の違い、すなわちふたりの肉体の持つ人種的差異を映し出したこの写真をもって、始まったのである。

崇拝と落胆

心理的依存

これまでみてきたように、敗戦後の日本人の「転向」には、それを支えるだけの社会背景と、天皇制維持と天皇の神格性の否定があり、それはたしかに功を奏した。一九五二年（昭和二七）一月、社会学者の鶴見和子（一九一八―二〇〇六）が複数の高校生を取材した記事が『中央公論』に掲載されたが、小学校時代に戦時教育を受け、占領期に高校生となった彼らに鶴見は、「天皇陛下は、一番偉い人という感じですか」と質問したところ、参加者Dは、「偉いというわけじゃないが、何といったらいいか、日本人としての心のよりどころは天皇にあるのじゃないかと思います」と答えている。[*43]

もとより天皇に「偉い」という形容詞が適合するのかは別としても、天皇の神格性の否定と天皇制維持による日本占領の円滑化は、見事に実現し、日本人はマッカーサーを崇拝し、熱狂的に支持した。

言いかえれば、昭和天皇の擁護と天皇制の維持は、日本人のマッカーサー崇拝を確固たるものとするうえで不可分にあった。だがだからといって、マッカーサーが日本に好意や親近感や愛着を抱いていたわけではない。マッカーサーは、あくまで連合国軍の最高司令官としての任務を果たしたまでであった。

マッカーサーの再婚相手である一九歳年下の妻ジーンは取材で「〔自分は〕日本人の友人を作ろうとは全く思わなかった」とし、それはマッカーサー自身にその意思がなかったことに従ったまでであったと語る。ジーンは日本文化にも関心がなく、長時間の取材でも、ジーンが挙げた日本人の名前はごくわずかであり吉田茂の名前すら出なかった。[*44]

ジーンはマッカーサーの指示に従って、日本人との友人関係、人間関係を一切築かなかったが、それは人間関係の構築にともなう利害関係の発生を避けるうえで、植民地総督とその妻としては当然のことであり、マッカーサー夫妻はフィリピンでも同様の態度をとっていたであろう。[*45]

にもかかわらず、そんなマッカーサー夫妻が一九五一年四月一六日に帰米する際、厚木の沿道には二〇万人もの日本人が別れを惜しみ二人を見送り、ある日本人の政府高官は「私たちは天皇の代わりは明日にもみつけられますが、マッカーサーの代わりはありません」とまで言い切った。[*46]それはかつて天皇に対し抱いたような情緒的紐帯がマッカーサーとのあいだにあるかのような熱烈なものであった。日本国内では、吉田内閣がマッカーサーを「終身国賓」とすることを閣議決定し、マッカーサーの偉業を称える記念館建設計画が各界名士によって掲げられ、マッカーサーを英雄視する銅像を設けるための募金活動も計画されていた。[*47]

支配者、占領者、権力者への崇拝は常に一方的で過剰なものであるとはいうものの、マッカーサーの日本に対する感情と、日本のマッカーサーに対する感情は、あまりにも著しい温度差があった。

それを差し示すような出来事が一九五一年に起きる。マッカーサーに対する過剰な思い入れともいえる崇拝が冷めていったのは、一九五一年五月五日、マッカーサーが米上院軍事外交合同委員会の公聴会で証言した「日本人は一二歳」発言が知れ渡ってからのことであった。

マッカーサーは米議会で、日本占領の成果をめぐる証言として、国民の発展と成熟度（科学技術、宗教、文化など）並びに文明の尺度からみて、アングロサクソンが成熟した四五歳だとすれば、「日本人は一二歳」であり、まだ「**in a tuitionary condition**」、保護を要する段階にあるというものであった。[*48]

多くの日本人はマッカーサーの「日本人は一二歳」発言を侮蔑と受け取り、崇拝は興ざめへと変わっていった。マッカーサー記念館や銅像建設計画も立ち消えとなった。その翌年四月に発効したサンフランシスコ講和条約を皮切りに、当時の社会的空気はたちまち「反米」に包まれていき、日本人のマッカーサー崇拝は、またたくまに消え去っていった。皮肉にも、日本人の米国に対する「転向」は、「鬼畜米英」から米国崇拝へだけでなく、占領期、熱狂的に支持をしたマッカーサーに対する崇拝から落胆への過程にもみられた現象であった。

一体なぜこのようなことがおきたのであろうか。そして日本人の米国に対する過度な崇拝と落胆が示すものとは何であったのか。さらに、「日本人は一二歳」発言に対する怒りは、何を意味したのであろうか。

徳川夢声の一九四五年九月一三日の日記によれば、ラジオでマッカーサーが「日本は四等国に没落した」と言っていたと妻が言う。翌日の新聞には、たしかにそう書いてあった。「寛大だ寛大だと思っていると――というより思おうとしていたのだが――、急にマッカーサーが、そんな強硬な言をいい出したのかと、私は裏切られたような気がした」と記している。[*49] マッカーサーに対する心理的依存は、敗戦直後から人々の心情のなかに根強くみられるものであった。

そして一九五一年、日本人は「日本人は一二歳」発言に強い侮蔑を感じ、激しい落胆を覚えたが、占領期におけるマッカーサー崇拝と熱狂的支持をみれば、誰の目からみても、そう認識されざるをえない、米国に対する心理的依存ではなかったか。

日本人は、米国人であるマッカーサーを意識していようといまいと、父親的存在として仰ぎ、保護され擁護されることを自ら切望していた。マッカーサーを単なる権力者でも支配者でも占領者でもなく、日本人を擁護し、保護する父親的存在としての情緒的紐帯を強く求めたのである。

それはマッカーサーも認識していた。晩年に著した回想録には、「私は日本国民に対して事実上無制限の権力をもっていた。歴史上いかなる植民地総督も、征服者も、総司令官も、私が日本国民に対してもったほどの権力をもったことはなかった。私の権力は至上のものであった」としたうえで、占領の過程で、「日本国民は、私を征服者ではなく、保護者とみなしはじめたのである。私は、これほど劇的な形で私の責任下に置かれた日本人に対して、保護者としての深い責任感を感じていた。日本国民は物的な行政だけでなく、精神的な指導を必要としている、と私は感じた」と回顧する。[*50]

「征服者」と「保護者」の決定的違いは、そこに強い情緒的紐帯を求めるか否かにあろう。そしてマッカーサーを、日本の「保護者」とみなす心理的傾向は、日本人の「心のよりどころ」であり精神的支柱であり「女王蜂」とされた昭和天皇を「保護」したことによる、精神的インパクト（影響）であったともいえよう。「保護者」に求めるものとは、自分を擁護し保護し、そして承認してほしいとの欲望と不可分にある。しかし、もし自分の期待する承認を得られないとするならば、そこに生じるのは強い落胆と、それに基づく反抗である。

米国に対し自らの「保護者」となることを切望し、崇拝と熱狂的支持というかたちで心理的に過度に依存していった日本人が、マッカーサーの「日本人は一二歳」発言を非難できる立場には、少なくともなかったはずである。

しかし、反抗が依存なくして成立しないように、マッカーサーに対する熱狂的支持も、「日本人は一二歳」発言によって興ざめした深い落胆も、そしてたちまち社会的空気を支配していった「反米」も、ひとえに、米国に対する過剰な心理的依存のあらわれであった。

二〇世紀日本のナショナリズムにおいて最も重要な他者であり続けた米国は、「依存と反抗の対象であり、憧憬と敵意が入り混じった「父」」であり、「日本人は、この「父」から、自己にふさわしい「認知」（recognition）を受けていないという不満を持ち続けている」のであった。[*51] そして日本人がみなしたその「父」とは、まぎれもなく異なる人種である白人のアメリカ人であったのである。

埋めきれぬ空虚

否　定

過剰ともいえる崇拝から一転し、急速に冷めきったのも、マッカーサーに対する自らの迎合や卑屈さを恥じたことにも起因するとの指摘も一理あろう。[*52] しかし、そのあまりにも極端な振幅をみせた精神構造の根底にあったのは、つきつめれば何よりも、廃墟と化した日本に残されたところの空虚によるものではなかっただろうか。

なぜなら、敗戦とはまぎれもなく物心両面からの日本の否定にあり、そうであるがゆえに、日本は米国を崇拝することで物心両面の空虚を埋めようとした。その振り子のような両極が、マッカーサーに対する崇拝となり、落胆となり、そして「反米」となってあらわれたといえるからである。

それはいみじくもマッカーサーが「太平洋戦争で日本がどの程度敗北したかということについては、一点の疑問の余地もない。それは完全な敗北であった。敗北は工場や住宅や都市全体が破壊されたという物理的面だけでなく、精神的な面にも及んでいた」というように、一九四五年の敗戦によって、日本は米国に「物理的面だけでなく、精神的な面」でも、完全に打ち砕かれたからである。[*53]

マッカーサーは敗戦による日本の決定的な自己否定を、一九五一年五月五日に米国議会で行われた上院軍事外交合同委員会公聴会で次のように証言している。

日本人にとって敗戦は、軍部の解体や連合国軍による占領を意味しただけではなく、それまで日本人が抱いてきた日本人としての規範、価値観、自己認識、すべてに不信と疑念を抱き、日本人が日本人自身を否定したことを意味した。[*54]

敗戦は日本人が近代以降築き上げてきた精神構造の完全な崩壊を意味した。それは日本人の決定的な否定を意味したのであった。

マッカーサーは、回顧録の日本占領の章で、近代史上、「これほど大きい破壊の衝撃」を受け降伏した国は日本のほかにおそらくあるまいとしたうえで、日本が壊滅へと向かっていた歴史的経緯を次のように論じる。

あらゆる天然資源（鉄、鉱物、綿花、石油など）に欠けた日本は、国民の「節約と勤勉」性で過去一世紀のうちに「偉大な産業国家」となり、さらに「日本は台湾、朝鮮、満州を吸収し、さらに中国を支配下に引入れようと企てた」。

日米大戦の一因はルーズベルトによる経済制裁への恐れによるものであり、「その当否はともかく、日本は経済制裁によって日本の産業が麻痺することになれば、国内革命が起りかねないと感じ、日本の産業帝国を維持するための基地を手に入れていわゆる〝大東亜共栄圏〟を永久に確保しようと考えたのである」。そして「この島国には異常な封建主義がはびこった結果、その兵力は無敵であり、その文化は卓越しているというほとんど神話的な狂気じみた信念が生れていたのだ」。

あらゆる天然資源に欠いた「持たざる国」ゆえにつくられていった日本の精神主義を踏まえたうえで、マッカーサーは、一九四五年の敗戦によって、「日本人が経験したのは、単なる軍事的敗北や、武装兵力の壊滅や、産業基地の喪失以上のものであり、外国兵の銃剣に国土を占領されること以上のものですらあった。幾世紀もの間、不滅のものとして守られてきた日本的生き方に対する日本人の信念が、完全敗北の苦しみのうちに根こそぎくずれ去ったのである」と捉える。[*55]

いわば、一九四五年八月一五日、日本は廃墟と化して敗戦を迎えたが、それは文字通り物質的な廃墟でなく、精神的な空虚をも意味した。占領期にみられた日本人のマッカーサー崇拝と米国への熱狂的支持は、その物心両面の空虚を埋めようとするかのごとき生じた心理的作用であったのだろう。

「それから生れる淋しさ」

そのように考えれば、マッカーサーとの間にみられた著しい温度差も、勝者と敗者の絶対的な権力関係で生じる、ある種当然の心理であり、政治力学的観点からみても自然発生的な現象ともいえるかもしれない。しかし、その著しい温度差は、敗戦になってはじめて見られたことではない。振り返れば、前章でとりあげた日独伊三国同盟時の日本にみられた熱狂的なナチス崇拝にも見られたことだった。

戦後、『わが闘争』の完訳に携わった平野一郎は、戦時中、ヒトラーの日本蔑視部分が削除され続けたことが、「ヒトラーについて客観的に見る妨げとなったのではなかろうか」と論じる。[*56]

だが、敗戦から五年後の一九五〇年、早稲田大学教授で弁護士・法学者の戒能通孝（一九〇八—

七五）は、戦時期日本の「未曽有なほど強かった」ナチス崇拝やヒトラーへの熱狂的支持も、「米英に対する反感」によるものであったこと、さらにはナチス崇拝も「米英に対する反感」も、すべては、日本人の「劣等感の裏返し」であったことを次のように回顧する。

こうした空気を作るのに、貢献した人々の米英に対する反感は、いつてみれば劣等感の裏返しにすぎなかつたのであろう。しかし彼らは一方では劣等感を裏返しにしておきながら、それから生れる淋しさの感情を、ドイツ崇拝の強制によつて、永いこと補つていたのである。

いわば「淋しさの感情」で埋めつくされたこころの空虚を、戦時期日本は、ナチス崇拝によって埋めようとした。そして、敗戦を迎え、日本人はその空虚を強烈なマッカーサー崇拝と米国への熱狂的支持によって埋めようとしたのである。

しかし、そのこころにある空虚とは、ナチス崇拝にせよ、マッカーサー崇拝にせよ、いずれも白人という他者である限り、完全に埋めきれるはずがなかった。

日本人のこころに潜むその空虚の本質を戒能は、「民族的独立感はこの場合にはもう死んでいた」と記す。「なぜならば、民族の独立も、民族の平等を前提としなければならないのに、特殊的な劣等感と、その裏返しとしての排外意識とが強烈に露出されているかぎり、独立より盲従の感情が、建設より破壊の感情が、優先するのは当然だつたからである」

日独伊三国同盟にせよ、アジア・太平洋戦争にせよ、日本側には人種的矛盾が見られたと前章で論じてきたが、対独であれ、対米であれ、その精神構造の本質はみな同じ、日本の西洋に対する強烈な心理的依存にほかならなかった。

現に、戦時中のドイツ崇拝者は、敗戦後「アメリカ崇拝者」に変貌した。そういった変化は、崇拝対象がドイツであれアメリカであれイギリスであれ変わることはなかった。

しかも、このような「日本の精神的植民地化現象」は、昨今急激に起きたものではなく、「それは皮肉にも「大日本帝国」の全盛期において、最も露骨に現れた現象の一つであり、それが現在にいたるまで、形を変えて残されている事実にすぎない」と、明治以降、日本が歩み続けてきた歴史的過程の根底には常にあった精神的「現象」であることも指摘する。*57

たしかに、日本の西洋に対する心理的依存とは、敗戦になってはじめて芽生えたものではない。むしろそれは西洋を権威化することからすべてが始まった明治以来、敗戦に至るまで、半世紀以上にもわたって形成され続けてきた近代日本の心性であった。

言いかえれば、明治以来、日本人はつねにこころのどこかに、戒能のいう「淋しさの感情」を抱いてきたのだろう。なにより、西洋に対する心理的依存は、西洋の権威化にともなうものであったが、そこに「淋しさの感情」がついて離れなかったのも、西洋の権威化には、日本の自己否定が避けられなかったからだろう。

「アメリカ人に生れたらよかつた」

したがって、近代日本の心性には、もともと「米英に対する反感」など生まれえるはずがなかった。

陸軍軍人から評論家となった村上兵衛（一九二三—二〇〇三）は、「日本人として育つということとは、おのずから西洋文明ならびに西洋人を、なんとなく上等と感ずること」であっただけに、戦時中、たとえどれだけ軍部が「鬼畜米英」と鼓吹しても、「本気では誰も信じなかった」と回顧する。*58

また、徳富蘇峰は、戦時中、日本はどれだけ「鬼畜米英」を唱えても、「日本はアングロサクソン中毒の第三期の症状」にあり、日本国民はこの「百年間の永きにわたる中毒に罹つてゐるため、自分ではアングロ排撃を唱へながらその言葉の下から、アングロを信じてゐるのだ」と説いている。*59

サンフランシスコ講和条約後の日本には反米思想が盛んのようにみえたが、「日本の反米思想などというものは根底のあるものではな」く（吉田茂）、それ以前ですら、「ほんとうの意味での反米反英というのはなかつた」*60（吉田健一）。なぜならば、結局、日本人の反米感情とは米国に対する「インフェリオリティ・コンプレックス」であり、それは「思想と言うより、もっと生理的なもの」（日野啓三）であったからである。*61

先述した鶴見和子による、高校二年生（男四名女二名）への質問のなかには「みなさん戦争の影響をこうむつているわけですけれど、戦争によつて自分の考え方が特に変つたということはありましたか」という問いかけもあった。すると学生Bは、小学校時代には「鬼畜米英」の戦時教育を受け「アメリカ人に対しては鬼のように思つたのが」、敗戦後、日本で進駐軍を実際みて、それはまったくの嘘であったことに気付くだけでなく、いまはアメリカの生活と文化に強い関心を抱くようになったと答えた。

Cも、敗戦時には「宮城前で涙を流して復讐を誓つたんですけれども……終戦後はその反動というか、アメリカ人に生れたらよかつたぐらいに思つたのです」と、述べている。
また、「終戦後二ヵ月くらいたつと、すぐアメリカの放出の菓子なんかに同化しちやつたんです。日本人が全部そのような気持があるんじやないかと思いますが……」と語る。[*62]

この四名の高校二年生の発言は、鶴見を前に、ある程度は意識した発言をしたであろうものの、社会的属性に縛られない率直な思いと言える。現に、「アメリカ人に生れたらよかつた」と思った日本人は数知れない。

さらに、「すぐアメリカの放出の菓子なんかに同化し」、「日本人が全部そのような気持がある」と言ったのも、高校生がそれを感じとれるほど、当時の社会的空気の全体を支配していた意識であり、また生理的に抱いた正直な思いであったのだろう。しかし、ここで重要なのは、親米も反米も、そして「アメリカ人に生れたらよかつた」という素朴な感情にさえも、すべてに明治以来続く近代日本のナショナリズムの本質ともいえる型（パターン）が指し示されていることにある。

すなわち、明治以降、日本の精神構造は、欧化と国粋、「拝米と排米」（亀井俊介）、「拝外と排外」（牛村圭）、「反米即愛国、愛国即反米」（三輪公忠）、「国際主義と日本主義」（園田英弘）など、常にこの両極のはざまで揺れ動き続け形成され、その二項対立がいずれも常に不可分な表裏一体にあったのも、そのすべての根底に、西洋の権威化による日本の自己否定とその反動があったからである。[*63] 自己認識とは、他者の存在があって形成されるものではあるが、近代日本の自己認識とその形成過程を考えた際、そこに占められた西洋に対する心理的依存は、著しいものがあった。それもひとえに、西洋の権威化による構造ゆえのことである。

近代日本のナショナリズムとは、この自己矛盾なくして成立しえなかったのであり、だからこそ、西洋への心理的依存とそこから派生する「劣等感」は、「淋しさの感情」となって、いつも日本人のこころから離れずにいたのだった。

したがって、「アメリカ人に生れたらよかつた」という高校二年生の素朴な言葉にこめられた、日本人が日本人であることに対する否定的響きさえ、国家的自尊心に基づく心情の裏返しであった。親米も反米も、同じ近代日本のナショナリズムから派生したものであったように、日本人にとって「アメリカ人に生れたらよかつた」とは、それすなわち日本人であることから生じる「淋しさの感情」なくして、生まれえないものだったからである。

「総決算」

社会学者の清水幾太郎（一九〇七—八八）は占領期の一九五一年、『中央公論』に発表した「日本人」と題した文章で、近代日本の根本にありつづけた西洋に対する心理的依存は、敗戦によって「総決算」を迎えたことを次のように論じている。

〔近代史において〕日本が西洋諸国民と肩をならべるといつても、正直な気持から言へばそれはむしろ一種の理想で、これと相表裏して、何時も拭ひやうのない劣等感が附きまとつてゐた。劣等感が強ければ強いほど、これをまぬかれるために、自分の仲間であるアジアの諸民族を眼下に見て、そこで優越感を満足させてゐた、と言へば言へる。だが、これらの諸事情はすべて今度の戦争を通じて最後の絶頂に到達する。戦争は総決算であつた。*64

つまり、親米も反米も、そしてその両端を行き来するかのように揺れ動く極端な振幅も、結局は日本人の「拭ひやうのない劣等感」のあらわれであった。過剰なまでの米国崇拝も、米国を崇拝し同化しようとすることで自己の優越感を満たし、そして劣等感を払拭しようとしてきたのだった。反米もまたそれと同じ構造をもつことを考えれば、戦時中のエリート層の人種的禍根も、根本は「劣等感」から派生した心情であったといって差し支えないだろう。

その二年後、清水は同じく『中央公論』で、近代日本の人種意識も、強烈な劣等感と優越感の振幅の激しさから形成されていることを次のように論じている。日本人の人種意識は、多くの米国人が持つ「白色人種優越、或は、アングロサクソン優越」のような単純なものとはなりえず、「複雑な構造を持つている」とし、次のように説明する。

日本人には「単純な日本人優越」はなく、「白色人種に対しては、殆んど無条件に近い尊敬の気持を持つている」。それは戦前の「インテリ」にも多分に見られることで、「これは、明治の初め、西洋の科学技術を知り且つこれに学んで以来、抜き難いものになつている」。白人に対する「無条件に近い尊敬」は、いまやパンパンにさえ見受けられ、彼女たちは、「検診の時、日本人相手のものは罪あるもののごとく、ションボリ現われるが、西洋人相手のものは、堂々、胸を張つて現れる。混血児の母親となつたパンパンは、子供を誇りとしている。情けないが、事実である」。「白人に対する無条件に近い尊敬」は「インテリ」特有のものから、敗戦によって、日本社会のほぼ全域に浸透したと言うのである。

さらに「西洋人に対する右のような劣等感の半面、日本人は、アジアの諸人種に対して、これまた根強い優越感を持つている。西洋から学んで得た軍事的技術及び帝国主義的政策を自ら実地に使用してきた相手であるアジアの諸人種に対しては、或は白色人種がアジアの諸人種に対して抱く以上かもしれぬ優越感を持ち続けて来ている」[*65]。このような、白人に対する強烈な劣等感と、「アジア」人に対する強烈な優越感の振り子のはざまで揺れ動く人種意識の構造も、敗戦・占領期を機に顕在化したわけではない。むしろ、本章でみてきたとおり、それはより決定的なものとなったといえる。その点で、敗戦・占領期は、たしかに近代日本の人種意識をめぐる「総決算」であった。

要するに、戦時中の「鬼畜米英」から、敗戦を機に突如としてマッカーサー崇拝と米国に対する熱狂的支持への変貌をみせた日本人の意識構造は、表面的にみれば「転向」といえる一面を持っていた。だが、その本質的構造では、決してそうは言い切れなかった。

なぜなら、第一に、本章前半で論じたように、戦争末期の壊滅的状況に終止符が打たれ、たとえ劣化したものであれ食糧が供給されていったとき、強者に迎合し卑屈になることなどは、当時唯一の生存手段であったからである。

第二に、占領期におけるマッカーサー崇拝や米国への熱狂的支持は、日本人の精神的支柱であった昭和天皇の擁護という利用と神格性の否定がその背景にあったとはいえ、敗戦になってはじめて芽生えたものではない。むしろ明治以来の近代日本が抱えてきた心性の根幹をなしていた。戦前・戦中・戦後も、日本人のこころにはもともと「ほんとうの意味での反米反英というのはなかつた」からである。

そして最後に、日本が日本であり続けるために自己選択した西洋の権威化は、それ自体、日本の自己否定と西洋への著しい心理的依存を意味していたからである。

近代日本は、日本が日本であり続けるために日本を否定しなければならない、この自己矛盾を抱え、その心性の系譜を歩んできた。だからこそ、近代日本のナショナリズムは、常に欧化と国粋から、親米と反米に至るまで、折に触れて、極端な振り子のはざまで振幅を繰り返してきた。そういった思想的パターン（型）も、すべては近代日本の自己矛盾をめぐる必然的帰結であった。

言いかえれば、近代日本は、そういった振幅の激しさを繰り返すことによって、西洋の権威化によって生まれた近代日本の心性における空虚を補おうとしたのかもしれない。

だが、近代日本の心性が、たとえどれだけ西洋の権威化によって成り立っていたとしても、日本が日本である限り、どれだけ西洋を崇拝しても、また白人を崇拝しても、そのこころの空虚を埋めることはできなかった。

一九四五年八月一五日、かくして近代日本は、壊滅的な廃墟となって、その終焉を迎えた。しかし、明治以降、日本がその心性において、直視しがたくも、常に避けられずにいた自己矛盾は、埋めようとも埋めきれぬ空虚となって、そのこころに残り続けたのだった。

＊1　http://www.lexisnexis.com.ezp-prod1.hul.harvard.edu/congcomp/getdoc?HEARING-ID=HRG-1951-SAS-0006（二〇一二年七月二七日閲覧）：U.S. Senate, Committee on Armed Services and Committee on Foreign Relations, 82nd Congress., 1st session, p311
＊2　袖井林二郎『拝啓 マッカーサー元帥様――占領下の日本人の手紙』中公文庫、一九九一年、一一二頁

＊3　「敗戦」でなく「終戦」が公式名称となった起源としては、昭和天皇の「終戦の詔書」によるものであり、政府が存続したままでポツダム宣言を受諾したために、ある程度の自主性の余地があったことから、「敗戦」を曖昧化させた「終戦」が用いられるようになったと考えられる
＊4　つださうきち「八月十五日のおもひで」『世界』五六号、一九五〇年八月、三八頁
＊5　梅崎春生・椎名麟三・野間宏・武田泰淳・埴谷雄高、座談会「二十年後の戦後派」『群像』二〇巻八号、講談社、一九六五年八月、一九六頁
＊6　恩地日出夫「いま、改めて戦後を思う　二、電気・ガス・水道なしの生活」『メッセージ@pen』綱町三田会倶楽部、二〇一二年一月号：http://www.tsunamachimitakai.com/pen/2012_01_004.html（二〇一三年五月一一日閲覧）
＊7　梅崎春生ほか、前掲「二十年後の戦後派」一九六頁
＊8　徳川夢声『夢声戦争日記』第七巻、中公文庫、一九七七年、二五八頁、昭和二十年十月五日の条
＊9　遠藤周作「黄色い人」『白い人・黄色い人』新潮文庫、一九六〇年、八九、九〇頁
＊10　吉行淳之介・北杜夫、対談「空襲と空腹と」『中央公論』一九六六年九月号、三一三頁
＊11　筆者の父方の祖母（一九二二―：東京生まれ）は、東京大空襲を経験しており、そのときのことを尋ねた際、「今も覚えているのは、遠くに燃え盛る火がとても綺麗だったこと」と言ったが、それは、まさに吉行や北が言及するような、麻痺した感覚を物語っている（二〇一三年五月一二日筆者による聞き取り）
＊12　山本七平「下請と内職」『昭和東京ものがたり』二、日経ビジネス文庫、二〇一〇年、一〇八頁
＊13　戸川猪佐武「八月十五日」『中央公論』一九五六年八月号、一八一頁
＊14　徳川夢声『夢声戦争日記』第六巻、中公文庫、一九七七年、八三頁、昭和二十年二月十七日の条
＊15　徳川夢声、前掲『夢声戦争日記』第七巻、一一九頁、昭和二十年八月十五日の条
＊16　徳川夢声、前掲『夢声戦争日記』第七巻、一七一、一七二頁、昭和二十年八月二十九日の条
＊17　戸川猪佐武、前掲「八月十五日」一八二頁
＊18　それは当時、日本には一億人近くの国民がいたのに対し、進駐軍は約二〇万弱であり、数としては、日本人が無抵抗に近かったことにもよるが、それでも進駐軍側に恐れが皆無であったというわけではなかったことが米国側の日本での「力」の誇示の心理的背景につながったといえる
＊19　日野啓三・猪木武徳、対談「忘れられない場面」『日本の近代』第七巻、付録一二、二〇〇〇年、中央公論新社、九頁
＊20　豊田英二「私の履歴書」『私の履歴書　経済人二二』日本経済新聞社、一九八七年、四六五頁。また同様に、

一九五〇年、ガリオア留学生として渡米した吉見吉昭が翌年米国で取得した運転免許証には、人種の部分に黄色人種（イエロー）を意味する「Y」が記されていた（吉見吉昭「一九五〇年代のアメリカ」〈ホームページに掲載された随筆：http://homepage2.nifty.com/yoshimi-y/1950USA.htm〉二〇一三年五月一九日閲覧）
＊21　戸川猪佐武、前掲「八月一五日」一八三、一八四頁
＊22　東野真『昭和天皇二つの「独白録」』日本放送出版協会、一九九八年、三三頁
＊23　藤田尚徳『侍従長の回想』中公文庫、一九八七年、一七〇頁
＊24　以上、フォービアン・バワーズ「天皇・マッカーサー会見の真実」『文藝春秋』一九八九年三月臨時増刊号「大いなる昭和」、松尾尊兊「考証 昭和天皇・マッカーサー元帥第一回会見」『京都大学文学部研究紀要』二九号、一九九〇年、五一、九一頁所収
＊25　マッカーサー著／津島一夫訳『マッカーサー大戦回顧録』下、中公文庫、二〇〇三年、二〇一頁
＊26　以上、藤田尚徳、前掲『侍従長の回想』一七四頁
＊27　以上、高橋紘「解説」、藤田尚徳、前掲『侍従長の回想』二三〇頁
＊28　松尾尊兊、前掲「考証 昭和天皇・マッカーサー元帥第一回会見」八五頁
＊29　原書はMacArthur, Douglas（1964）. Reminiscences of General of the Army Douglas MacArthur. Annapolis: Bluejacket Booksで、日本では一九六四年一月六日から六月二三日に抄訳連載され、同年に津島一夫訳『マッカーサー回想記』（朝日新聞社）が刊行された
＊30　古川隆久『昭和天皇』中公新書、二〇一一年、三一八頁
＊31　徳川夢声、前掲『夢声戦争日記』第七巻、一二二頁、昭和二十年八月十六日の条
＊32　以上、東野真、前掲『昭和天皇二つの「独白録」』八三、八四頁が引く一色義子『愛の人　河井道子先生』及び一九四五年八月三〇日付のフェラーズの日記から引用した
＊33　東野真、前掲『昭和天皇二つの「独白録」』八四頁
＊34　一九四五年八月から一二月に実施された米国戦略爆撃調査団による「敗戦直後の国民意識」調査によれば、調査対象者の約五〇〇〇名のうち、六二パーセントが昭和天皇の在位を望み、七パーセントがその他好意的な回答で、計約七割が昭和天皇在位を支持していた（「資料22　敗戦直後の国民意識（一九四七・六）」粟屋憲太郎編『資料日本現代史2』大月書店、一九八〇年、一二一―一三五頁）
＊35　マッカーサー宛てに日本国民から送られた推定五〇万通もの手紙の多くは、昭和天皇が処罰されることだけは耐えがたきこととして、我が命に変えてでも、昭和天皇の戦争責任追及の回避を強く望むものが多く、なかには血書で訴える者もいた（袖井林二郎、前掲『拝啓マッカーサー元帥様――占領下の日本人の手紙』二〇頁）

＊36　廣部泉『グルー——真の日本の友』ミネルヴァ書房、二〇一一年、二四五頁

＊37　高橋紘「解説」、藤田尚徳、前掲『侍従長の回想』二三〇頁

＊38　恩地日出夫「いま、改めて戦後を思う　③はじめてのアメリカ映画『ターザン』」『メッセージ@pen』綱町三田会倶楽部、二〇一二年二月号：http://www.tsunamachimitakai.com/pen/2012_02_002.html（二〇一三年五月一三日閲覧）

＊39　筆者の母方の祖母（一九二六―：東京生まれ）は、マッカーサーと昭和天皇の写真を見た際、第一に、外国人が天皇陛下と並んで写真を撮っていることに衝撃を受け、第二に、これほどの体格の差があるなら、負けても当然だと思ったといまだ鮮明に記憶している（二〇一三年五月一二日筆者聞き取り）

＊40　恩地日出夫、前掲「いま、改めて戦後を思う　③はじめてのアメリカ映画『ターザン』」

＊41　マッカーサー、前掲『マッカーサー大戦回顧録』下、一八三、一八四頁

＊42　恩地日出夫、前掲「いま、改めて戦後を思う　③はじめてのアメリカ映画『ターザン』」

＊43　鶴見和子司会「高校生の座談会」（東京都M高校二年生男四名、女二名）『中央公論』一九五二年一月号、四三頁

＊44　以上、工藤美代子「「マッカーサー夫人」が初めて明かす「昭和天皇と夫」が会った日」『週刊新潮』二〇〇七年一月四日・一一日合併号、一九三頁

＊45　マッカーサーの日本統治とフィリピン統治の比較研究をした優れた作品としては増田弘『マッカーサー——フィリピン統治から日本占領へ』中公新書、二〇〇九年がある

＊46　工藤美代子、前掲「「マッカーサー夫人」が初めて明かす「昭和天皇と夫」が会った日」一九三頁。その発言をした政府高官に関しては出典掲載なし

＊47　袖井林二郎、前掲『拝啓マッカーサー元帥様』四一三頁

＊48　http://www.lexisnexis.com.ezp-prod1.hul.harvard.edu/congcomp/getdoc?HEARING-ID=HRG-1951-SAS-0006（二〇一二年七月二七日閲覧）：U.S. Senate, Committee on Armed Services and Committee on Foreign Relations, 82nd Congress., 1st session, p312-3

＊49　徳川夢声、前掲『夢声戦争日記』第七巻、二一四頁

＊50　マッカーサー、前掲『マッカーサー大戦回顧録』下、一八一、一八五頁

＊51　米原謙「日本ナショナリズムにおける〝アメリカの影〟」『日本思想史学』四一号、二〇〇九年、一一頁

＊52　袖井林二郎、前掲『拝啓マッカーサー元帥様』四一三、四一四頁

＊53　マッカーサー、前掲『マッカーサー大戦回顧録』下、一八八頁

＊54　http://www.lexisnexis.com.ezp-prod1.hul.harvard.edu/congcomp/getdoc?HEARING-ID=HRG-1951-SAS-0006（二〇一二年七月二七日閲覧）：U.S. Senate, Committee on Armed Services and Committee on Foreign Relations, 82nd Congress., 1st session, p311

＊55　以上、マッカーサー、前掲『マッカーサー大戦回顧録』下、一七九、一八〇頁

＊56　平野一郎「訳者序」アドルフ・ヒトラー著／平野一郎・将積茂訳『わが闘争』上、角川文庫、一九七三年、七、八頁

＊57　以上、戒能通孝「日本民族の自由と独立」『改造』一九五〇年二月号、九、一〇頁

＊58　村上兵衛「解説」会田雄次『アーロン収容所』中公文庫、一九七三年、二四〇頁

＊59　清沢冽による徳富蘇峰の引用（出所記載なし。清沢冽『暗黒日記』第二巻、ちくま学芸文庫、二〇〇二年、三四三頁）

＊60　吉田茂・吉田健一『大磯清談』文藝春秋新社、一九五六年、六六、六七頁

＊61　日野啓三・猪木武徳、前掲対談「忘れられない場面」九頁

＊62　以上、鶴見和子司会、前掲「高校生の座談会」四二、四三頁

＊63　亀井俊介「百聞のアメリカ　一見のアメリカ」亀井俊介編『アメリカ古典文庫23　日本人のアメリカ論』研究社出版、一九七七年、八頁。三輪公忠「徳富蘇峰の歴史像と日米戦争の原理的開始」芳賀徹ほか編『講座比較文学五　西洋の衝撃と日本』東京大学出版会、一九七三年、二〇三頁。牛村圭「「拝外」と「排外」の精神史」『Ｖｏｉｃｅ』二〇〇七年九月号、一三四―一四三頁。園田英弘『西洋化の構造』思文閣出版、一九九三年、一三頁。ここで引用した言葉が、資料上の初出とは限らないものもあるが、ここでは本書で用いた引用文献を挙げた

＊64　清水幾太郎「日本人」『中央公論』一九五一年一月号、六頁

＊65　清水幾太郎「アメリカよ、頑ばれ」『中央公論』一九五三年一一月号、三〇、三一頁

第6章

永遠の差異——遠藤周作と戦後

愛や理窟や主義だけでは、肌と肌の色の違いは消すことはできなかった。〔中略〕
階級的対立は消すことができるだろうが、色の対立は永遠に拭うことはできぬ。
俺は永遠に黄いろく、あの女は永遠に白いのである。*1

遠藤周作「アデンまで」『三田文学』一九五四年

神々と神と

光と影

遠藤周作（一九二三―九六）が、初めての短編小説「アデンまで」を発表したのは、遠藤が三年間のフランス留学を経て帰国後の、一九五四年（昭和二九）のことである。人種的差異を全面に描いたこの作品は、遠藤文学の「原型みたいなもの」だった。[*2]

翌年に発表し芥川賞受賞作となった『白い人』や、同年の発表作『黄色い人』、その後の『海と毒薬』をはじめ、のちにノーベル文学賞最終候補者となる遠藤の文学作品の根底には、人種的差異が大きなメタファーとなっている。

遠藤はなぜ、生涯にわたり人種的差異を執拗に描いたのであろうか。そして、人種的差異に見出そうとしたものは、何であったのだろうか。

遠藤の作品は、自伝的側面がきわめて強い。遠藤は一七九センチの身長で、脚も長かった。[*3]遠藤のフランス語能力は森有正よりもはるかに高かった。[*4]フランス人との交友関係も広く、インテリのフランス人女性（一九三〇―七二）とは遠からぬ仲にあった。フランソワーズという洗礼名を持つその女性は二二歳の頃、七つ年長の遠藤と出逢っている。当時、遠藤は肺結核で入院していたが、フランソワーズの実姉であるジュヌヴィエーヴ・パストルによると、二人は出逢った瞬間から、「消し難い印象」を受け、「愛情はただちに生じた」という。

遠藤に出逢ってからフランソワーズは、姉の目からみても明らかに、人が変わったように幸福感に満ち、「たちまち妹から輝き出した肉体的、精神的穏やかさをはっきりと感じ」、二人は互いを婚約者とみなした。それは「アデンまで」に記された通りである。

結核が重症化したことで帰国を余儀なくされた遠藤を、フランソワーズはマルセーユから見送っている。帰国の過程で遠藤は次々と「愛情と、欲望と、約束と、はげましと、ユーモアに満ちた素晴らしい手紙」をフランソワーズに送った。

次々と送られてくる手紙には、「ぼくらは結婚するだろう」「君を愛している」との言葉が繰り返し述べられている。一九五三年の手紙には、フランソワーズさえ許してくれるなら、二人の恋愛を本にして刊行したいから、早く返事がほしい、「ぼくは手術を受けねばならないが、それでも君はぼくを愛し、日本に来るのだと言ってくれたまえ。フランソワーズよ、君を愛している。ポールより」と記されていた。[*5]

遠藤は帰国後、彼女の来日に備え、日仏学院の院長にフランス語教師の仕事を依頼し、一方のフランソワーズも、フランスで当時三人しか学生がいなかった東洋語学校日本語科に学び、森有正とも交友があった。だが、その後、遠藤からの手紙が途切れ途切れになっていく。

一九五四年には二通のみ、一九五五年には一通しか遠藤からの手紙はフランソワーズに届かなかった。フランソワーズは病状が悪化したのではないかと極度の不安に駆られた頃、遠藤はフランソワーズに黙したまま、一九五五年に日本女性・岡田順子と結婚する。

フランソワーズがそれを知ったのは一九五六年、日本の知人・友人を介してであった。

フランソワーズの姉・ジュヌヴィエーヴによると、遠藤の心変わりは、「まだきわめて閉鎖的な状態にある社会で、彼ら二人のような関係には多くの困難がともなうと思われたのだろうし、日本的妻の規範にしたがうのはフランソワーズにとって、むつかしいことだとも思われたのだろう」とするが、慶應義塾大学仏文学科の後輩であり、また実業家・岡田幸三郎（一八八八―一九二七）の長女との婚姻は、総合的に有益なものとみなした面があったのかもしれない。[*6]

いずれにせよ、留学中は熱愛関係を持ち、帰国前後は結婚に幾度も言及しておきながら、フランソワーズに黙したまま日本女性と婚姻関係を結んだ行動は、「卑怯」と言われてもしかるべき無責任さではあった。[*7]

だが、少なくとも帰国後までは、遠藤とフランソワーズの関係は、誰の目からみても単なる戯れではなかった。[*8]少なくとも一九五三年までは、遠藤に対する彼女の想いにも、また彼女の遠藤に対する想いも、偽りのないものだった。

一九五九年に遠藤が二度目の渡仏をしたときに二人は再会する。遠藤の帰国後、文通は再開し、一九六五年には彼女は来日も果たし、翌年にフランソワーズは二年契約で札幌大学の外国人講師の職に、その後の二年間は埼玉の獨協大学に職を得た。この頃から彼女は、遠藤との合意のもと、『沈黙』のフランス語翻訳に取り掛かった。だが、『沈黙』の内容をめぐって二人は対立し、彼女は乳がんに罹り四一歳の若さでこの世を去る。[*9]

フランソワーズの姉ジュヌヴィエーヴは、妹が、遠藤から連絡が突如として途絶えた頃から急激に痩せ、体調を害し、重度のホルモン異常が見られ、乳がんにいたったことから、妹の発病と急逝は、「遠藤の説明不可能な沈黙の結果」と記している。[*10]フランソワーズは日記に、遠藤が結婚したのちも、「養子をもらおうか、それとも、むしろそのほうがずっといいと思うのだけれど、あなたの子を持とうか、と一日中考えていました」や、「あなたがいなくても、ちゃんと子供を育てられると思います。夫なしでも大丈夫。私は、うるさくつきまとうような女ではありません」と記しながらも、「どうして私だけが犠牲にならなくてはいけないのでしょうか……あなたにすべての責任があるのに」とも記している。[*11]

男女関係は、第三者には理解しえないことが多い。だが、ここで指摘したいことは、遠藤は、私生活においてフランス人女性とかくも密接な関係を交わすなか、公には一貫して肌の色をめぐって、自らを醜悪視した描写を続けたことである。遠藤は「アデンまで」でも、次のように描写している。

　俺は日本人としては均整のとれた裸体をもっていた。〔中略〕俺は白人の女をだいて不調和な姿態をとる筈はなかった。だが、鏡にうつったのは〔中略〕部屋の灯に真白に光った女の肩や乳房の輝きの横で、俺の肉体は生気のない、暗黄色をおびて沈んでいた。〔中略〕この黄濁した色はますます鈍い光沢をふくんでいた。そして女と俺との躰がもつれ合う二つの色には一片の美、一つの調和もなかった。むしろ、それは醜悪だった。俺はそこに真白な葩《はなびら》にしがみついた黄土色の地虫を連想した。その色自体も胆汁やその他の人間の分泌物を思いうかばせた。[*12]

遠藤はなぜかくも自らの人種的側面を蔑んで描いていったのであろうか。

阿川弘之は後年、遠藤を、「戯画化《カリカチユアライズ》する天才」と呼んでいた。[*13] 遠藤は日本人のカトリック作家として国内外で存在感を示す傍ら、「雲谷斎《ウンコくさい》狐狸庵山人」という雅号を持ちユーモア作家としても一世を風靡したことからも、その一端はうかがえる。[*14]

渡仏時代を描いた「アデンまで」にみられる自己醜悪視も、作家としての意図的な戯画化の一つかもしれない。

しかし、「俺は永遠に黄いろく、あの女は永遠に白い」という言葉で描写される人種的差異は、単なる劇画化以上の意味を持っていた。日本と西洋を分かつ永遠の差異であったからである。それは遠藤が生涯にわたり、つまり遠藤が彼女に出逢う以前から問い続けた、日本人の自己醜悪視や人種的劣等感を描き続けたのも、遠藤が職業作家として、それらをまでに日本人の自己醜悪視や人種的劣等感を描き続けたのも、遠藤が職業作家として、それらを時代の反映、そして日本人の集合的心性をあらわしたものと捉えていたとも言える。フランスから船で帰国する際、遠藤は作家としての立ち位置を次のように記している。

欧州からの帰路、紅海を渡り、アラビア砂漠の一角にたち、この欧州と東洋とを切る一点の上で、ぼくは非常なくるしさを覚えた。もはや白人の世界はここで終りとなる。白き色のもつ明晰《めいせき》さ、非情さから黄色人の混とんとした色、濁った色、境界なき色の世界に帰らねばならぬ。だが、自分の肌は黄色であって決して白色ではない。ならば、この黄色を白き世界と混同せず対立させることからすべてははじまるとぼくは考えた。[*15]

遠藤文学の主軸となった、「黄色」と「白色」の人種的対立は、留学によって確固たるものとなった、いわば遠藤のフランス留学の中核をなすものでもあった。なぜなら日本では「自分が黄ばんだ顔の色、掌の色をもった男である」とは気付きもせず、遠藤は「人種とか、皮膚の色」には「ほとんど無関心」だった。また、「白人も黒人も黄色人も本質的には同じ人間であり、その悩みも悦びも根柢では共通」しているとの「気持が心の底にあった」からだ。*16

だが、渡仏を契機に、遠藤は人種的差異を通じて、自らの課題である日本と西洋の問題を追求しようとするようになる。遠藤が、人種的差異という永遠の差異に見出そうとしたものは一体、何であったのだろうか。

一九五〇年、遠藤とともに仏船・マルセイエーズ号に乗船し渡仏、その後、カルメル会に入会し過酷な修道院生活を過ごした神父・井上洋治によれば、遠藤は、影によってさし示される光を生涯追求し続けたという。井上は「遠藤氏の求めるもの」として次のように論じている。

> 光がなければ暗闇で、私たちは何もみることは出来ない。しかし光そのものを私たちはえがくことは出来ぬ。私たちには、光のあたっているものをえがくことしか出来ない。そこには必ず影があるだろう。しかし影は光をさし示している。光がなければ影があるはずはないからである。*17

光と影は表裏一体である。光は影なくして光とならず、影は光なくして影とはならない。これまで指摘してきたように、明治以降、多くの洋行エリートのあいだで「黄色人種」であることを醜悪視する自己認識の系譜があった。だが遠藤ほど、この日本人の西洋への根深い劣等感を直視した知識人はいない。

言いかえれば、近現代日本の洋行エリートのなかでも、遠藤ほど、西洋と日本を分かつ永遠の差異を根本から問い続けた知識人はいなかった。

また、繰り返し述べてきたが、日本がどれだけ西洋を理解できるのか、という根本的問いは近代日本そのものの命題でもあった。なぜなら明治以来、「西洋化」を選択した近代日本にとって、西洋理解こそが日本理解、すなわち「日本とはなにか」への究極的命題であり、西洋と「一体化」できぬものこそ、日本の本質的理解となったからである。

そして人種的差異とは、日本と西洋が「一体化」できぬことを可視的に示した「永遠」の「距離」であり、隔たりであった。人種体験は、遠藤だけが遭遇したことではなく、多くの日本人エリートが西洋で遭遇することであったが、そのほとんどは帰国後、語ることはなかった。日本人が「黄色人種」「有色人種」として差別されることは、洋行した日本人にとって、語られぬ洋行経験の影だったからである。

一体なぜ、遠藤は近代日本の影に光をあてようとしたのであろうか。

合わない洋服

遠藤が近代日本の根本問題を自らの問いとしたのは、キリスト者として戦前・戦中・戦後を生きたことにあろう。日本人のキリスト者としての葛藤こそ、人種的差異を執拗に問い続けた原点であり、それは西洋と日本の本質的差異を追求することに通じていた。その軌跡は、決して直線的ではなく、しかし点と点で揺るぎなく結ばれていた。

遠藤は、三歳から七年間、当時安田銀行の行員であった父の転勤で大連に住んでいた。父は愛人をつくり両親は不仲であり、このことは幼少期の遠藤のこころに重く、暗くのしかかっていた。

また、二歳違いの兄に比べ学校の成績も芳しくなく、淋しさを抱えていた遠藤の大連時代を支えたのは、母、そして満州人のボーイと犬のクロだった。

遠藤は少年時代から秀才の兄に比べ、あまりの学業不振に、父にも呆れられていたが、母ひとり、「お前には一つだけいいところがある。それは文章を書いたり、話をするのが上手だから、小説家になったらいい」と言い、さまざまな本を読み聞かせ、そして文章を書けば実によく褒めた。後年、遠藤は「母が私の一点だけを認めて褒め、今は他の人たちがお前のことを馬鹿にしているけれど、やがては自分の好きなことで、人生に立ちむかえるだろうと言ってくれたことが、私にとっては強い頼りとなった」と回顧する。*18

遠藤家で給仕をしていた一〇代半ばの満州人ボーイは、遠藤が近所の子にいじめられれば、相手を叱りに行き、遠藤が両親から叱られれば、懸命にとりなし、遠藤をかばう、幼少期の遠藤の守り神であった。そして犬のクロは、登下校する遠藤にいつもついて離れず、遠藤が学校に行けば、門前で遠藤を寝て待ち、下校時、遠藤が脇道に隠れると、次の角では遠藤を待っているといった存在だった。遠藤が寂しげにクロに話しかけると、クロはそのこころを察するように大きくつぶらな黒目で遠藤をじっと見つめたという。

遠藤が一〇歳のときに両親は離婚、遠藤と兄が母に連れられ日本に戻ることになった日もクロは遠藤を乗せた車をずっと走って追いかける。車の速さについていけずバックミラーからどんどん小さくなっていくクロの姿に、遠藤はただこぶしで涙をぬぐっていた。*19

遠藤が、母のすすめで夙川の教会で受洗したのは一九三五年、一二歳のときだった。当時の遠藤にとって教会とは、遊んでくれ、お菓子をくれるところであり、洗礼時、神父からの「神を信じますか」とは、「お菓子をたべますか」のように聞こえ、「はい、食べます」というように「はい、信じます」と答えただけだった。

このとき自分がどれだけ「大きな決定」を下したか、「この一言の返事が後々、自分にどういうものを背負わせることになったか」、本人は知る由もなかった。[*20]

なぜなら以来、キリスト教は遠藤にとって、「成長期と共に母親から着せられた洋服のような」「合わない洋服」であり、青年時代から、「この洋服が自分の背丈に合わぬこと」の「苦しみ」から逃れることはできなかったからである。[*21]

キリスト教は「洋服」であり、日本人である遠藤の体に合う「和服」ではない。キリスト教と自分には、一体化できない「どうにもならぬ隙間」というべき距離感があり、このぬぐい切れない違和感を抱き続けたことが、遠藤の根本的追求の動機となる。[*22]

それでも「合わない洋服」を脱ぎ棄てられなかったのは、遠藤にとって母の存在があまりに大きく、そしてキリスト教と母の存在は不可分にあったからである。

大連から神戸の六甲小学校に転校後、灘中に入学、一八八人中一八六番の成績で卒業した遠藤はその後、九つの入試に落ち、三年間の浪人生活を送る。浪人中の受験回数は数え切れず、遠藤は自他ともに認める「出来そこない」であった。だが後年、阿川弘之は、文士のなかでも飛びぬけて「変つてゐる」遠藤を、「突拍子もない発想法」を持ち「普通世間に通用しにくい」天才であるがために、「世俗の入学試験に数限りなく落第されたのはむべなる哉」と評している。[*23]

遠藤家は、祖父の代まで医者の家であり、父は遠藤に医学部のみを受験させたが、遠藤は落ち続ける自分に見切りをつけ、ひそかに文学部を受験、一九四三年、遠藤が二〇歳のときに慶應義塾大学文学部予科に補欠合格する。[*24]

当時、経済的理由から父の家に滞在していたため、合格したのが文学部であったことを事後に知った父は激怒し、遠藤は勘当される。そのため遠藤はキリスト教系の学生寮に入り、そこで舎監をしていたカトリック哲学者の吉満義彦に出逢う。遠藤が哲学よりも文学に向いていると察した吉満は、遠藤を亀井勝一郎や堀辰雄に紹介、ここで作家への道が形成され始めていった。

さらに一九四五年、予科から三田の仏文学科に進学したのは、予科二年のとき、勤労動員で通った工場の帰りに古本屋で偶然に慶應大学仏文学科教授の佐藤朔の著作を購入したからだった。それまで勉強嫌いであった遠藤は、そこではじめて二〇世紀のフランスカトリック文学に興味を抱き、この一冊で遠藤は仏文学科への進学を決めている。

遠藤は佐藤朔との出逢いと導きによって、自身が潜在的に抱えていた問いに向き合うこととなったのだった。

その二年後、遠藤は、角川書店の顧問であった文芸評論家・神西清が、新人のいい原稿を探していることを先輩を通じて知り、原稿用紙二〇枚程度の随筆を書き、その先輩に提出した。それが「神々と神と」であった。

一ヵ月後、神西清から、遠藤の原稿を角川書店の発行する文芸誌『四季』に掲載したいとの手紙が届く。遠藤にとって、この手紙を受け取った瞬間とは、これまで成績、受験とともにことごとく芳しくなかった彼が、人生のなかではじめて社会に受け入れられたと認識したときであり、また、作家・遠藤周作が生まれたときでもあった。

「神々と神と」は題目通り、汎神論的風土の日本がどれだけ一神教的信仰であるキリスト教を理解できるかを論じたものである。それは遠藤が「合わない洋服」と称し抱いてきたキリスト教への違和感と距離感への問いであり、遠藤の原点であった。

一九四九年に大学を卒業する頃、自分がすぐに作家として食べていける自信がないと恩師の佐藤朔に告げると、遠藤の作家としての才を感じていた佐藤は、遠藤がそう言いながらも松竹の助監督試験を受け落ちていることも知っていたため、「あまりに探究心がつよく、可能性が多い人間というのは一歩あやまれば、とんでもない方向に行ってしまうもの」と懸念し、強くフランス留学を勧め、その結果、遠藤はカトリック奨学生として渡仏する。[*25]

そして、このフランス留学が「神々と神と」を自らの問いとして掲げた遠藤にとって決定的な契機となるのである。

一九五〇年、戦後初の留学生として、占領下の日本から、カトリック奨学生として渡仏した遠藤は、「敗戦国民」「戦争犯罪国民」として、日本人としては最悪の状況にあった。

さらに、遠藤はフランス人の根深い白人優越主義にさまざまな場面で遭遇し、数々の人種体験によって欧州の思想的地下水であり続けているキリスト教との隔たりを重ね合わせるようになる。その隔たりこそ、少年期から抱き続けてきた違和感や距離感であり、日本と西洋の一体化をめぐる根本的課題だった。つまり、「神々と神と」を自らの問いとした遠藤にとって、可視化された人種的差異とは、可視化されえぬ宗教的差異を示すメタファーとなったのである。

皮膚のかなしみ

「サール・ジョンヌ」

敗戦後間もない、まだ日本が占領下にあった頃の渡仏は、ひときわ輝かしい船出であった。一九五〇年（昭和二五）六月四日、二七歳の遠藤がカトリック奨学生として渡仏する際、横浜港には先輩友人が妻子を連れて四〇名ほど見送りに集まっていた。

遠藤を乗せたマルセイエーズ号から出発の合図のドラが鳴ると、見送りの人々は、「万歳、万歳」と叫んだ。遠藤は友人から受け取った高価な花束を持ちながら手を振る。次第に離れていく岸壁からなかなか立ち去らずにいる見送りの友人たちが「もうかすかに遠く」なっていくにつれ、「遂に日本を離れ」ていくことに「泪が出」た。[*26]

遠藤の渡仏は経済的にも底辺にあり、限られた留学費用から工面できた遠藤の「客室」は「家畜や船荷を積む下甲板の底」にある「便所の臭いのこもった、陽の光も差しこまぬ水面下の船《せん》艙《そう》」だった。[*27]船艙では寄港地ごとに「荷物が上から降ってくる」なか、寝起きせねばならなかった。[*28]当時の仏船は一等二等以外は船艙のみで、「マルセイユまで五万円という安さ」の船艙は「ひどい場所」で、その劣悪さは、横浜で戦前から一〇年以上、赤帽の配達員として働く日本人が、遠藤の荷物を運びながら、「こんな船艙で外国に行く人は初めてだ」と話すほどだった。

薄暗い船艙に降りた遠藤らを驚愕させたのは、日本兵捕虜をベトナムから送致した帰りの、銃を手にたむろするアルジェリア系黒人兵だった。船艙は彼らの「むっとするほど体臭」がこもっていた。[*29]船艙には、この白い刺青のある黒人兵が約三〇人、日本人が五名で、のちに遠藤の「アデンまで」を丁寧に直してくれた先輩・柴田錬三郎は、見送りの際、「おまえ、気をつけないと食われちまうぞ」と遠藤に語りかけていた。[*30]

その後、寄港地ごとに中国人・安南人などが乗り込み混みあう。遠藤は彼らの不潔さには耐えきれず、二度と船艙には乗船しないと心に誓う。船内とは閉鎖された階級的空間であったが、二等以下は「人間以下の扱い」で、「便所と洗面所」の「区別」はなく、彼らは「至る所に紙屑を捨て放尿」し、日本人がいくら掃除をしても無関心だった。*31

さらに、「最下等」の「食事」は、それぞれがアルミ缶を首から下げ、船底の「下級船員用の調理場」に受け取りに行く。あるとき、遠藤が少し遅れて船厨に行くと「白人のボーイ」は「遅いと怒鳴りつけ」、遠藤を突き飛ばした。「俺は客だ」と遠藤が叫ぶと、「客?」とボーイは嘲笑《あざわら》い次のように言い放つ。

「四等の奴は客じゃないぜ。船はお前たち黄色人《サール・ジョンヌ》や黒人を憐《あわ》れんで乗せているんだ」と言ったうえで、「汚い黄色人!」と、フランス人ボーイは遠藤に向かって叫んだ。遠藤にとって、これが、「生れて始めて皮膚の色によって軽侮を受けた経験」であり、「黄色人である私が白人のなかに投げだされた最初の時」だった。*32

露骨な人種差別には階層的要素は否めないが、経済的厚遇を受けた洋行では、水面下の人種差別意識には気付きにくい。

遠藤が渡仏する十数年前、横光利一は毎日新聞社特派員として潤沢な資金と庇護のもと一等船客として渡仏、『旅愁』(未完)をその成果として発表したが、横光の西洋観は遠藤にとって「うんざり」するほど「浅薄」で、「俳句の抒情とノートルダムの抒情」に共通性を安直に見出そうとする「愚論」に映った。遠藤が横光の西洋観を「どんなに出鱈目な西欧解釈でしか」ないと感じたのは、横光の西洋体験が表面的なものに過ぎないと思ったからだろう。*33

欧州への船旅の途中で遠藤は「黄色人種」として差別される経験を嚙みしめながら、かつて香港や上海などの国際都市に、「シナ人、入るべからず」と書かれた欧州人専用の公園のあるのを聞いたことを思い出し、「皮膚の色」だけで差別することの「莫迦莫迦しさ」や、あのボーイだけが「無礼」であってフランス人皆がそうだと思うのは「愚劣」と思うとしても、いかなる「自己説得も私の怒りや悲しみをまぎらわさなかった」[*34]。

リヨンへ

遠藤はマルセイユ到着後、ルーアンで二ヵ月過ごした後、「保守的な田舎都市」であるリヨンに滞在する。リヨンの大学には、「有色人」は「僅かな黄色人（印度支那人、中国人）とアフリカの黒人学生しか」留学していなかった。リヨンの人々も、「有色人に馴れてはいないらし」く、遠藤は市電に乗った際、フランス人女性が隣の遠藤に気付かず着席し、その後、黄色人だとわかると、次の駅で降りるふりをして席を離れたことに気付く。レストランでも、誰も遠藤の周囲に座ろうとはしない。次第に遠藤は「リヨンの街をあるくのがイヤになった」。

実際は遠藤の身なりも多少関係していたかもしれない。だが、外国滞在中、日常的に差別的なまなざしを受けていることを感じていれば、外出時の身なりや言動にはそれなりに気を配るようになる。また、遠藤の留学中の写真をはじめ、複数の写真をみても、遠藤が露骨な差別を受けるような身なりをしていたとは思いがたい。

煙草屋の戸を開ければ、「売子や客たちがふりかえり、ジロジロと」遠藤をみつめ、子どもは「ママ、支那人《シノワ》だよ」とささやき、母親は「シッ。聞えますよ」という[*35]。

一九五〇年七月七日、リヨンから汽車でパリに一人で向かった際も、周囲のフランス人らから「ジロジロ」みられ、「全く心細い」気持ちに溢れていた。[*36]

なぜ人々は遠藤を「ジロジロと見」、「黄色人を電車やレストランで避ける」のか。「普通、異人と対坐することはたしかに一種の本能的な当惑や怯《おび》えをひき起すもの」であり、それは相手が「わからない」ことから生じる普遍的な恐れの感情でもある。

しかし、リヨンの人々が遠藤を避けたのは、「こうした未知のものにたいする本能的な当惑や怯《おび》えだけではなかった」ことは明らかだった。

ある日曜日、汽車のなかで、遠藤の前に二人の若いフランス人兵士が座り、「例によって、こちらを時々、盗み見したが、やがて私が寝たふりをしていると小声で話しはじめ」、遠藤を前に、「黄色人は黒人のように醜いな」と呟いた。そして彼らはニュースで知った朝鮮戦争について話しだし、その一人は「重々しく呟いた。「兎に角、彼等は野蛮《ソウバージュ》だよ」」。

彼らはとりわけ人種偏見を持ったフランス人だったのか。遠藤は「有色人」が醜く「野蛮」であるとの認識は、「ほとんど一般の仏蘭西人が心に持っている感情」だったとする。[*37]遠藤は、フランス語能力があったからこそ人種偏見を見聞きする機会が必然的に多くなったともいえる。いずれにせよ遠藤は、「醜い」と言われて以来、しばしば下宿の鏡の前で自分の顔や手のひらを眺めるようになった。

人種概念と美醜は歴史的にも不可分であり、三島由紀夫がボディ・ビルに励みギリシャ彫刻的な肉体の獲得に憧れたのも、そこに描かれた肉体美を「美の標準」とみなしたためだった。他方、日本人は、一九世紀中葉から風刺画などで「猿」のように描かれたが、実際、遠藤がリヨンの公園で檻に閉じ込められた「一匹の汚い牝猿」を見ていると、周囲のフランス人から「猿とお前とおなじ皮膚の色をしている」と言われる。[*38]

同じ人間でありながらフランス人から日本人は依然「猿」同様に見られていた。

リヨンの大学には、「反人種主義」から「有色人学生と交際しよう」とするフランス人学生らの集会があったが、それは「白人学生の押しつけがましい友情」と「憐憫」に満ち、彼らの自国中心主義と「言葉の背後にやりきれない自惚《うぬぼれ》と傲慢《ごうまん》さ」があった。何より「反人種主義を自称する白人」の「最大の過失は、彼等が有色人種を白人として取り扱えばいいと考えている点」だった。

だが、同時にそこには、フランス人学生の白人優越主義と同じくらいに露骨な「有色人のコンプレックス」があり、「有色人」の人種的劣等感をさまざまなかたちで見せつけられ、遠藤もそれが自分にあることを認識しただけに、「やり切れない苦しさ」があった。この会合には、「針金のように固く、短い粗毛を金色にそめた一人の黒人男性」がおり、白人から「嘲笑」を受けており、「同じ有色人には何とも言えぬ情けなさを味わわせた」。とはいえ、髪を染める日本人をよく銀座などで見かけることを考えれば、決して他人事とはいえないと遠藤はいう。[*39]

黄色い人の哀愁

ただ、それでも、遠藤がどれだけリヨンで人種偏見に遭っても、遠藤は、日本という、人種差別から「逃避できる現実的な場所も未来も持っていた」。したがって、国内で日常的に人種差別問題と向き合いながら生活せねばならない「黒人とユダヤ人」を考えれば、遠藤が留学先で一時的に体験した人種偏見の苦痛など比較にならなかった。

それは遠藤だけでなく、多くの日本人留学生にとっても同様であり、ゆえにいずれ帰国する在外邦人にとって人種偏見は、帰国し忘れようとさえすれば忘れられる一過性のものであった。[*40]

現に、遠藤が横浜港を発って以来出遭った「皮膚のかなしみ」は、同じく渡仏体験を持つ日本人のあいだでほとんど語られてこなかった。遠藤と同じリヨンに滞在した永井荷風が描いた『ふらんす物語』も、遠藤のリヨンでの実生活からは隔たっていた。

遠藤は、中世カトリックの色濃く残る保守的なリヨンで「貧乏な一東洋青年の生活」を送り「孤独で辛かった」が、「もっと精神的なことでみじめで苦しかった」。[*41]

一方の荷風は潤沢な資金があり、キリスト者でもなく、大学や教会など現地社会とのかかわりもなく、旅行者、つまりは完全なる異邦人としてフランスに滞在できた。

遠藤は渡仏二年目以降、言いようもない「疲れ」に苛まれるたびに、同じリヨンに滞在した荷風『ふらんす物語』を思い出したが、荷風のリヨン描写には、リヨンの持つ「偽善、因襲、巴里にたいするコンプレックス、順応主義（それは荷風の最も嫌ったはずのものだったが）という嫌な面をすべて無視して、彼の美化された夢のなかで創られたうつくしいリヨン」であり、遠藤の知るリヨンではまったくなかった。[*42]

海外から帰国した日本人の旅行記や視察談でも、荷風と同様に人種的なみじめさは一切触れられることはなかった。[*43] 特に「代議士やデザイナー」など「短期間の外国旅行者」の視察談には、あたかも自分がその土地の者と同様に言語を流暢に操り、「一度も白人たちから人種的差異を多少ともうけたことがないよう」な話しぶりだった。

だが、「彼等の凡てが「黄色人種」なるが故に、孤独感や怒りを感じさせるような待遇を受けなかった」はずはない。

「自由、博愛、平等」を謳うフランス人に潜む「白人優越感」の根深さは「保守的な田舎の都市」であれば特に強く、たとえフランス語能力に長け、フランスの風俗習慣を心得ていても、「黒人や黄色人」は偏見を向けられる。したがって、フランス語を解せぬ「有色人」へのフランス人の侮蔑はさらに露骨で、パリの郵便局で、フランス語を解せずに女性郵便局員から罵倒され、周囲のフランス人らからは嘲笑された東京の大学教授のみじめな姿も遠藤は目撃している。

だが、ほとんどの洋行者は、その「事実を語れば自分の沽券にかかわる」ことから、「ひたかくしに」した。日本人の「沽券にかかわる」人種体験は、「もっと率直に告白してよい筈」であるが、日本人の多くがそれを「ひたかくし」にしたのは、日本人にとって人種的に差別されることは、戦後においても自尊心に関わるものであり続けていたからだった。

「戦争中、同じ黄色人」に対し「「チャンコロ」「コレアン」と侮蔑した」日本人は、同じ侮蔑を西洋人から受けているに過ぎず、日本人が「同じ黄色人」を侮蔑することも、戦後なくなったわけでは決してなかった。「同じ黄色人」でありながら「黄色人」であることから他のアジア人を侮蔑しながらも、またそうであるがゆえに、白人から「黄色人」としての差別を受けることを恥じ、隠そうとした日本人は少なくなかった。しかし、黄色人種であることで多かれ少なかれ人種差別にあったにもかかわらず、それをひた隠しにする在外邦人とは、さらにみじめであった[*44]。

血の隔たり

ポール遠藤

多くの日本人がひた隠しにするなか、遠藤がこの問題に直面できたのは、遠藤にとっての人種的差異が、差別や偏見といった表面的問題よりも深くに根差す、東洋と西洋を分かつ宗教的差異への認識に重なり合っていたからだ。

一九五〇年（昭和二五）に遠藤が渡仏したのは、その二年前に立ち上がったローマのカトリック東洋布教会が、東洋人学生を欧州各国に留学させる計画による。日本からは、スペイン、イタリア、ドイツ、そしてフランスに各一名ずつ派遣されることとなり、その奨学金は各国の信者から集めた寄付金でまかなわれた。遠藤は、フランスのカトリック教会で集められた献金によって奨学金がつくられ、留学が実現している。[*45] 遠藤は、約一ヵ月の船旅で七月初旬にマルセイユに到着してから九月まで、中世カトリックの歴史伝統が色濃く残るルーアンでホームステイした。

初めてマルセイユに降り立った遠藤は、感動と興奮に満ち溢れていた。七月六日、マルセイユで最も古いゴシック寺院を訪れた際、「壁にさわる。つめたい。だが、この石こそ、何世紀も前から欧州の血液をまだ脈うたしているのだ。感無量である」と、「石」を通じて「欧州の血液」に触れたことを夢見心地で感じている。

プロヴァンスやパリをみても「全くすべてが夢のよう」で、「どの家も、どの建物もながい歴史」があることに感嘆する。渡仏直後の遠藤にとって、「文化伝統」の根付く建築や風景は「うつくしさ」に溢れていた。気候が最も恵まれた夏に到着したことも多分にあっただろうが、ルーアンは特に、中世からルネッサンス期の教会建築がそのまま残り、ゴシック教会の「うつくしさ」はマルセイユの比ではなく、「長いカトリシスムの伝統がいかに鍛えられたかはこれでわかる」と感激を隠さない。[*46]だが、ルーアンでの生活が始まるにつれ、それまで遠藤が忘れかけていた「合わない洋服」の違和感と隔たりが、遠藤の前にあらわれるようになる。

ルーアンで遠藤は「ポール」と呼ばれていた。「ポール」とは、遠藤の洗礼名であり、またホストファミリーの亡くした息子の名前でもあった。

ポールと呼ばれるたびに、「たまらない恥ずかしさ」を感じるが、「もう微笑をうかべて諦める」ことにした。[*47]遠藤は、先述したフランソワーズからも「ポール」と呼ばれており、二人は互いを洗礼名で呼び合っていた。[*48]遠藤とともにマルセイエーズ号で渡仏し、ともにルーアンに滞在していた三雲夏生は、二十数年も経ったのち、ルーアンでポールとしか呼ばれていなかった遠藤を、「無国籍か二重国籍者のような名前をもった青年」と批判している。[*49]

遠藤と三雲はルーアン時代から、キリスト教への姿勢をはじめ何事においても関係が芳しくなかったが、「無国籍か二重国籍者のような名前」は、中立的に解釈してもたしかに、遠藤の「合わない洋服」の葛藤を象徴するものでもあった。

また遠藤は、日本人のキリスト者として留学したため、かつて内村鑑三がさせられたように「ミッション・サーカス」に立たされる。フランス人信者を前に、日本でいかにキリスト教が普及しているかを語らされ、遠藤もそれなりにあえて彼らを感動させる話をしたが、彼らを喜ばせるほど、「迎合している自分を感じ、白々しい気持」になった。

また、ある「無邪気な」中年女性は、日本人や中国人の箸の使い方を尋ねるので、指を動かし箸の使い方を教えると、彼女は真面目な顔つきで、帰国する際は便利なフォークを日本に持ち帰らねば、という。ステイ先の夫人らも、「日本人は床の上に寝ると聞いたが本当か」と質問するので、「床の上」ではなく「畳の上」に寝ることを説明しようとするが、「畳」をうまく説明できず、「一種の藁みたいなものが、家の中に敷きつめてある」という。「すると藁の上に寝るのか」、農家の納屋に敷かれている干し草のようなものかと聞かれ、日本人は「キャンプ」生活をしていると話は勝手に進んでいった。

さらに、「日本の家は紙と木でできている」のは本当かと尋ねられ、「紙は窓硝子のかわりに使う」と答えたが、まったく理解されない。フランスに到着したばかりで自身のフランス語能力の拙さもさることながら、あまりに「無理解な質問に答えねばならぬ」ことに苛立ちを覚えるが、その苛立ちの根本は、フランス人の無自覚な文化的優越主義にあった。日本の文化について、右のごとく散々質問したあげく、きわめつけに司祭はいった。「日本にもっと、基督教の光をあてるように祈ろう」、「君の国に今よりも基督教の光があたるよう、我々は努力しよう」、と。

遠藤は、日本は「あんたたちが考えているような生やさしい国」ではなく、日本には「基督教が結局はその根を腐らしてしまう風土がある」ことを明確に伝えるフランス語を懸命に探すが、もう疲れ果てて、「何を答えるのも嫌になっていた[*50]」。

慣れないフランス語では食卓の会話にもついていけず、夕方になれば肉体疲労も重なりさらに思うように伝えられない。この先の留学生活に遠藤は暗澹たる思いに駆られるが、遠藤を最も暗くさせたのは、「藁」の上で眠り、「紙」をガラス代わりに使用し家を建てている日本には「基督教の光」が必要であると、祈る司祭らのキリスト教絶対主義であり、それに裏付けられた無自覚なまでの白人優越主義だった。

「無縁な者」

留学中の二年間、遠藤は相当の勉強量をこなしていったが、遠藤のキリスト教に抱いた「違和感」は、次第に遠藤の心身に重くのしかかっていた。そのひとつが、中世カトリックの歴史伝統を象徴する石の建築から感じられる「圧迫感」だった。

「やはり石の家、石の道での生活は疲労する」。渡仏二年目頃から、どうしようもない「疲れ」が遠藤に重くのしかかるようになったのも、「家も路も教会も石の集積」であり、その石一つひとつに「歴史の重み」が刻まれているからだった。

パリは、日本で想像していたパリとは異なり、「とても冷酷な街」に感じた。遠藤にとって「巴里にいることは、その重みをどう処理するか」の連続であり、留学も二年目になると、「この重みと圧力が肉体にも心にも苦痛」になっていった。[*51]

何よりも、日本の「変りやすい木の建物」と違い、何代も残る石の建物は、「そこに住んだ人間がここで次々と息を引き取ったこと」が肌で感じられる。何代もの住人の「人生や死がしみこんで」、「それがひどく重くるしい」。[*52]「石の重さの中には人間のどうにもならぬ重圧や宿命がこびりついて」いる。[*53]石畳の路にも、かつて処刑され、虐殺され、苦しみながら死んでいった人間の「血がしみこんでいる」。[*54]その石畳を指でこすると、「赤黒い石の一つ一つが二百年ちかい間、人々の足にふまれて、すっかり磨滅し」、「冬の夕暮の微光をうけて車輪の痕らしい長い凹みが二本のレールのように続いて」いた。

そのような道は東京で見たことがなく、「人間の生きている臭いがしみこみ、人間の足の脂と臭気がしみこんでいる石の道」など、「日本には決して存在しなかった」[*55]。

遠藤は、自分の身体を取り囲む石の建築に、中世以来のキリスト教のもつ「文化伝統」の重苦しさを感じざるをえなかった[*56]。

かつてエリート行員として渡仏、フランス女性と結婚し現地に住み続け三〇年となった邦人男性は「年をとるに従って、この巴里が段々、嫌になって」きたと語る。

「若い頃はあれほど好きだった巴里が、もう私の生理に耐えられない」。見渡す限り「石」であり、「建物も石、歩道も石。田舎に行っても、日本人の生理にはあわない風景ばかり」というその男は、最後にこういった。「日本人は結局日本人」なのだ、と[*57]。

さらに遠藤は、パリの下宿近くにあったトロカデロ美術館によく通ったが、ローマ期から中世中期までの宗教彫刻の複製が集められた小さな美術館さえ、キリスト教とその歴史伝統の「苦しさ」[*58]が凝縮されており、「こんな詰らん小さな美術館一つに入っても、ぼくら留学生はすぐに長い世紀に亙るヨーロッパの大河の中に立たされてしまう」[*59]。

在仏邦人には、この「石の重圧」を「無視する奴とその重みを小器用に猿真似する者」と、そのような器用さを持ち合わせていないがために「轟沈してしまう人間」と、「三種類」いたが、遠藤はこの重さを無視することも猿真似することもできなかった[*60]。

ここにある石柱彫刻に向かいあうだけで、「重いテコで胸を押されてくるような圧迫感」があり、日本人である遠藤には「この像が全く摑めないという気持」をともなった。

日本人の美術史家は、これらの彫像に対し、「いかにも理解したような説明」をするだろうが、遠藤には、そんな表面的解釈など通用しなかった。なぜなら、トロカデロにあったのは、第一期ヨーロッパの「重くるしさ」と「ヨーロッパ文化に無縁な者に、本当のヨーロッパ文化が与えてくる圧迫感」だったからである。

どの石像にも「重量感」を感じるたびに、遠藤は、「自分との距離」と「自分との縁遠さ」を考えずにはいられなかった。[*61]

遠藤にとってトロカデロ美術館は、欧州の「大河」を示すものであり、自分がその「大河」には決して相容れぬ、完全なる他者であること、つまり、そこにはどうしても一体化できぬ隔たりがあることを再確認させる場であった。

では、「日本人は結局日本人」であり、フランスの「文化伝統」にはどうしても「無縁な者」であるならば、日本人がフランス文学なり西洋学問を、そしてその精神的根幹にあるキリスト教を果たしてどれだけ理解しえるのであろうか。[*62]

そして、一体化できぬ隔たりの根源であるキリスト教を、遠藤は、欧州の歴史的文化的基盤であり精神的支柱であり続けている「血液」として、次のように論じる。

血

これまで多くの日本人知識層は、外国文学から、その「本質的伝統」、つまり「西洋文学の根底にある基督教」を「無視して表面の現象だけ掬いとってきた」。

しかしキリスト教とは、何百年もの間、「培われ鍛えられてきた欧州文学の血液」である。何世紀にもわたり培われてきた「一神的地盤基督教の伝統」を、果たしてどれだけ「汎神的素地のなかに発育成長した日本の文学的現実」にあてはめられるのか。[*63]

キリスト教とは二〇〇〇年間、西洋の「文化から日常生活の底をひそかに流れてきた地下水」であり、「地下水的思想」であり続けているが、日本にはそれに匹敵する伝統があるだろうか。これは遠藤が留学以来、「いつも手さぐりをしてきた課題」だった。[*64]

西洋の「血液」であるキリスト教の歴史伝統を持ちえぬ日本が、どれだけ「西洋化」できるのか。また、そのような歴史的精神的地盤を持たない日本にとって「西洋化」とはいかなる意味があったのか。そして、その「血液」は、日本には「輸血」しえぬ、混じりえぬものではなかったか。

事実、たとえどれだけ西洋学問を学んでも、日本で「中世の充足を失った時代」や「神を見失った近代」などと聞くたびに、それが「日本の我々と一体どこまで関係があるのだろうか、という疑問」が遠藤には幾度も残らざるをえなかった。

そもそも日本には、「ジャック・マリタンの言うような中世」も、「人間中心主義のルネッサンス」もなかったからだ。[*65]

留学で得たことは、「結局、シャルトルの寺院と法隆寺との間の越えがたい距離であり、聖アンナ像と弥勒菩薩との間にはどうにもならぬ隔たりのある」ことだけだった。外形は似ていても、そこには「越えがたい距離」と「どうにもならぬ隔たり」があり、「それを創りだしたものの血液は、同じ型の血ではなかった」。

留学で気付いたことは、机上では到底認識できない、この「くるしい事実」だった。

「我々は別の血液型の人から血はもらえない」。ここでの「血」とは遠藤にとって二つの意味がある。一つは欧州に流れるキリスト教の「文化伝統」としての「血」であり、もうひとつは、遠藤の留学を中断することとなった結核による血痰である。

歴史伝統はそれ自体同じであり、違う。だが、「血」が異なることで、相容れぬことでかくも苦痛を強いたのは、非西洋・日本の「西洋化」の精神的帰結ではなかったか。

いわば血液は、西洋と一体化できない永遠の差異であった。たしかにヨーロッパには、「善の深さも悪の深さも、その高貴な精神もその美しい芸術も」、「日本人の感覚ではついていけぬ何か」があった。遠藤は二年間の留学で「巨大なその壁にぶつかり、自分とこの国々との距離感だけを強く意識するように」なり、結果、病気になった。[*66] 遠藤は結核の重症化で帰国を余儀なくされるが、パリの雪道で吐いた自身の血痰をみて、遠藤は、これが「日本人の血だったのか。それとも僅かではあったがこの西洋から体内に流しこまれたものに耐えられなくて吐いた血なのか」と呟いたのだった。[*67]

「神さまは外国人ですか」

遠藤文学は自伝性がきわめて強いことは冒頭で論じたが、遠藤が留学を通じて直面せざるをえなかったキリスト教と「血の隔たり」に対する「違和感」と「疲れ」は、遠藤が帰国後に発表した『黄色い人』（一九五五年）にも如実に反映されている。

『黄色い人』の主人公は、かつて少年期にミサや教会に通い、「告解をしなければならぬ信者の義務のためだけに」、勉強を怠けたことや学校で聞いたことなどを無理矢理つくってフランス人神父に「告白」したが、自分には「罪」という「白人流のお考え」はついぞわかることはなかった。告解室の格子越しから片言の日本語で「ミノルサン、カンタンニノベテクダサイ。ナニヲシマシタカ」と問う神父に、少年だった主人公は「貴方の白人くさいバターと葡萄酒との臭いのまじった息をかぎ、この自分の無理な仕種に疲れを感じて溜息をつきました」[*68]。

また、「基督ハ小サナ馬小屋デ生レマシタ。貧シカッタ」と「鳶色のうるんだ眼で貴方はぼくたちを見まわし、大きな絵入りの聖書をひろげ」たとき、はじめて「神さまが貴方と同じように金色の髪をもち白い人だということ」を知った主人公は、神父に、「神さまは外国人ですか」と尋ねると、神父は「怒ったように首をふり」、「神サマハ人デナイ。国ノチガイハアリマセン」と答えた。

それからしばらくたち、東京に出て医学部生となった主人公は、教会にもミサにも行かなくなったが、それは、神父の思うような「信仰と医学との矛盾だとか、神の存在の非科学性だとか、そんな大袈裟な理由」ではなかった。そんな「西洋人くさいこの理窟」などどうでもよく、主人公は、そのフランス人神父に宛てて次のように手紙を書いた。

黄色人のぼくには、繰り返していいますがあなたたちのような罪の意識や虚無などのような深刻なもの、大袈裟なものは全くないのです。あるのは、疲れだけ、ふかい疲れだけ。ぼくの黄ばんだ肌の色のように濁り、湿り、おもく沈んだ疲労だけなのです。[*69]

そして、主人公は、「黄色人」として抱いたキリスト教への「疲れ」を、絵入り聖書に描かれた「金色の髪をもち白い」キリストを思い返し、次のようにも言及した。

もう子供のころ、貴方の絵入聖書に描かれた金色の髪、金色の鬚をもった基督、この一人の白人を消化する気力もなかっただけなのです。*70

かつて内村鑑三は、普遍宗教としてのキリスト教はイスラエルを発祥の地とするため、せめて白人起源でなくてよかったと論じたが、少なくともフランスのカトリックにおいてイエス・キリストは「金色の髪、金色の鬚」を持った「白人」に描かれており、「黄色人」である主人公には、とてもこの「一人の白人を消化する気力もなかった」。

本章冒頭で触れたように、阿川弘之は遠藤を「劇画化の天才」と評したが、少年期に通った教会でのフランス人神父とのやりとりからくる「疲れ」、絵入り聖書に「白人」として描かれたイエス・キリストへの人種的な距離感、そして「罪」をはじめとする「西洋人くさい」概念に対する違和感など、すべてが「ぼくの黄ばんだ肌の色のように濁り、湿り、おもく沈んだ疲労」となったことは、遠藤自身が少年期の受洗以来、そしてフランス留学によってことごとく身をもって痛感したことにほかならなかった。そして、「白人」として描かれるイエス・キリストを救い主としたキリスト教に対する違和感や距離感は、どうしても「黄色人」である日本人の主人公には「消化」できるものではなかった。

それは遠藤が少年期から抱いた「合わない洋服」の感覚であり、また留学中の「ポール遠藤」に象徴される「違和感」、そして欧州に流れるキリスト教という「血液」は、とても「日本人の血」には混じりえない、一体化しえぬものでありながら学ぼうとしていることから生じる「ふかい疲れ」であった。そのすべてが、「黄色い人」と「白い人」とを分かつもの、そして「消化」しえぬものとして描かれていた。

『黄色い人』の主人公は、その四ヵ月後、結核により血痰を吐いたと描写されているが、それは遠藤自身が、パリで経験したことであり、遠藤は、フランスのサナトリウムで療養するものの、結核の重症化によって、帰国を余儀なくされた。遠藤はパリの雪道で自身が吐いた血痰をみて、「結局、この国との闘いで敗れた憐れな結末」とした。

だが、つきつめれば遠藤のいうその闘いとは、キリスト教を棄てることも、日本を棄てることもできなかった葛藤であり、西洋を前にしてもなお、日本を否定しきれなかったことにあろう。「神々と神と」以降、「西欧と日本との距離」が、遠藤のテーマとして、ゆるぎない「縦糸」であり続け、遠藤の作品すべてが、「基督教と日本人」、「西欧と日本人」をテーマにしているのも、「合わない洋服」すなわち「自分の洋服に感じてきた距離感を語りたかったから」であり、それは、「母が与えてくれたにもかかわらず背丈にあわぬものとの闘いを語りたかったから」だった。[*71]

そして、留学で遠藤が行きついたのが、この血の隔たりであったのだった。

一流の二流性

九官鳥

金髪の白人として描かれたイエス・キリストに対する人種的距離感なり違和感にも象徴される

ように、遠藤にとって、日本と西洋を分かつ、この「どうにもならぬ淵」は、可視的には人種的差異としてあらわれ、その背景には宗教的差異という不可視なる差異が不可分にあった。[*72]

言いかえれば、この可視化された人種的差異と、可視化されえぬ宗教的差異が、日本と西洋を分かつ「どうにもならぬ淵」であることを、遠藤は一二歳の受洗以降、こころの内に抱き続けてきたが、フランス留学で遭遇した露骨な人種差別と、中世カトリックの歴史伝統の持つ「重苦しさ」によって、遠藤自身の課題として顕在化したといえる。

ここで重要なのは、日本と西洋を分かつ、この「どうにもならぬ淵」こそ、近代日本の抱え続けてきた根本的な問題であり、遠藤はその象徴である人種的差異と宗教的差異を通じて、近代日本が抱えた根本問題を追求しようとしたことにある。

序章で論じたとおり、日本が国家的存続手段として選択した「西洋化」は、西洋の権威化によって推し進められてきた。

しかしどれだけ日本が「西洋化」しても、「西洋化」しきれぬものが人種的差異であった。さらに、中世以来の歴史伝統の根幹にあるキリスト教を、その伝統をもたぬ日本及び日本人が、果たしてどれだけ理解しえるのか、すなわち「西洋化」をめぐる思想的問題は、近代日本の知識層にとっては致命的課題であり続けたといっても過言ではない。

いみじくも遠藤が外国文学者とは、「自分とは異質の偉大な外国精神を眼の前において、それとの距離感をたえず味わい、劣者として生きていく人間[*73]」であるとしたように、西洋を権威とした近代日本は、すでにその時点から、どれだけ努力しても「劣者」であること、すなわち一流の二流性から逃れえないことを運命づけられていた。そして、それを具現化したのが、翻訳文化であり、それを支える外国文学者であった。

つまり、西洋文学を翻訳することでしか存在をはかれない外国文学者とは、「他人の創造を翻訳し、解説するだけ」の「九官鳥」に過ぎないではないか、との問いである。

たとえば、ヴァレリイを訳せば、あたかも「自分がヴァレリイと同じ一流の人間だという気分」になる。さらに、「カミュはこう言った。サルトルはこう言っている」と言いながら、まるで「自分もそれと同じ意見であるかのような物の言い方をする」。

この傾向は、西洋学問に依拠した分野では珍しいことではないが、外国文学者はヴァレリイでもカミュでもない。外国文学者の「頭脳はそんな一流の芸術家並みじゃない」。

それでいて、「自分が九官鳥である」哀しさを理解していない。しかし日本にいたとき、フランス文学研究の同僚たちと、一度もこの「根本問題」を議論したことはなかった。

在留邦人の集まるキャフェ・ル・ドームに行くと、「煙草の煙がたちこめる店の隅に」いた数名の日本人は、フランス人客のように「あご髭をはやし」、タートルネックのセーターを着ていたが、「日本人の貧弱な体格」にその服装は「滑稽」で、「平たい顔」にはあご髭は合わず、その姿は日本人からみても「ひどくうすっぺらであわれ」だった。

すると、ストックホルムのペンクラブからの帰りという小説家が外国文学者を「他人のフンドシで角力をとってるだけ」と批判し始める。その調子には「新宿や渋谷の飲屋の臭いがし」、言葉の端々にも「飲屋の酒と、塩からや干物の臭気がした」。

パリで在留邦人はモンパルナスに集まっていたが、そこは「荻窪か中野の駅前よりももっと暗い灯と人影のない通り」で、「ネオンの色も、彼が学生たちとよく飲みにいった渋谷や新宿にくらべると、はるかにみすぼらしかった」。

フランス文学者はパリでかくもあわれな姿で、みじめな思いをせねばならなかったにもかかわらず、いやそうであるがゆえに、渡仏経験のある先輩たちが大学や研究会で話す洋行談は、あたかも自分はパリでインテリ扱いされたかのような「出鱈目」めいた「自慢話」ばかりで、皆が多かれ少なかれ遭遇したはずのみじめな体験は一言も語られることがなかった。[*74] だが、外国文学者は日本でこそインテリとしての自負心を保つことができたが、「本場」のパリでは、「九官鳥」でしかないことに気付かされる。

それでも妻と研究室宛てのはがきには、「やはり来てみると、我々の知的精神的な故郷に帰省したという感じがあります」と記してしまう。

フランス文学者にとってパリとは、「知的精神的故郷」であり、それは日本ではなかったが、日本人のフランス文学者は「知的精神的な故郷」に戻り、かくもみじめな思いをしたものの「うそを書いているという気持はふしぎに起らなかった」。

パリ留学した先輩らが日本に送ってきた手紙の行間にも、「このような優越な調子と、仏蘭西に来たという満足感」が溢れており、これは「一種の外国留学者の習慣」であり、自分は帰国しても「この調子で留学報告をする」だろうし、医者が自分の失策を語らぬと同様に他の医者の失策をも話さないことが「無言の約束」となっているように、先輩らにどれほど情けなく惨めな思いをしたかなど決して尋ねはしまい。[*75]

それは何よりも日本では、留学そのものが知的権威の頂点として無条件に尊ばれたからであり、事実、その実態がどうであれ、留学は日本人エリートにとって欠かせぬ「箔附け」（河上肇）となり[*76]、遠藤もまた「出世の足がかり」として「一種の重要な装飾と勲章」と記している[*77]。

西洋を権威とした価値体系は、近代日本の社会構造からもみてとれ、一八八七年に導入された高等文官試験は、「一定レベルの知識を持った人々がそのまま官僚になる制度」を生むこととなったが、「これが日本のインテリ特有の、西欧の学問を修めたことが権威となる風潮を作った」のみならず、「そういう官僚たちが政治エリートになっていく傾向ができた」[*78]。ただ、政治エリートのなかでも、役人をはじめとする官費留学生の多くは、西洋文明の摂取のみを命ぜられ、帰国後の地位も、留学前からすでに「権威ある学校や官庁や会社で」「保証」されていたため、留学先でも「あれこれと悩む」ことなく、日本の国益に必要と思われるものだけ「取捨選択」し、「生ける機械」（三好信浩）になりさえすればよかった[*79]。財界エリートも、経済利潤を目下の追求課題とする限り、西洋の権威化にともなう精神的苦悩に遭遇することもなかった。

だが、西洋の権威化による一流の二流性に真っ向から自らの問題として向き合わざるをえなかったのが、外国文学者をはじめとする知識層であったといえるだろう。

あらためて申すまでもなく明治以降の日本の学問とは主として西洋学問の受容、すなわち、西洋学問の「うけ売り」に過ぎず、知識人としての自己認識を持つ知的エリート層は、この二流性をめぐる問題を自己存在の問題として向き合わねばならなかったからである[*80]。

寂寞の感

「今日我国の学者と称する者は多くは是れ西洋の思想を通弁する者に過ぎず」（大西祝）、いみじくも遠藤が描くように、近代日本の知識層とは、日本においては一流でありながらも、本質的には二流性から離れられなかった人々であった。[*81] この二流意識が、知識層をはじめとする近代日本エリート層の自己認識、ひいては日本の知的世界に及ぼした弊害とさえいえる影響力は、計り知れないものがあった。

まず、近代日本の学問が西洋学問の習得にあった限り、〝原書講読〟は学問の王道となり、日本の外国研究とは〝外国書研究〟となった。[*82]

旧制高校時代の教授による講義が、「一ノート三〇年」と呼ばれるように、教員がノートを読み上げ、それを学生が書き写すことで授業が成立したのも、日本の学問が、西洋学問の「紹介翻訳業」であったからだった。[*83]

そうであれば日本人の外国語能力とは「ブッキッシュ・イングリシュ」、つまり「書物の英語」に特化する。[*84] 外国語による学問習得は母国語のそれに比べはるかに多くの時間を要さざるをえない。そのため東京帝国大学での教育は、どうしても英語圏の大学教育のペースには追いつくはずがない。

講義も学生同士の会話も英語で行われ、寮の食事も西洋料理であった札幌農学校を卒業した新渡戸稲造は、一八八三年（明治一六）、二二歳のときに東京大学文学部に学ぶが、新渡戸がすでに読んでいた英語の原書を、教授がまだ読んでいないことを知り失望、翌年にジョンズ・ホプキンス大学へ留学、七年間、米国とドイツで学んでいる。[*85]

日本の学問体系が西洋を権威とする限り、日本の知的権威とされる東大でさえ、すでに米国流の教育に携わった者からみれば、ある種の二流性をぬぐい切れずにいた。

たとえば、国語軽視化、英語重視化の傾向が顕著な学校教育を受けた林房雄（一九〇三―七五）は、中学生の頃、英語の文学書はよく読めたが、日本の古典文学はまったく読めなかった。だが、日本の古典文学を読めなくても叱りつける教師はおらず、「英語で百点をとればそれで立派な優等生」だった。そのような学校教育を受けた林にとって、明治期の漢文調の文章はほとんど読めず、たとえ読めたとしても理解できない。結局読んだのは専ら「飜訳文学」であった。[*86] 日本人でありながら、一流の教育は「飜訳文学」つまり西洋の「うけ売り」であり、英語を筆頭とする外国語学習を意味した。もはや日本に関する教育は重要視されず、西洋の権威化により確立された、一流の二流性は、学校教育でも着実に再生産されていった。

留学が、東京帝国大学を上回る知的権威の頂点として位置づけられていったのは必然的結果であった。振り返れば、その西洋の権威化の矢面に立たされた先駆的存在が、第2章で触れたように東京帝国大学で英文学を専攻し、第一回文部省留学生として英国留学をさせられることとなった夏目漱石だった。

漱石が英文学科で習得したものは、「物にならざる」外国語であり、漱石が卒業時、「心中は甚だ寂寞の感を催ふした」のは、英文学科卒業とはいえ、その実態は語学習得であったことである。その先にあるのは翻訳文化を支える補助的役割の語学教師に過ぎなかった。

一九〇〇年、第一回文部省留学生として渡英の辞令が下された当時、漱石に命ぜられた研究題目は、「英語にして英文学にあらず」、要するに、英語教師としての語学研修にあった。[*87]

漱石の「寂寞の感」とは、ほかならぬ西洋の権威化ゆえの一流の二流性を指し示すものであった。

鍍金

夏目漱石を第一回文部省留学生とした文部省留学制度は、その後も多くの日本人を留学させ、そしてその多くが、夏目漱石の直面した「寂寞の感」に通ずる経験をし、「神経衰弱」的傾向に陥っていった。

河上肇（一八七九―一九四六）は、自身の文部省留学生としての留学経験から、留学にともなうみじめさと劣等感が、「国家の宝」ともいうべきエリート層の精神を蝕み、国益に反する結果に陥っていることを理由に、文部省留学制度の大幅な改正を主張した。

河上によれば、すべての留学が無駄だとは言いきれないものの、一九一四年の段階で、すでに百何十人ほど輩出した文部省留学生の多くは、「賜暇または慰労」を目的としており、留学によって不要な分野・人間にまで多額の国費を費やすことは、無益であるという。

何より、「元来日本人の語学の力は読むことが主眼」であるため「聞く方は駄目」、留学先の大学講義を聞こうにも、「不束な耳で聴くために」苦労は絶えない。聞き取れなければ話す方も必然的に「駄目」である。にもかかわらず、留学を学問的頂点とする風潮のために、文部省留学生の大半は、助教授か博士か教授クラスでありながら、「西洋に来ると大学生に落ちぶれて、入学料や聴講料を支払い、インキ壺を下げて通学する」。それは「日本の学界の恥辱」以外の何物でもない。*88

これはほとんどの文部省留学生が体験したことであり、和辻哲郎（一八八九―一九六〇）も京都帝国大学助教授であった一九二七年（三八歳）に、文部省留学生としてドイツ留学し、聴講料を支払ったうえで学部生に交じってドイツ哲学の講義を聴講したが、日本の教授が、欧米で学部生に交じり講義を聴く姿は、それこそ日本の知的世界の二流性をあらわしたものにほかならなかった。[*89]

では、講義がわからなければ、「下宿屋に立籠って書物を読むか理窟を考えるかするより外は仕方ない」が、そんなことは日本でもできることであり、世界の学問の流行を知るには、翻訳文化の栄えている京都にいるのが一番である、と河上は述べたうえ、ましてやただでさえ「憐れな会計」で「存外の時間の空費」をするような、「書斎を喪った学究」に数年間を費やす意味がどこにあろうか、と文部省留学制度の欠陥を説いた。[*90]

結局日本人留学生たちは何をするかといえば、日夜、日本人同士で下宿先に集まり、憂国論を展開することで、日頃の鬱憤と寂しさ、そしてみじめさを解消しようとした。

河上自身、同時期に渡仏していた島崎藤村と頻繁に下宿に集まり、日本のゆくすえを語っていたが、その議論の中核は、日本がいかに西洋文明の模倣、すなわち二流性から脱却できるかにあった。日本が結局西洋文明に「達しやうとするだけで」は、とても西洋には「叶はない」、「日本には日本固有の」、「全く欧羅巴とは異つた、優秀な文明があると考へなければ」、日本の「立場」はなくなる。[*91]

遠藤は、このように日本人エリートが留学を経て日本主義的思考に陥るのも、留学にともなうみじめさや劣等感からくるものであると指摘する。[*92] 日本独自の「文明」を追求しようとした日本主義は、明治以来の「西洋化」の精神的反動として常に潜在化・顕在化を繰り返したが、河上らの日本主義も、皮肉にも同様に、西洋学問を習得することを目的とした国費留学によって生まれた議論であった。そして、留学先で盛んに交わされた憂国論は、西洋に対するぬぐいきれない二流意識からくる劣等感の払拭と不可分にあった。

実態はこんな程度にもかかわらず、日本で留学の「鍍金《メッキ》」がなかなか剝がれないのは、帰朝者がそれを剝がそうとしないから、と河上は、遠藤と同様の見解を示しているが、「鍍金」であろうと「箔附け」であろうと、文部省留学制度の最大の弊害として河上が憂えたのは、留学した日本人エリート層の多くが、「極端なる西洋崇拝熱に冒され」、「概して自らおるに劣等人種を以てするの風ある」点にあった。[*93]

留学で日本人エリート層自らが「劣等人種」であると認識してしまう。日本の将来を担うはずの「国家の宝」が留学して劣等感に駆られることは、日本の損失であったが、遠藤が外国文学者を「劣者」としたように、留学によって自らを「劣等人種」とみなしてしまう、それこそが西洋の権威化による精神的影響の帰結でもあった。

他方、外国語習得には何十年もの間「最も多くの労力を費し」「最も多くの時間を懸け」たにもかかわらず、自身の外国語能力はまったく使いものにならなかったという石橋湛山は、洋行自体には一切関心がなかったものの、河上が文部省留学制度で渡欧した年の一九一三年、「自国語で学問の出来ぬ国」（一九一三年）と題して『東洋経済新報』の「社会」欄で、日本が西洋の学問を追い求めるだけでは「日本の学問、日本の思想」は永遠に構築できない、「実に情け無い」結果を招くと言及する。

さらに、弊害として、学者のあいだで形成される西洋への根深い劣等感を指摘し、日本人の学者には、「日本語で大著を出しても詰らない、何うせ出すなら外国語で書いて世界の評壇に訴えたい」と目論む者すら見受けると述べる。石橋はそういった者は所詮「大著の出せる望みの無い者」であり「もう日本独特の学問の起っても良い頃」にもかかわらず、その動きが学界で見られないのは、「学者の考え方の誤っておる証拠」であると批判した。だが、西洋の権威化を真っ向から受けた知識層が、この一流の二流性をめぐる価値体系から脱することは、容易ではなかった。[*94] なぜならそれは、非西洋の日本の「西洋化」をめぐる根本問題であったからである。

食客

要するに、一流の二流性は、「西洋化」を国家的存続手段とした日本における西洋の権威化と不可分にあり、それは漱石以来、近代日本が一貫して抱え続けてきた問題であった。

漱石は「英文学者」としてその矢面に立たされることとなったが、第一回文部省留学生としての渡英を終え数年が経った一九一一年八月、和歌山での講演「現代日本の開化」で、非西洋である日本の「西洋化」の持つ精神的弊害を次のように論じている。

所が日本の現代の開化を支配してゐる波は西洋の潮流で其波を渡る日本人は西洋人でないのだから、新らしい波が寄せる度に自分が其中で食客《いそうろう》をして気兼をしてゐる様な気持になる。〔中略〕斯う云ふ開化の影響を受ける国民はどこかに空虚の感がなければなりません。又どこかに不満と不安の念を懐かなければなりません。[*95]

そして、「日本人は西洋人でない」限り、「西洋の潮流」には乗り切れないとの感覚は、いみじくも漱石が文部省留学生として留学した先のロンドンで、身をもって痛感したことであった。漱石がロンドンでの自分を、「五百万粒の油のなかに、一滴の水となつて辛うじて露命を繋げるは余が当時の状態」と描いたように、西洋と一体化できぬことにより生じる疎外感、さらには「日本人は西洋人でない」限り、どこまでいっても「西洋人でない」ことから生じる二流性への「不満」や「不安」、さらには「空虚の感」こそ、漱石が抱いた「寂寞の感」であり、漱石がことあるごとに記した人種的劣等感のみなもとではなかったか。[*96]

遠藤が、二〇〇〇年の欧州の歴史伝統を二年の留学期間で学ぼうとすること自体無理があると言ったように、漱石も、「体力脳力共に吾等よりも旺盛な西洋人が百年の歳月を費したもの」を、わずかその半分の五〇年足らずで自分のものとしようとすることは、驚異的な取り組みといえることはいえるものの、精神的には、「一敗また起つ能はざるの神経衰弱に罹つて、気息奄々として今や路傍に呻吟しつゝあるは必然の結果として正に起るべき現象」だと指摘していた。[*97]

結局、「斯う西洋の圧迫を受けてゐる国民は、〔中略〕考へられない程疲労してゐるんだから仕方がない。精神の困憊と、身体の衰弱とは不幸にして伴なつてゐる」。[*98]

漱石はたしかに背丈やあばたなど、自身の身体的特徴に劣等感を抱いていた。漱石の人種的劣等感も、第2章で論じたようにたしかにみられたが、漱石の人種的劣等感には、そういった身体的要因だけではなく、精神的要因としての西洋の権威化による一流の二流性が、不可分にあった。言いかえれば、渡英中の人種的疎外感によって、留学前から漠然と抱いていた二流性をめぐる「寂寞とした感」がより鮮明に顕在化させられたともいえる。

それは遠藤にも同様にいえることであった。遠藤は渡仏する日本人エリート層の根深い人種的劣等感に徹底的に言及したうえで、西洋と日本を分かつ人種的差異という可視的差異から、その背景にある可視化されえぬ宗教的差異を追求しようとした。

遠藤は漱石と時代こそ異なるものの、一二歳のときに受洗したことで西洋に対する「違和感」「距離感」そして「隔たり」を自らの問題として直面させられた人物であった。漱石が、「明治の作家のなかで、もっとも高度に西洋化した知識人作家のひとり」として、「近代化の波にまきこまれた日本人の命運」とともに生きざるをえなかったように、遠藤も、「西洋化」にともなう自己矛盾に自らの問題として直面せざるをえなかった。[*99] 漱石の「精神の困憊と、身体の衰弱」や、遠藤の「ふかい疲れ」は、非西洋である日本の「西洋化」をめぐる精神的過程を指し示すものであり、それはともに、人種的差異に投影され語られていたのであった。

桜

では、非西洋の日本にとって、「西洋化」にともなう「疲れ」や「神経衰弱」、さらには「劣等感」といった精神的弊害はなぜ、そしていかにして生じることとなったのであろうか。そして、日本の「西洋化」が、かくもエリート層に弊害を及ぼした理由とは何であったのか。

そもそも西洋の権威化が、近代日本エリート層の精神的弊害をともなったのは、西洋が日本にとって、あまりにも異質性を持った他者であったからである。

遠藤は人種的差異という可視的差異への言及を通じて、一神教的キリスト教と、汎神論的風土を持つ日本の決定的な差異、つまりは永遠の差異を説こうとした。

だが、一神教的キリスト教の西洋と、汎神論的風土の日本には、あまりにも真逆ともいえる「どうにもならぬ淵」があった。

遠藤はいう。西洋は「人間の道徳を善悪でみる」が、日本では「美醜の感覚」ともいえる穢れ意識が「地盤的感覚」となって生活文化を支えてきた。その地盤的感覚とは「明確な空間、むきだしな形相をきらい、すべてを情緒的なものに包んでしまう一種の汎神的な美学」に基づいている。*[100]

日本文学と西欧文学の最大の「障害」は、「日本的風土」から培われた「日本的感性」だった。和辻哲郎は日本の湿雨的感性を「すべての物の境界をあいまいにぼやかせてしまう湿雨」のごとく、「本質的に明確なもの、非情なもの、実体をむきだしにすることをきらう」とした。湿雨的感性に基づく「日本的感性」とは「人間と神や自然の対立と区別とを拒む汎神的感性」である。つまり、「対立をきらい自然と超自然とのきびしい断絶を拒む」日本の「湿潤の美学」は「基督教の芸術的刺激」には、馴染みがたい。*[101]

それは、西欧の美的感性には、「境界の区分意識」「対立性」「能動的」の三条件があるのに対し、「汎神的風土を母胎」とする「日本的感性」は、「個と全体との区分や境界を感じない」がために「対立を要求しない」「受身的」の三点に「還元」されるからである。言うなれば「限界や境界をぼかしたもの、曖昧にしたもの」であり、「灰色にぼかされた春雨や、時雨の風景」また「おぼろな夕霧」のようなもの、これこそが「日本的な汎神性の一特徴」であった。

そして、「対比、相違、区別」を嫌う「日本的感性」は神西清が論じるように、「桜の花びら」にすべてが象徴されている。つまり、桜の花びらとは、その色自体、「微妙な半透明さを帯びた淡紅色で、かつきわめて「身が薄い」。桜の花びらとはそれ一枚では成りたたず、集合体となってはじめて桜となりうる。その色は、「もはや色としては存立しがたい仄かな淡い色合い」であり、「すでに個性も実在性も極度に失ってもはや一人歩きできなくなっている色と光とを、あるか無きかのゆるやかな一つの発散作用として表象したもの」が「花の匂い」であり「日本的感性」である、と。[*102]

桜は、その花びらが持つ色も、形状も、何もかもがあまりに淡く、儚い。人々のこころには満開の桜よりも、散りゆく桜に審美的価値をおく傾向があるのも、儚さにあるせつなさに共鳴する心情的価値が土壌に備わっているからだろう。

儚さやせつなさに対する心情的価値は、地震などの天災や、戦災、また木造建築が多いために火事に見舞われるたびに、すべてが一瞬で消え去りうる風土ゆえのものであり、その土壌に歴史的に培われ、蓄積され、形成されてきた記憶と感性は、中世以来の石の建築がいまだ街に息づくパリとは根本的に異ならざるをえない。[*103]

また、狭い国土のなかでも、平地が限られているために、人々の居住空間が相当密集化した農耕社会の日本が、「自我」などという概念など持ちえるはずもなかった。

司馬遼太郎（一九二三―九六）は、「自我」は若い頃から考えてきたが一向にわからず、「外国の小説を読みながら、劣等感に近いものを抱いて」きた。

結局、司馬の理解は、本来日本人には「自我」がないからであり、あっても乏しく、その理由は「自我」があれば狭い日本の都会や村落ではあまりに「暮らしにくい」現実があるからだとした。そして、日本社会では「自我が成立する余地がないだけでなくて、自我というのはむしろこまったことに害である場合がある」からだとする。

西洋的概念ともいえる「自我」とは、日本社会にはむしろ「害」にしかならない。

司馬は、自我に対し「違和感」を覚えるのは、日本人としての「劣等感」かもしれないと言及するが、そのように自覚していた司馬にとってでさえ、近代以降、日本にない概念であり続けた「自我」をめぐる問題は、「ずうっと私の苦痛」であり続けた。[*104] 「自我」が、日本社会では決して有効性を見出しえぬ「害」であるにもかかわらず、「自我」が西洋的概念として輸入されている限り、司馬は、それを持ちえない自分に、日本人としての「劣等感」を抱いたのだった。特に西洋の権威化を真っ向から受けた知識層にとって、このような西洋的概念の輸入は「苦痛」だった。

同時に、「自我」の概念がなければ、「個人」の概念も持ちえるはずがない。いみじくも、先にあげた「桜」に象徴されるように、日本人の自己規定は、個人という単体で成立するのではなく、人と人との関係性の「あいだ」で形成される「間人主義」であることも、和辻哲郎、木村敏、濱口恵俊らが指摘し続けてきたことである。[*105]

「人と人との間」（木村敏）にこそ自己が規定されえるとは、自己規定が他者依存型であり、すなわち人と人とのあいだにおける境界性が不明瞭であることを指し示しているが、だからこそ、理論物理学者の渡邊慧（一九一〇―一九三）は、日本人は「個人として生きてない」ために「日本人と称する一つの集団に頼つて生きてゐる」、つまり「自分即ち集団、集団即ち自分といふ生き方をしてゐる」と、指摘する。[*106]

渡邊によれば、日本人は個人としてのアイデンティティーが欠如しているがために、「日本の過去に偉い学者がないと、自分の価値までなくなつたと思ふ」傾向があり、それが「日本人の劣等感」となって、日本全体の社会的空気と化している。たとえば、「日本に科学がなかつた、哲学がなかつた」という「統計的に事実」を聞かされても、その事実が必ずしも「個人の能力、可能体としての個人について結論が出て来る筈ではない」。にもかかわらず、日本人には「個人」の概念が確立されていないがために、「統計的事実から直ちに飛躍して自分のインフェリオリティ・コンプレックスにする」という「集団の論理」が「日本的劣等感」には働いていると指摘する。[*107]

事実、個人主義、市民革命、民主主義など、西洋にあって日本にはない、だから日本を否定する思考様式は、政治学者の神島二郎（一九一八―九八）が「欠如理論」と称したように、西洋が権威化された知的世界ではひとつの典型的な思想的型（パターン）となって久しい。それはキリスト教にもあてはまったが、非西洋の日本が西洋を規範にする限り、日本の知的世界は常に、この西洋にあって日本にない、ゆえに日本を否定する思考様式から逃れられることはなかった。

内在化された自己否定

要するに、日本にとって西洋は、完全なる他者であった。にもかかわらず、あまりの異質な他者である西洋を権威化し近代化を推し進めていった日本は、自己否定をともなわざるをえなかった。

この、西洋にはあるが日本にはない、だから日本は駄目なのだ、という自己否定の思考的パターンが、どれほど知識層、エリート層に浸透したかは、もはやここで説明するまでもない。西洋の権威化を真っ向から受けたエリート層及び知識層が、西洋に対する根深く根強い劣等感を抱かざるをえなかったのも、そこにいいようのない「苦痛」を抱きつづけてきたのも、いみじくも漱石が「必然の結果」と説いたように、近代日本の必然的帰結であった。

非西洋である日本が西洋と一体化しようとしたことでみられた不具合は、可視的領域では人種的差異をはじめとした身体的な要素にみられ、また、不可視的領域では歴史伝統に根づく思想・宗教といった精神的要素に多分にみられたのである。

遠藤の『留学』三部作の主人公が皆、西洋への「愛情と違和感とのあいだに、身を裂かれ」てきたのも、西洋との一体化こそ、彼らの自己存在をめぐる問題となったからである。*108 だが、漱石がいみじくも「日本人は西洋人でないのだから」と説いたように、日本は西洋ではなく、どれだけ「西洋化」しようとも、歴史的伝統も風土も土壌も、完全に「西洋化」できるはずがない。

漱石や遠藤、さらには司馬遼太郎など知識層の言及をみてもわかるように、日本人知識層にとって「西洋化」とは、相当の精神的苦痛をともなうものだった。

文芸評論家で第六代日本ペンクラブ会長を務めた中村光夫（一九一一—八八）は、明治・大正時代とは、「西洋文明消化の時代」であったが、その内面は、「僕等の精神が消化不良を起した時代」だったと論じている。*109

「西洋化」とは、「西洋文明消化」にこそあったが、どれだけ「西洋化」しても人種的差異は変わりえなかったように、日本という風土のもとで培われていった精神的土壌のなかでは、日本が日本である限り、当然なのだが「消化」しきれるはずがなかった。

いみじくも遠藤が『黄色い人』で、「絵入聖書に描かれた金色の髪、金色の鬚をもった基督、この一人の白人を消化する気力もなかった」と、キリスト教に対する自身のぬぐい切れぬ違和感と距離感を描いたように、どれだけ西洋を権威化しても、「消化」しきれぬものが、知識層に

「苦痛」を強いてきたのであり、それは「白人」と「黄色い人」の「どうにもならぬ淵」を示すかのように埋めきれぬ差異があったのだった。

そして、遠藤がその決定的な差異を「血」で記したように、文芸評論家の河上徹太郎（一九〇二—一八〇）は、同じく「日本人の血」として次のように言及する。

確かに我々知識人は、従来とても我々の知的活動の真の原動力として働いてゐた日本人の血と、それを今まで不様に体系づけてゐた西欧知性の相剋のために、個人的にも割り切れないでゐる。*110

西洋の持つ異質性を「消化」しえぬことから生じる「苦痛」は、西洋の権威化とはどうしても相容れぬ「日本人の血」との葛藤であった。

文芸評論家の亀井勝一郎（一九〇七—六六）の言葉を借りれば、近代を問うとは、すなわち、「文明開化以来、西洋からうけた毒がどんな風に我々の体内にまはつてゐるか、その診断表」を出すことにあった。*111 その「毒」とはまぎれもなく西洋の権威化による自己否定であり、それは日本を否定しながらも、日本を棄てきれなかったことからくる苦痛と不可分にあったのではなかろうか。

これこそが、近代日本エリート層にとって「西洋体験がもたらした最大の思想的難問」であった。そして、遠藤は、幸か不幸か、一二歳の受洗から、この問題を自らの問いとして捉える運命にあったのだった。*112

永遠の差異

遠藤は、一九五〇年（昭和二五）に渡仏して以来、フランスで遭遇した露骨な人種差別を通じて、少年期にキリスト教に対して抱いた「違和感」や「距離感」を再認識する契機を持った。それは、少年期からこころのなかに抱いてきた西洋と日本とのあいだにおける隔たりを、人種という可視的差異によって、顕在化させたものであった。

遠藤がかくも人種的差異から生じる日本人の劣等感を執拗に論じたのは、西洋の文化・文明を根本で支える一神教的キリスト教を、汎神論的風土の日本が果たしてどれだけ理解し、「消化」しえるのか、という問いを追求するためにあった。なぜなら、遠藤にとって人種的差異とは、西洋と日本を分かつ可視的差異であり、同時にそれは、その不可視なる精神的差異ともいえる宗教的差異と同様、永遠の差異であったからである。

そして、近代日本エリート層にとって人種的劣等感とは、人種をはじめとする身体的差異によるだけではなく、西洋の権威化による一流の二流性とそれにともなう自己否定という精神的要因が不可分にあった。だからこそ、遠藤は、あえて西洋と日本の持つあまりの異質性を、人種と宗教を通じて、徹底的に追求しようとしたのであったといっても過言ではなかろう。

遠藤は、冒頭で論じたように、多くの留学経験者がフランスで受けたであろう人種差別やみじめな思いをひた隠しにしたのに対し、それをあえて自らの経験として吐露してきた。なぜならそれは遠藤自身が背丈が高く、語学力もあり、そしてフランス人女性との戯れ以上の交際関係があり、特にフランス人女性の遠藤に対する愛と尊敬を考慮すれば、遠藤は、人種的劣等感や西洋への劣等感といったものに対し、一定の距離を置くことができたからである。

それをあえて、職業作家として描いたのは、多くの邦人男性が決して語ることのなかった人種的劣等感や西洋への劣等感こそ、近代日本の直面し続けてきた問題、すなわち西洋の権威化をめぐる問題のあらわれとみなしたからである。同時に、非西洋である日本が西洋を権威化することの悲哀を追求することで、少年期からの葛藤の原点に向き合い、その葛藤に決着をつけようとしたからでもあろう。

事実、西洋と日本の差異をめぐり、生涯にわたり問い続け、自らの文学世界として確立した作家は、遠藤のほかにいなかった。

西洋と日本を分かつ人種と宗教という二つの永遠の差異をめぐる遠藤の思想的系譜は、母親の影響による一二歳での受洗と敗戦直後のフランス留学と不可分にあったが、つきつめれば、いずれの葛藤の根本にあったものは、遠藤が、キリスト教を棄てることも、日本を棄てることもできなかったことにあろう。言い換えれば、遠藤は、自らが避けられなかった運命によって、近代日本が避けられなかった運命をも背負い、そして背負わされていたといっても過言ではない。

それが遠藤にとって幸福であったかはわからない。しかし、本人の好むと好まざるとにかかわらず、西洋と日本を分かつ人種と宗教という二つの永遠の差異をめぐり、自らが身をもって追求してきた遠藤周作とは、まぎれもなく、明治以降の日本が抱え続けなければならなかった自己矛盾を運命づけられた、近代日本最後の体現者であったのだった。

＊1　遠藤周作『アデンまで』『遠藤周作文学全集』第一巻、新潮社、一九七五年、一四六、一五六頁
＊2　遠藤周作「わが小説」『遠藤周作文学全集』第一二巻、新潮社、二〇〇〇年、二八二頁
＊3　遠藤周作のパスポート写真にある表記『こっそり、遠藤周作。』（『面白半分』一月臨時増刊号、面白半分、一九八〇年）
＊4　ジュヌヴィエーヴ・パストル著／高山鉄男訳「妹フランソワーズと遠藤周作」『三田文学』七八巻五九号、一九九九年、一四六頁。なお、遠藤周作に関しては、加藤宗哉先生から貴重な御助言や諸資料を頂いたことに深謝致します。そして、加藤先生を御紹介下さった古屋健三先生にも深謝致します
＊5　以上、ジュヌヴィエーヴ・パストル、前掲「妹フランソワーズと遠藤周作」一三九―一四二頁
＊6　同前、一四一頁。遠藤順子によると、一九五四年八月にはすでに婚約中であった（遠藤順子「サドにはこりごり」『遠藤周作文学全集』第一巻、新潮社、一九九九年、月報二頁）。さらに、作家で編集者の大久保房男（一九二一―）は、遠藤が岡田と婚約中、遠藤に連れられ仲間らと岡田の実家を訪ねた。そのときのことを、「岡田順子さんのお宅は立派な構へで、玄関を入るとゆつたりした大きな階段があり、私たちはそれを昇つて行つたやうな気がする」と回想する（大久保房男「遠藤周作と結婚」『遠藤周作文学全集』第九巻、新潮社、二〇〇〇年、月報六頁）
＊7　ジュヌヴィエーヴ・パストル、前掲「妹フランソワーズと遠藤周作」一四一頁
＊8　加藤宗哉『遠藤周作』慶應義塾大学出版会、二〇〇六年、一〇七―一二四頁
＊9　以上、ジュヌヴィエーヴ・パストル、前掲「妹フランソワーズと遠藤周作」一三六―一五七頁
＊10　同前、一五四頁
＊11　同前、一五一、一五二頁
＊12　遠藤周作、前掲『アデンまで』四二頁
＊13　泉秀樹「エンドー光線の魔力」、前掲『こっそり、遠藤周作。』二三〇頁。泉氏の論考では「劇画化」と表記されているが、泉氏本人から「戯画化」が正しいとの指摘があり変更した。
＊14　三浦朱門「雲谷斎狐狸庵山人の生いたち」、前掲『こっそり、遠藤周作。』五七頁
＊15　遠藤周作「基督教と日本文学」、前掲『遠藤周作文学全集』第一二巻、二〇八頁
＊16　遠藤周作「有色人種と白色人種」、前掲『遠藤周作文学全集』第一二巻、二〇九頁
＊17　井上洋治「遠藤氏の求めるもの」、前掲『こっそり、遠藤周作。』一二五頁
＊18　遠藤周作「母と私」、前掲『遠藤周作文学全集』第一二巻、三九二頁
＊19　広石廉二編「遠藤周作年譜」、前掲『こっそり、遠藤周作。』二五三頁

＊20 遠藤周作「合わない洋服」、前掲『遠藤周作文学全集』第一二巻、三九五頁
＊21 遠藤周作「私の文学——自分の場合」、前掲『遠藤周作文学全集』第一二巻、三七七頁。なお、遠藤周作に関して御助言を下さった上智大学名誉教授の高柳俊一神父（一九三二―）、また、高柳神父を御紹介下さった並木浩一先生にも心より感謝致します
＊22 遠藤周作、前掲「合わない洋服」三九五頁
＊23 阿川弘之「奇人狐狸庵」、前掲『こっそり、遠藤周作。』三二頁
＊24 広石廉二編、前掲「遠藤周作年譜」二五三、二五四頁
＊25 佐藤朔「「アデンまで」まで」、前掲『こっそり、遠藤周作。』二九頁
＊26 以上、遠藤周作「赤ゲットの仏蘭西旅行」、前掲『こっそり、遠藤周作。』一四五、一四六頁
＊27 以上、遠藤周作、前掲「有色人種と白色人種」二一〇頁
＊28 村松剛「解説」遠藤周作『留学』新潮文庫、一九六八年、三一二頁
＊29 以上、遠藤周作、前掲「有色人種と白色人種」二一〇頁。遠藤周作「原民喜」、前掲『遠藤周作文学全集』第一二巻、三四一頁
＊30 以上、村松剛、前掲「解説」三一二頁。柴田錬三郎の発言であったことは、遠藤周作、前掲「原民喜」三四〇、三四一頁を参照。だが、乗船後、遠藤らは策を練り、見送りの際に贈られた花束や菓子折をアルジェリア兵への「貢物」として「献上」し、事なきを得る（遠藤周作『作家の日記』講談社文芸文庫、二〇〇二年、九頁、一九五〇年六月五日（月）の条）
＊31 以上、遠藤周作、前掲『作家の日記』一七頁、一九五〇年六月一九日（月）の条
＊32 以上、遠藤周作、前掲「有色人種と白色人種」二一〇頁
＊33 以上、遠藤周作、前掲『留学』一三三、一三四頁
＊34 遠藤周作、前掲「有色人種と白色人種」二一〇頁
＊35 以上、同前、二一一、二一二頁
＊36 遠藤周作、前掲『作家の日記』三〇頁、一九五〇年七月七日（金）の条
＊37 以上、遠藤周作、前掲「有色人種と白色人種」二一二、二一三頁
＊38 遠藤周作「旅人と猿と」『異邦人の立場から』講談社文芸文庫、一九九〇年、一一二、一一三頁
＊39 以上、遠藤周作、前掲「有色人種と白色人種」二一四、二一五、二一七頁
＊40 以上、同前、二一三頁
＊41 以上、遠藤周作「私と漱石」、前掲『遠藤周作文学全集』第一二巻、三六六頁

第6章　永遠の差異――遠藤周作と戦後

＊42 遠藤周作「帰国まで」『遠藤周作文学全集』第一四巻、新潮社、二〇〇〇年、二九二頁
＊43 遠藤周作「黄色い人の哀愁」、前掲『異邦人の立場から』一一七頁
＊44 以上、遠藤周作、前掲「黄色い人の哀愁」一一七―一一九頁
＊45 遠藤周作、前掲『留学』一二頁
＊46 以上遠藤周作、前掲『作家の日記』二九、三一―三三頁、一九五〇年七月六日（木）、八日（土）の条
＊47 以上、遠藤周作、前掲『留学』一六頁
＊48 加藤宗哉『遠藤周作』慶応義塾大学出版会、二〇〇六年、一一五頁
＊49 三雲夏生「ポール遠藤」、前掲『遠藤周作文学全集』第一二巻、月報六頁
＊50 以上、遠藤周作、前掲『留学』、一七、二二、二五、四二、四三頁
＊51 以上、遠藤周作、前掲『留学』一九二、九五頁
＊52 遠藤周作「旅の日記から」、前掲『遠藤周作文学全集』第一二巻、二六八頁、一月九日の条
＊53 同前、二七一頁、一月十七日の条
＊54 同前、二六八頁、一月九日の条
＊55 以上、遠藤周作、前掲『留学』一一五頁
＊56 村松剛、前掲「解説」三一五頁
＊57 以上、遠藤周作、前掲『留学』一三八、一三九頁
＊58 遠藤周作、前掲「旅の日記から」二七一頁、一月十七日の条
＊59 遠藤周作、前掲『留学』一五四、一五五頁。なお、パリ調査では、松井裕史氏より多大なお力添えを頂いたことに深謝致します
＊60 以上、同前、一四七頁
＊61 以上、同前、二三〇、二三一頁
＊62 以上、同前、一四七、一五二、一五五、二三〇頁
＊63 以上、遠藤周作「誕生日の夜の回想」、前掲『遠藤周作文学全集』第一二巻、一〇五頁
＊64 以上、遠藤周作「伝統と宗教」、前掲『異邦人の立場から』二三四、二三五頁
＊65 遠藤周作、前掲「私の文学――自分の場合」三七七頁
＊66 以上、遠藤周作、前掲「帰国まで」二九九頁
＊67 遠藤周作、前掲『留学』三〇二頁
＊68 遠藤周作「黄色い人」『白い人・黄色い人』新潮文庫、一九六〇年、九〇、九一頁

＊69　同前、九一―九三頁
＊70　同前、九二、九三頁。遠藤と生涯親交をもち、ともに「第三の新人」といわれた吉行淳之介（一九二四―九四）も、宮城まり子との外国旅行記である『湿った空乾いた空』（『新潮』一九七一年二―八月号連載）で、廊下の突き当たりの壁が全面鏡になっているのに気付かず、自分の姿を遠目でみながら、「みっともない東洋人がやってきたな」「やはり、黄色いな」と感じたと記している（吉行淳之介『湿った空乾いた空』新潮文庫、一九七九年参照）
＊71　以上、遠藤周作、前掲「私の文学――自分の場合」三七八頁
＊72　遠藤周作、前掲『留学』二二六頁
＊73　以上、同前、二三一頁
＊74　以上、同前、一七八、九九、一〇〇、一〇一、九七頁
＊75　以上、同前、八八、八九頁
＊76　河上肇『祖国を顧みて』岩波文庫、二〇〇二年、二五九頁
＊77　遠藤周作、前掲『留学』一三、九〇頁
＊78　坂本多加雄・櫻井よしこ、対談「明治の〝国家〟平成の〝業界〟」『日本の近代』第二巻、中央公論社、一九九九年、付録三、四、五頁
＊79　園田英弘『西洋化の構造』思文閣出版、一九九三年、一〇頁。三好信浩『明治のエンジニア教育』中公新書、一九八三年、八三頁
＊80　会田雄次「解説　財界人の外国観」会田雄次編集・解説『財界人思想全集六　財界人の外国観』ダイヤモンド社、一九七〇年、八頁
＊81　大西祝『批評論』『明治文学全集七九　明治芸術・文学論集』筑摩書房、一九七五年、一六八頁
＊82　日本の「翻訳学問」に関する諸相については平川祐弘『和魂洋才の系譜――内と外からの明治日本』河出書房新社、一九七一年、九―四四頁を参照
＊83　竹内洋・猪瀬直樹、対談「教養主義という「型」」『日本の近代』第一二巻、中央公論社、一九九九年、付録六、八頁
＊84　松岡洋右伝記刊行会『松岡洋右――人と生涯』講談社、一九七四年、三六頁
＊85　小林善彦「新渡戸稲造」平川祐弘・芳賀徹編『講座比較文学五　西洋の衝撃と日本』東京大学出版会、一九七三年、二三八頁
＊86　以上、林房雄「勤皇の心」河上徹太郎他『近代の超克』冨山房百科文庫、一九七九年、八九頁
＊87　以上、夏目漱石『文学論』上、岩波文庫、二〇〇七年、一三、一八頁

＊88　以上、河上肇、前掲『祖国を顧みて』二五四―二五六頁
＊89　和辻はきわめて繊細で神経衰弱をわずらいがちで、文部省留学生としての欧州滞在自体、本来その慰労と保養を目的にしていた。すでに船が長崎を通過した頃から和辻は不安に苛まれ、体も虚弱であったため、一等客室に乗船しても船内の環境に慣れず、極度のホームシックに陥る。自分の神経衰弱を自覚し強迫観念すら抱いていた和辻は、船内では懸命に思考をやめ、運動に努めた。そんな和辻を支えたのが最愛の妻・照であり、和辻が和辻となりえたのも、すべては照あってのことであった。照との夫婦関係による絆の強さと愛情の深さが和辻の業績と人生に及ぼした影響は計り知れない。また留学なしには『風土』をはじめ和辻作品は生まれえなかった点を考えれば、留学の価値は多分にあったといえる
＊90　以上、河上肇、前掲『祖国を顧みて』二五六、二五七頁
＊91　島崎藤村『エトランゼエ』新潮文庫、一九五五年、一〇六、一〇七頁
＊92　遠藤周作、前掲『留学』七七、七八頁
＊93　河上肇、前掲『祖国を顧みて』二五九、五六頁
＊94　以上、石橋湛山「自国語で学問の出来ぬ国」『石橋湛山全集』第一巻、東洋経済新報社、一九七一年、五一八―五二〇頁
＊95　夏目漱石「現代日本の開化」『漱石全集』第二一巻、岩波書店、一九五七年、四九、五〇頁
＊96　以上、夏目漱石、前掲『文学論』上、二四頁
＊97　夏目漱石、前掲「現代日本の開化」五一頁
＊98　夏目漱石『それから』『漱石全集』第八巻、岩波書店、一九五六年、七六頁
＊99　三好行雄「解説」『漱石文明論集』岩波文庫、一九八六年、三六三頁。なお、フランスのグルノーブル大学からスタンダール研究で博士号を取得された慶応義塾大学名誉教授の古屋健三先生（一九三六―）は、「留学とはみじめなものであり、みじめな体験をしていない留学は、それ自体あやしい」と語られるが、それは近代日本エリート層の留学の本質を突いている。（留学時代のことを教えて下さった古屋先生に心より感謝致します。なお、関連論考としては古屋健三「遠藤周作における留学の意味」『国文学解釈と鑑賞』四〇巻七号、一九七五年、三〇―三七頁など）
＊100　以上、遠藤周作、前掲「伝統と宗教」二三五頁
＊101　遠藤周作、前掲「基督教と日本文学」二〇七、二〇八頁
＊102　以上、遠藤周作「日本的感性の底にあるもの」、前掲『遠藤周作文学全集』一二巻、三〇二、三〇三頁
＊103　園田英弘は、地震こそ自分たちが最も信頼しているものから裏切られる体験であり、地震大国の日本人の不安とその風土的条件は無関係でないと指摘する（園田英弘「地震」梅棹忠夫編『日本文明七七の鍵』文春新書、二〇〇

五年、二〇六―二〇九頁）
＊104 司馬遼太郎・江崎玲於奈、対談「世界の中の日本」『司馬遼太郎対談集　日本人の顔』朝日文庫、一九八四年、一九、二〇頁
＊105 詳しくは和辻哲郎の一連の作品に論じられる、西洋の個人主義的人間関係に対する日本の間柄的人間関係の議論や、木村敏『人と人との間』弘文堂、一九七二年、濱口恵俊『間人主義の社会日本』東洋経済新報社、一九八二年などを参照
＊106 『対立を超えて――日本文化の将来』養徳社、一九五〇年、六三頁
＊107 同前、六三、六四頁
＊108 村松剛、前掲「解説」三一五、三一六頁
＊109 中村光夫「「近代」への疑惑」、前掲『近代の超克』一六三頁
＊110 河上徹太郎「「近代の超克」結語」、前掲『近代の超克』一六六頁
＊111 亀井勝一郎の発言「座談会」、前掲『近代の超克』二〇一頁
＊112 園田英弘、前掲『西洋化の構造』一〇頁

終章
近代日本の光と影

一九四五年八月一五日の敗戦は、壊滅への終止符であり、死の恐れ、そして軍部からの解放を意味した。軍部に代わり、事実上の支配者となった進駐軍は、突如として廃墟に食糧を供給し、生活物資を与え、インフラを整えた。ジープに乗り、食糧を運び、目を見張るような米国文化を醸し出す、背の高くたくましい体格を持った米兵らは、まぶしい存在だった。

さらには、GHQの徹底した情報統制や、食糧及び生活物資の供給、インフラ整備といった占領政策は、日本人を親米化させるのに十分なものだった。それは、絶対的権力を持ったマッカーサーが、昭和天皇を擁護する姿勢をみせることによって、天皇制の維持と、天皇の神格性の否定によって決定的になった。

第5章で述べたように、一九四五年九月二七日、マッカーサーと昭和天皇が並んで撮影された写真は、新聞に掲載され、昭和天皇の神格性を否定する効果を持った。モーニングを着用した昭和天皇と、略式軍装で昭和天皇よりはるかに背が高くたくましいマッカーサー。しかも、昭和天皇は硬直した面持ちであるのに対し、マッカーサーは精神的ゆとりを醸し出していた。それは可視化された勝者と敗者の姿であり、明確に可視化された敗戦であった。

この「天皇と外人」(戸川猪佐武)が写った写真には、勝者と敗者、支配者と被支配者、米国人と日本人、アングロサクソンとモンゴロイドといったさまざまな二項対立が漠然と重層化されていた。そのあらゆる二項対立が、昭和天皇の神格性を否定するに十分なものであった。

翌年元日、昭和天皇は「人間宣言」を行い、以来ひとりの「人間」であることを証明するかのように、洋装で全国を巡幸したが、昭和天皇が「人間」として国民の前に現れたのは、この敗戦直後に撮影された写真からであり、この写真を通じて人々は敗戦をたしかに実感したのである。

他方で、日本が占領されるまで、日本国内で生涯を送るほとんどの日本人は、国内で「外人」に遭遇し、「外人」をその目で見る機会はほぼ皆無であった。日本の敗戦と米国の日本占領とは、実に多くの日本人が初めてその人種的差異を国内で目の当たりにしたときでもあった。

マッカーサーと昭和天皇には明らかな身体的差異がみられたように、街で見かけた多くの進駐軍の兵士が持つ背の高さ、体格のたくましさ、そして血色のよさは、飢餓でやせ細り、血色も悪く、小柄で、身なりはぼろきれ同然の日本人に比べれば、その格差は、誰の目からみても明らかだった。その体格の違いをみて、「負けるべくして負けた」（日野啓三）と痛感した日本人は男女を問わず少なくなかった。

進駐軍の恩恵を即座に享受したのは米軍基地周辺地域であり、そこは突如として「キャバレー街に一変しパンパンで有名になり、町全体の経済が将兵に依存し、特需景気を謳歌し、アメリカ様一辺倒」になる。基地周辺の住民たちは「何事もあちら様次第で一喜一憂する寄生虫的様相を呈し」ていた。[*1]

日本男性の多くは、米兵らと関係を持つ日本女性をこころでは侮蔑したが、それは敗戦国の男としての屈辱から発したせめてもの自己防衛に過ぎなかったといえるだろう。[*2]

なぜなら、それが敗戦国の現実であったからである。「占領当時の日本人の態度」とは、「非常に卑屈」で、占領軍の言うことならなんでも聞いた。[*3]「国民の全体が国民的自覚をなくしてしまつて、アメリカ人に対する一種のプロスティテュートとなつた」のだった。[*4]白人崇拝は「文明開化後の日本人の民族的宿命」であるが、日本男性の白人迎合ぶりは「或意味では女以上」であった。[*5]しかし、いかなる立場であれ、そうしなければ生き残ることさえできなかった人間の気持ちを、果たして誰が非難できようか。

卑屈なまでに権力者に迎合せねば生きていくすべがなかった現実では、誰もが犠牲者ではあったが、この時期に二〇代を迎えた日本女性の犠牲は計り知れないものがあった。

進駐軍の兵士の相手となった女性の多くは、未帰還者の妻か戦争未亡人で、自ら生計を立てねばならなかった状況にあり、日本政府が女性の「貞操」を守るという名目で設置した「特殊慰安施設」で集められた女性もいたが、婦女暴行なども後を絶たなかった。その理由がいかなるものであれ、占領期、進駐軍の兵士と日本女性のあいだにできた「混血児」は約二〇万に及んだ。

烙印と誇り

約二〇万人にも及ぶ「混血児」は、露骨に差別され、蔑みの対象となった。

岩崎弥太郎の孫娘で、外交官・澤田節蔵の妻であった澤田美喜（一九〇一―八〇）は、四六歳のとき、東海道線の夜行列車の網棚に、風呂敷に入った黒人系の「嬰児の死体」を目の当たりにする。それ以来、「混血児」の養護施設であるエリザベス・サンダース・ホームを設立し、「混血児」の養育と保護、そして米国での養子縁組を可能にするための米国移民法改正に向けて、自ら何度も渡米し、積極的に働きかけを行った。澤田は時に「混血児」の母に代わり、その父を米国に訪ねることまでして尽力した。

澤田が「混血児」を米国へ移住させることを切望したのは、日本では「混血児」に対する人種偏見と差別が強かったからである。一九五二年四月にサンフランシスコ講和条約が発効して以降、ジャーナリズムでは「混血児」を「三面記事」で取り上げはじめ、五三年が「混血児」の小学校就学第一年度となったことから人々の興味と関心を集めるようになっていた。

一九五七年六月の時点で、二六〇〇名以上の「混血児」が、千数百校の小学校に在籍したが、「混血児」を受け持つ学校及び担任教師、有識者、そして文部省がどれだけ「混血児」を特別視し、警戒し、自身と社会の人種偏見に揺らいでいたかは文部省関連資料（文部省初等中等教育局『混血児の就学について指導上留意すべき点』一九五三年、同『混血児指導記録一―四』一九五四―五七年）でも明らかである。

児童同士は、身体的差異に対する認識や好奇心こそあるものの、まだ人種的認識は芽生えてはおらず、ある白人系女子児童が金髪であることを男子児童に指摘されると、日本人の女子児童は、「先生、そしたらね、N子ちゃんもっとおこぶ（昆布）を食べはったらよいねん」と、その地域では塩昆布を食べれば髪の毛が黒くなると信じられていたため、そう助言を促すと、N子も「そうやさかい、私きばって塩こぶ食べてる、だんだん黒くなってきたん」と言って、一同納得した。[*6]ただ外見的差異は顕著で、特に白人系「混血児」は、男女ともに、身長・体重・胸囲ともに日本人の平均を上回り、「その均斉のとれた体格」はいつも「目につく」ほどで、「白人特有の餅はだのような白さ、さらりとした鼻すじからグンとくぼんだ目つきは一見他の子どもたちとはっきり区別のつく」ものだった。[*7]なかには同学年のなかで平均身長より二〇センチは高く、体重も一〇キロ近く重く、「体格はずば抜けてよく」、白人系「混血児」の特徴がよくあらわれていると担任教師は記録している。[*8]

ある白人系女子児童は、クラスで最も背が高く、それを隣席の男子生徒が「あたりまえ、アメリカ人だもの」と言ったという。[*9]

目立ったのは背丈だけにとどまらず、白人系男子児童には「はっきりとした二重まぶたの奥には大きなひとみが光り強く引き締った口もと」に「白く美しい皮膚」を持つ「美男子」と記す教師もいた。[*10] 児童のあいだでもはるかに目立って背が高く体格もたくましく、容貌の美しさを感じさせる白人系児童の存在は、日本人児童、ことに男子児童の「劣等感情」を刺激するものでもあった。

ある日本人男子児童は、学力も存在感もある白人系女子児童に対し、「アメちゃん、アメリカへ帰れ」と言い、いじめていたが、その担任教師は、それは「心の中にある、敗戦以来のアメリカに対する強い劣等感情」であり、「何かにつけ、日本を卑下し、アメリカを尊大視すること」からくる「排他的な気持」によるものだと指摘した。さらに、「このように民族種別と勝者と敗者という関係から生じた問題は、永久に解決しない」、なぜならばこういった問題は「理性でなく血の問題である」からだとまとめている。[*11]

「複雑な構造」

児童が人種偏見なり差別意識を強く持つ場合、その多くは親の影響を受けたものであった。「混血児」に向けられた差別と偏見は、白人系と黒人系でも異なるが、「混血児」を受け持つクラスや学校の父兄に著しくみられた。

特に「混血児」の母親に対する父兄の蔑視は辛辣であったが、その蔑視は単に米兵らと関係を持ったことへの蔑みばかりではなかった。それ以上に、彼女たちが食糧や生活物資など進駐軍からのあらゆる恩恵にあずかっていることに対する、羨望と嫉妬、自身の貧しさへの嫌悪と疲弊、そして何よりも自分たちも進駐軍に迎合する卑屈さが多分にあることの辱めが入り混じったものでもあった。[*12] こうした敗者の現実からくる鬱屈した感情のはけ口が、誰の目からみても明らかな「混血児」やその母親への蔑みとなってあらわれたのである。

占領期の産物である「混血児」は一時的現象ではあったものの、そこで露呈されたのは、白人には卑屈なまでに迎合しながらも、またそうであるがゆえに「混血児」を露骨に蔑視し差別することでしか自尊心を保てなかった日本人の姿であった。「混血児」及びその母親の存在は、日本人の差別意識が、単なる蔑視ではなく、卑屈なまでの白人迎合とそれゆえの自己卑下が入り混じった人種意識によって成立していることを示していた。

このような「複雑な構造」（清水幾太郎）を持った日本の人種意識は、自分は白人から差別されたくはないが、アジア人をはじめとする「有色人種」は当然のごとく差別し、侮蔑するという、近代日本の人種意識の根幹を示すものでもあった。日本はアジアに属する「黄色人種」でありながら同じアジア人を蔑視する、この明らかな人種的矛盾は、社会的空気としては、明治以来、長きにわたり根強く根深く浸透していたといっても過言ではないだろう。

さらに、日本人の白人迎合と他の「有色人種」蔑視は、近代日本の人種意識の原型となっていたが、敗戦という日本の決定的な否定によって、それは打ち砕かれるどころか、より露骨なものとなり、強固なものとなっていったのだった。

つまりそれまで、近代日本が苛まれ続けてきたかのようにみえた人種偏見とは、決して西洋列強だけがもっていた一方的なものではなく、日本人自身にも不可分にあり続けた根深く根強い意識感情であったことをも、敗戦と占領は、露呈したのであった。

偏見の本質

では一体、人種偏見の本質とは何であったのだろうか。そして、近代日本にとっての人種偏見とは何を指し示していたのであろうか。

かつて武者小路実篤が「日本人の使命の一つ」（一九三七年）によって人種偏見の本質を論じたように、人種偏見とは、双方の利害や関係が一致していれば表面化することはないが、利害の不一致や関係性の不和が生じた際に顕在化するものである。

したがって経済力や権力を持っているからといって人種偏見が払拭されるのでもない。それは利害関係によって表面化しないだけのことであり、根底には常にあり続ける。また、偏見を持つ側も、持たれる側も、経済的に余裕があるとき、精神的に充足しているとき、人が双方に対し寛容な態度をとるのは当然であり、それは知性・教養によるものというよりも、むしろ、経済的、精神的充足による人間の実に生理的な寛容さによるものに過ぎない。つまり、差別・偏見が露呈するのは、その充足が確保されないとき、つまりは利害が一致せず、関係性に不和が生じたときである。

偏見や差別意識に理想を掲げることはたやすい。言うだけならば、いつでも誰にでもできることであり、それだけに人種偏見には建前が常について離れない。偏見が知性と教養に反したものとの認識を持つ、もしくはそうであることを期待され、またそういった自己抑制のもと自己認識を形成する知識層ならばなおさらである。その点で、人種偏見ほど、建前と本音が乖離する、言行不一致が公然と要求されるものはないかもしれない。

人種差別をしないと公言することは、もはや国際性を謳う教育研究機関、組織団体では当然の口上となっているが、そのなかで人種差別的なことが横行していることも常識的な現実だろう（ましてや日本にはそれを訴える法律もない）。

要するに、その真意はいかなるものであれ、「偏見はない」とはいくらでもいえるが、「偏見はある」とは微塵も口にできないのが社会的現実であり、またそれこそが人間の持つべき知性と教養とみなされる偽善性が求められるのも社会的現実である。

言いかえれば、そういった偽善性が社会的に必要とされるほど、偏見や差別意識とは、人間が人間として生きていればぬぐい切れぬ動物本能的な、そして生理的なものであるのである。

人間が人間である限り、差別意識も偏見もなくなることはありえない。ただひとついえることは、自身が持つその本能的性質に、どう向きあい、捉え、対処するかである。

美醜

次に、人間の普遍的性質としての差別意識や偏見は、近代日本のケースでは、いかなる特徴を持ってあらわれたのであろうか。

本書が扱ってきた日露戦争前後から第二次世界大戦後にいたるまでの約半世紀、近代日本エリート層に一貫してみられた人種意識にあったのが、自己醜悪視であった。夏目漱石から遠藤周作まで、特に西洋へ留学したエリート層のあいだには、白人に対する人種的劣等感が、自己醜悪視というかたちで顕著にあらわれる心性の系譜があった。

もちろん、背丈や骨格、体格や顔立ち、そして肌の色など、人種的特徴として見受けられる身体的差異は、誰の目からみても明瞭なものであった。

一九世紀中葉以降、西洋の新聞・雑誌に描かれた日本人の諷刺画は、そのほとんどが、小柄で細身の、狡猾そうな猿顔をした姿で描かれたのも、日本人の典型的な身体的特徴を物語るものであったからだろう。

しかし、だからといって、〝黄色い肌〟を持ち、小柄であることが、必ずしも醜悪という審美的価値に結びつくとは限らないのではなかろうか。にもかかわらず、近代日本エリート層の多くは、自己の容貌と身体を実に根深く醜悪視していた。

日本人の容貌と身体は、果たしてかくも醜いものであったのだろうか。日本人の自己醜悪視とは一体何を指し示しているのであろうか。

一九四三年からビルマ（現在のミャンマー）戦線に歩兵一等兵として従軍した、京都大学教授で評論家の会田雄次（一九一六—九七）は、敗戦直後から一九四七年まで英軍捕虜としてラングーン（現在のヤンゴン）に拘留されていた際に『日本および日本人』（一九四五年）という数十頁の英文パンフレットを見つける。そこには日本人の容姿の醜さを次のように言及する項目があった。


諸君らがやがて見る日本兵は実に醜悪である。眼は細く小さく、頬骨が突き出し、口はひどい出歯、鼻は低くつぶれている。足は短くガニ股で、背は曲がり、腹は突き出ている。かれらはこの醜さと、それゆえに軽蔑されることを知っているのだ。かれらの性格もまた狡猾であり、そのため嫌われることも知っている。そこでかれらは戦争をおこし、支配者となって威圧しようとしたのだ。諸君はこの醜い、低劣な精神の人間に反抗し、勝ち、その野望をくじこうとしているのである。*[13]

会田はこの描写を「実に不愉快」としながらも、「ある程度真実をついている」と指摘する。なぜなら、ビルマ兵をみても、顔立ちは一般的に日本兵よりもよいと認めざるをえない。インド兵は彫りの深い顔立ちのみならず体格もはるかに「立派」であり、少なくとも日本兵よりは「はるかにすぐれて見えた」。インド兵の笑顔の清々しさは、とても日本兵が持ちえるものでない。一方で、「日本人のなかには、どう見ても神様もひどいことをすると思われるぐらいの顔がある」。日本兵がインド兵をその皮膚の黒さから軽蔑したのも、その外見的劣等感からの「反撥」によるものであったと会田は言及する。

要するに会田の実体験に基づく観察によれば、日本人の外見は、アジアのなかでもとりわけ醜いことになる。さらに会田によれば、日本人にはことに外見の美醜にこだわる性質があり、それは、自覚・無自覚問わず、日本人が「自分たちの容貌の醜さに劣等感を持ち、しかも過度にそれに敏感になっていること」を意味していると指摘する。

そして、「容姿を気にするな」との説教が日本で過度に聞かれることは、それだけ日本人が容姿を気にし過ぎていることを示唆するものであると会田は論じるのであった。*[14]

もし、会田の言及に時代的特性を考慮するとすれば、第二次大戦末期から敗戦期という歴史的にも過酷な時代における自虐的な自己像として捉えられないわけでもない。

だが、本書が論じてきたように、日本人の自己醜悪視は敗戦に限らず、戦時中も、さらにさかのぼれば明治期から、エリート層の心性の系譜に継続的にみられた自己認識であった。

ましてや戦時期、日本は対英米プロパガンダとして「鬼畜米英」を提唱したが、そこでは、英米人を野蛮もしくは「蛮夷」とは言ったものの、彼らが醜いとは言うことも、記すこともなかった。いささか大げさにいえば、日本人の外見的な醜さは、対日プロパガンダに用いられるほど、そして日本人自身も自認していると記されるほど、自他ともに認めた特性のひとつであった。そして、醜悪というキーワードは、日本人であることをめぐる、日本人全体の意識構造の根底を占めるものであった。

日本人の自己醜悪視は、逆にいえばすなわち西洋人の審美的崇拝を意味した。振り返れば、当時にしてはきわめて長身で目立つ鬚を蓄え公の場では終始一貫洋装を貫いた内村鑑三が「日本人離れのした」、「スコッチコリ」に似た顔立ちとさえ褒めそやされたのも、渡英した夏目漱石が「どうも西洋人は美しい」と記したのも、そして遠藤周作が人種的差異における美醜の問題を執拗に問い続けたのも、日本人の人種意識には、どうしても美醜という審美的価値意識が重きを占めていることを物語る系譜があるといえる。

しかも、西洋人に審美的価値を見出す傾向は、洋行経験を持つエリート層だけにみられたものではなく、敗戦後、白人系「混血児」を持った担任教師もまた先に挙げたように、彼らの外見の美しさを幾度となく記録した。

また占領期には、次のようなエピソードもある。三八歳で二人の子を持つ戦争未亡人が、チフスを患う父を治す唯一の薬とされた稀少なサルゾールを求めるために、薬局の女主人から一九歳のオーストラリア兵との一度限りの交渉を斡旋され、薬ほしさに震えながらも応えたところ、その九ヵ月後には「混血児」を生むこととなった。この一連の経緯についての未亡人のその後の思いである。

未亡人は妊娠という事実に再び震えたものの、いざ出産すると、「和夫」と名付けたその赤子は「キュウピーのような」「まるで西洋人形そのまゝ」の「実に可愛い赤ん坊」で、自分が「こんな西洋人」を生んだのかと思うと、「ふつと、とんでもなく自分をほこらしく思うような気持ちも、正直なことを申しますと、抱いたこともありました」と語るのだった。

そして、肌が白く「眼が碧く大変きれい」な顔立ちをした名さえ知らぬオーストラリア兵との「夢のように瞬間のできごと」を思い返すたびに、あれは「夢かもしれない」と思うも、「でも、父親が全快しておりますから、やはり私は夢ではなかったのだと、感慨無量になるのでございました」と回想する。

この未亡人は薬局の女主人からの半ば強制的な斡旋によって偶発的に「混血児」を生むこととなったが、これによって未亡人は「自分の若さといったようなものを意識」したのと同時に、「私の胸に不思議な、生きる自信を与え」、「若くもない三十八になる未亡人ですのに、若い気持ちが何処からか生れて来て、さあこれからだと、二人の子供と病後の父をかゝえて、何が何でも生きぬく気持にあふれた」のだった。*15

敗戦の〝烙印〟とされた「混血児」をめぐっては言うまでもなく母子ともに筆舌に尽くしがたい数え切れぬほどの悲劇がともなった。したがって、この三八歳の未亡人の回想を一般化することはもちろんできないだろう。しかし、同時に、この未亡人の素朴な実感にこめられた誇らしさも、まぎれもなくたしかな実感であったことは否定しがたい事実である。

生死の感覚さえも麻痺したなかで、この未亡人は、肌が白く「眼が碧く大変きれい」な顔立ちをした若いオーストラリア兵との「瞬間のできごと」によって、さらにはそれによって生まれた「西洋人形」のような赤子の存在によって、それまで封印されていた生命力が鮮烈に湧き上がってきたのであった。

そして、このような生命力の実感にともなう幸福感は、この未亡人のみならず、進駐軍兵士と関係を持った日本女性の多くが口にすることであった。[*16]

男女それぞれにおける異人種間接触のありかたと、そこから形成される人種意識を並列させることは容易ではない。本書で日本人女性をあえて主たる対象として取り上げてこなかったのは、この点によるものでもあるが、あえてここで未亡人の回想を取り上げたのは、これが単なる勝者・権力者への迎合による精神的充足に過ぎないとは言い切れないからだ。もちろん、すべての進駐軍兵士との関係にあてはまることでは断じてないが、少なくとも右に挙げた未亡人の素朴な実感には、審美的価値に基づくいたって生理的な、素朴な反応ともいえる感覚が明らかに述べられている。

要するに、敗戦・占領期という異常事態のなか、初めて外国人と出会うことになった、エリート層以外の多くの日本人にも、西洋人と日本人をめぐる美醜の感覚はたしかにあったわけであり、それは単なる勝者・支配者・占領者という立場を超えて、生理的に彼らのもつ容貌や身体に美しさを認めていた面があった。

何をもって美醜とみなすかは個々人の感性に委ねられるが、では、かくも歴史的に途切れることなく、自他ともに認識されるほどの日本人の醜悪視とは、一体どこから生まれたものであり、そして何を意味したのだろうか。

自己否定

一九世紀中葉以降に西洋で描かれた日本人の風刺画が物語るように、たしかに日本人は誰の目からみても平均的にみれば西洋人と比べ背丈も体格も細身であり小柄であった。

だが、言うまでもなく身体的特徴は、あくまで身体的特徴に過ぎない。背丈や体格が必ずしも審美的印象を与えるとは限らず、容貌においても、たとえどれだけ外見的な美しさを持っていたとしても、それが魅力的であるかどうかとは直結しないことが多い。なぜなら審美的印象とは、目に見え、そして見えぬものが有機的に統合されてつくりあげられるものであるからであり、それは背丈や体格、容貌だけではとても測りえない領域であるからである。

にもかかわらず、日本人が自らを自己醜悪視したのは、またそれが第三者にまで感じとられるほどの醜悪と映ったのはどうしてであったのだろうか。

美醜とは客観的側面と主観的側面の入り混じった領域である限り、もちろん一概には言い切れないが、日本人の自己醜悪視に最も影響力を及ぼしたものとして考えられるのは、やはり近代以降、日本人があらゆるレベルで内在化し続けてきた自己否定にあったのではあるまいか。

いみじくも「日本人離れした」という表現が、背丈でも体格でも容貌でもすべてにおいてほめ言葉となっていることが物語るように、日本人は明治以降、西洋の権威化によって一貫して自己否定と不可分な心性の系譜をたどってきた。

近代日本が、終始一貫して劣等感と優越感のはざまで揺れ動く大きな振り子のように不安定さに苛まれてきたのも、すべては非西洋である日本の西洋の権威化による自己否定が根底にあることのあらわれであったといえる。

しかしさらに歴史をさかのぼれば、日本は地政学的にみても古代よりインド・中国といった中心文明の辺境に位置したために、日本の文化・文明とは、常に他の中心文明の持つ「永遠の成果」を「採用」することによってでしか、その存在を明らかにすることはできずにきた「月光文明」（シュペングラー）であったともいわれている。[*17]

だからこそ、梅棹忠夫が記すように、アジアのなかでも「おそろしく自尊心がつよい」インド人や、自らを世界の中心と位置付ける中華思想を持つ中国人と比べ、日本人には「ある種の文化的劣等感がつねにつきまとっている」。しかもそれが「現に保有している文化水準の客観的な評価とは無関係に、なんとなく国民全体の心理を支配」しており、まるでそれが日本の「かげ」のように、日本人につきまとい続けていることも、まさに日本人が古代以来、長きにわたり、一大文明の「辺境諸民族の一つとしてスタートした民族」として、こころに持ち続けている漠然とした、しかしながら強烈な劣等感のあらわれであった。[*18]

近代日本が西洋の権威化のもと、西洋の文化・文明を「咀嚼」し「消化」することで国家的存続を図ろうとしたのも、古代より続く、この辺境性による「月光文明」の典型的パターンのひとつであったといえる。つまり、日本人の精神構造には、歴史的にも地政学的にも、常に自己否定と無関係であるときは一度たりともなかった。

日本人であることの不安

一九五〇年、和辻哲郎・渡邊慧・前田陽一・谷川徹三・竹山道雄・小宮豊隆・木村健康・安倍能成は、「対立を超えて――日本文化の将来」と題したシンポジウムを開催、そこで「日本的劣等感」を中心的課題として取り上げ、なかでも「「日本否定」の傾向」や「否定と肯定」が日本の精神構造の根底にあり続けてきたことを論じている。[*19]

日本が歴史上、常にあった「優れた文化を外より受ける際の外国崇拝、自国蔑視」が表裏一体にあったのも、日本の発展のための外国文明の摂取が、外国崇拝及び、その文明を欠いた自国に対する蔑視を伴った。その点で、日本は古代から、この自己肯定のための自己否定に苛まれ続けてきた心性の系譜を歩み続けてきた。

和辻哲郎によれば、「我々は自国の文化をどれほど古くさかのぼっても外国崇拝の痕跡のない時代に達することはできない」のであり、古代より「人は新しく受け容れたものを尊重するの余り、自国の伝統的なものを捨ててもよいと感ずる」態度そのものが、「日本民族にとっては伝統」となった。[*20]いわば「インフェリオリティー・コンプレックス」とは、歴史的にみても地政学的にみても、宿命を持った「日本人の民族的資質」であり、日本人の自己認識の根幹にあったのだ。[*21]

いわば「日本人であることの不安」（吉田健一）とは、もともとは日本が持つこの辺境性による不安であり、吉田健一（一九一二―七七）は、「日本人は日本人というのがどういう人種であって日本がどんな国かということに対する好奇心が非常に強く」、それに関して「神経質」であり、

「外国人を摑まえては、日本と日本人をどう思うかを聞きたがる」傾向も、「日本以外の国では余り行われない事実に照せば」、これは「何か日本人に特有の状態を示すものと考えなければならなくなる」と、言及する。[*22]

外国人の日本見聞記が、内容のよしあしを問わず、日本人の関心を強く誘うのも、また「日本人論」なり「日本文化特殊論」が市場として成立しているのも、すべては、この「日本人であることの不安」が根本にある。

海外の日本研究では、「日本人論」や「日本文化特殊論」を文化ナショナリズムとして認識する傾向がみられるが、それは厳密には、優越主義的思想を示したものというよりも、「日本人であることの不安」ゆえに、それを模索し続ける精神的必要にかられているのである。言いかえれば、優越感とは劣等感なくして成立しないように、「日本人論」や「日本文化特殊論」に見受けられるとされる優越主義的思想は、日本人の持つ不安、すなわち劣等感の顕在化として認識されるべき一面を持っているのである。[*23]

要するに、日本は日本であることに、常にどこか不安を抱き続けている心性の系譜をたどってきたのである。そして、歴史的にも地政学的にも常に不安を抱き続けてきた心性の系譜を持ち、自己否定の精神構造を形成してきたからこそ、日本人は極度の劣等感と優越感を表裏一体に持ち、その振り子のはざまで揺れ動いてきた。

このような不安を自己に抱き続け、また自己を否定しさえする人間が、果たして堂々たる態度を持ち威厳に満ちた姿勢を対外的に見せることができるであろうか。自己否定を内に秘めた心性を持つ者が、どれだけ卑屈になりえないといえるだろうか。

日本人の自己醜悪視には、この自己否定をめぐる心性の系譜が不可分にあったのではなかろうか。そして、近代以降、西洋の権威化を国家存続の唯一の手段とした日本にとって、西洋と日本を分かつ人種的差異とは、変えようもないものであるにもかかわらず、またそうであるからこそ、この可視化された身体的差異に、内在化された自己否定が投影されていったのであろう。近代日本エリート層が、ことに人種的観点から自己醜悪視していったのは、最も重要な他者である西洋と日本を分かつ人種的差異に、不安や劣等感を覚えたからであり、また、そういった差異からくる不安を自己醜悪視することで抹消しようとした心理的過程があったからだった。

悲哀

しかし、ここで重要なことは、西洋の権威化による日本の自己否定は、あくまで日本が日本として存続するために選択した、積極的意味から生じた精神的結果であり、それは近代日本が国家として存続するためには不可避であったことである。つまり、日本が日本として存続するためには、日本は日本を否定しなければならなかったのである。

「西洋化」によって形成された近代日本の精神構造とは、この自己矛盾にすべてが収斂されているといっても過言ではない。この自己矛盾とその悲哀なくして近代日本のナショナリズムはもとより、心性そのものさえも論じることはできないであろう。

現に、自己矛盾をめぐる近代日本の精神構造は、近代以降、日本人のこころを歌ったとされる唱歌「故郷」にも如実にあらわれている。

「故郷」が尋常小学唱歌として発表されたのは、一九一四年、日本が第一次世界大戦に参戦した年だった。作曲者である岡野貞一（一八七八—一九四一年）は、敬虔なキリスト者として知られ、東京音楽学校を卒業後、教鞭をとりながら本郷中央会堂でオルガン奏者を務めていた。よって、その旋律は讃美歌の影響を受けているといわれる。[*24]

まさに日本が本格的な帝国主義的拡大を展開し始め、工業化と都市化が進む時期に創られている尋常小学唱歌「故郷」とは、近代化の過程で、故郷を離れ、故郷を棄てたという、「故郷」の否定によって生じた心情世界であった。

「忘れがたき」、そして「こころざしをはたして　いつの日にか帰らん」に描かれた甘く切ない望郷の念とは、故郷の否定なくして存在しえなかった逆説的心情であったのである。[*25]

島崎藤村が、柳田國男の話をもとに創作した「椰子の実」（一九〇〇年）は、藤村が二九歳のときの作品であるが、ここにも還るべき場所として「故郷」が語られているのも、そこに託された藤村の想いには、父をはじめ次々と旅立っていった近親への片時も忘れえぬ情だけでなく、のちの藤村の傑作とされる『夜明け前』（一九二九—三五年）に描かれた「近代化」並びに「西洋化」を通じて失われつつある日本への想いが深く刻まれている。[*26]

「故郷」の甘美な心情世界が、「故郷」の否定なくしては成立しえなかったことが示すように、日本が日本として存続するためには、日本を否定し、棄てねばならなかった、この拭いきれぬせつなさと悲哀こそ、非西洋・日本の精神的帰結であった。つまり、近代日本が急速に遂げつつあった歴史的過程とは、それと同様の精神的負荷がともなわなければ実現しえなかった。それは近代日本の心性を論じる際、決して軽視することはできないだろう。

さらに、あらためて申すまでもなく重要なことは、たとえどれだけ日本が国家的存続のために、日本を棄てねばならずとも、日本が日本である限り、日本を棄てきることはできなかったことにある。

なぜなら、本書が扱ってきた多くのエリートがそれぞれ直面し抱え続けてきた自己矛盾が指示したものとは、ほかならぬ「西洋化」の過程で日本を否定しようとも、日本を棄てきれずにいた、否定しきれずにいたがゆえに起きた葛藤《ジレンマ》によるものであるからである。

西洋に対する劣等感も、アジアに対する優越感も、ともに表裏一体の強烈な優劣感情となって、近代日本の自己認識を支えてきたのもそれゆえである。脱亜入欧・脱欧入亜にみられる近代日本の自己規定を考えても、その激しい優劣感情ゆえのもつ独特の不安定さは如実に示されている。

言いかえれば、強烈な劣等感と強烈な優越感は、常に表裏一体となって、その心性における不安定さを安定化させようとするかのごとく均衡を取ろうとしてきた。だが、その心性の系譜にともなう不安は避けられず、また不安定さゆえの脆さも避けることはできなかった。その点で、「日本人であることの不安」とは、近代以降、決して人びとのこころから完全に消え去ることはなかったといえる。いみじくも、桑原隲蔵（一八七一―一九三一）が記すように、とてつもない繊細さと同調性を持つ一方で、時としてみられた日本の激しい攻撃性や好戦性も、すべてはこの強烈な優越感と劣等感のはざまで揺れ動く不安定さからくる脆さゆえのこととして考えていいだろう。[*27]

振幅

しかし、同時に、このような日本の不安定さこそ、近代以降、日本が幾度も経た振幅の激しさを支えた根源的エネルギーでもあったともいえるかもしれない。
事実、近代史においてかくも振幅の激しかった国があっただろうか。

極東の小さな島国に過ぎなかった日本が、国土も狭く小さく、天然資源にも欠けた東洋の一国が、半世紀も経たぬ間に「世界五大強国」の一国として名を連ねた軌跡は、まことに著しいものがあった。

さらにその後、半世紀も経たぬ間に日本は敗戦を迎え、廃墟と化した。だが、焦土と化した敗戦から日本は二〇年弱で高度経済成長を迎え、米国に次ぐ、もしくは米国さえもしのぎうる経済大国となった。日本の振幅の激しさは、近代のみならず戦後日本にもいえることだった。

約一世紀のあいだに、そのような振幅の激しさに、果たして誰が安定を見出しえたであろうか。歴史的な振幅の激しさは、必ずしもその心性に直結したものとは言い切れない。だが、人々の心性が、まぎれもなくその歴史的過程によって形成されてきたことを考えれば、近代日本の歩んできた振幅の激しさは、近代日本の心性の系譜そのものを指し示しているといっても過言ではないだろう。

現に、先述したように、明治以降の日本は、西洋に対する強烈な劣等感と、アジアに対する強烈な優越感という振り子のはざまで、自己のありかを追求してきた心性の系譜があった。

振幅の激しさに安定があるはずがない。不安とは、振幅の激しさゆえに生じるものであり、両者はともに、そして常に不可分な性質にある。そしてもしも、その葛藤こそが近代日本を支えたもっとも強い根源的なエネルギーとなったとするならば、かくも激しい振幅の歴史的過程をたどってきた近代日本の光と影をめぐる一端が浮き彫りになるのではなかろうか。

なぜなら、振幅の激しさとは、いずれの方向に向かおうとも、つねに膨大なエネルギーを要するからであり、両極端な明暗には、それだけいずれも同等の原動力があることを示しているからである。かくも振幅の激しい歴史的過程を経て、劣等感と優越感という極端な振り子のはざまを激しく行き来し続ける心性の系譜を歩み続けた道のりは、常に不安から逃れられることはなかったが、影の深さとは光の強さなくして存在しえないように、両者は決して離れることのない、不可分な、常に表裏一体にあり続ける、いわば日本の絶対値を指し示すものでもあるからである。

近代日本の振幅の激しさも、その心性に刻まれた不安も、光の強さに照らされた影の深さの両端を指し示すものであったのかもしれない。

翳り

最後に、本書で幾度も論じてきたとおり、非西洋・日本の「西洋化」は、それ自身、自己矛盾であった。それを可視化したのが変えようもない肌の色、すなわち人種的差異であった。近代日本は、この自己矛盾を抱え、振幅の激しい歴史的過程を歩んできた。その道のりには、常に光と影が表裏一体となってともに存在したが、では、人種的差異をめぐる光と影にあったのは果たしてなんであったのだろうか。人種体験を通じてエリート層が問おうとしたものとは一体なんであったのだろうか。

近代日本の人種体験の意味を考えるうえで最も重要なことは、近代日本エリート層にとっての人種体験とは、それすなわち近代を問うことにあったことにあろう。その系譜は、近代日本が「一等国」の道を歩みはじめたとされる日露戦争後も、「世界五大強国」の一国としてひとつの頂点を迎えたともされる二〇世紀初頭も、そして日本全土が焦土と化した敗戦・占領期にも、さらにはその後の経済大国と化していく戦後を通じて一貫してエリート層の人種的自己認識にみてとれることであった。

「近代化の波にまきこまれた日本人の命運」に最も深く精通し、「もっとも高度に西洋化した知識人作家」と評される夏目漱石が、渡英まで自分の肌の色が「黄色」となど思いもしなかったにもかかわらず、アングロサクソンの英国にただずむ「土気色」の自分は、「清らかに洗い濯げる白いシャツに一点の墨汁を落したる」存在であり、実に「哀れ」であったと執拗に記し続けたのも、漱石にとっての人種体験は、日本にとっての「近代化」「西洋化」、すなわち非西洋・日本の抱えた自己矛盾そのものを問うことであったからだろう。

伊東巳代治が、「我等が生れ落ちると〔き〕からの不運は、黄色の肌をしてゐることである」とベルツに説いたのも、人種偏見にとりわけ強い関心と問題意識を抱いていた大隈重信が、日本人が直面しつつあった人種問題を「憂鬱」と論じたのも、それが非西洋の「西洋化」を自らの国家的存続の運命とした近代日本の自己矛盾に直結していたからである。

そして漱石が「一点の墨汁」と記してから約三〇年後の一九三〇年代、谷崎潤一郎（一八八六―一九六五）は『陰翳礼讃』（一九三三―三四年）のなかで、日本人の肌の色を同じように記している。西洋人と日本人の肌の色にみられる差異とは、「肉色」に潜む「陰翳」にあり、日本人の肌には「どんなに白くとも、白い中に微かな翳りがある」ため、西洋人の集会に一人の日本人が「這入り込むと、白紙に一点薄墨のしみが出来たようで、われわれが見てもその一人が眼障りのように思われ、あまりいい気持がしない」。その「微かな翳り」は、どれだけ化粧をしても消すことのできぬ「皮膚の底に澱んでいる暗色」であり、「どす黒い、埃の溜まったような隈」であった。[*28]「陰翳」を通じて日本の近代化を憂いた谷崎にとっても、「黄色」の肌とは「翳り」であった。

他方、萩原朔太郎（一八八六—一九四二）は、谷崎の『陰翳礼讃』と同時期に発表した「日本の女」（一九三六年）で、「黄色」という肌色を、「陰翳」であるがゆえの美しさを論じる。萩原にとって日本女性の肌の色にみられる「あの陰影の深いクリーム色の皮膚」こそ美を決定づけるものであり、理想的な美人とは、「白色の中に少し黄色味の入つた皮膚の女」であり「あまり純白にすぎる女は、西洋人と同じく没情趣で美しくない」し、化粧した日本女性がみせる「黄と白との中間にある様々な色の微妙な美しい陰影」は繊細で「日本の女の美しさは、日本の草花の美しさと同じく、陰影が深く細やかで味が深いのである」とした。[*29]

萩原の日本女性論は、日本回帰の時代の反映ともいえるが、どれだけ美化しても「白色」と「黄色」の差異とは、「陰翳」という影だった。「黄色」という肌色の美しさは、「白色」にはみられない「陰翳」によって見出されたものの、それをいかに捉えようも「陰翳」であることには違いがなかった。そしてこの「陰翳」という概念さえ、「西洋化」と「近代化」の影響なくして生まれえなかった。ここでも「陰翳」とは、ほかならぬ非西洋・日本の「西洋化」をめぐる切実な問題と不可分にあったのである。

憂　鬱

要するに、肌の色をめぐる苦悩を問おうとしながら、彼らは近代をめぐる苦悩を問おうとしていたのであった。日本人にとって、肌の色にみられる人種的差異を問うことと、近代を問うこととは、ほぼ同じことを意味していたからである。なぜなら、日本にとって近代を論じるということは、ほかならぬ非西洋・日本の「西洋化」をめぐる自己矛盾を論じることを意味したからである。そうでなければ、日本と西洋の宗教的差異とその宿命性を人種的差異から論じた遠藤周作が「俺は永遠に黄いろく、あの女は永遠に白いのである」ことを、かくも生涯にわたり執拗に問い続けることはなかっただろう。

その遠藤にとってもみても「黄色」の肌の色は、「深い暗黄色をおびて沈んでいた」「黄濁した色」であり、「真白な葩にしがみついた黄土色の地虫」であった。

遠藤が、フランスの絵入り聖書に描かれた金髪碧眼のキリストを、「この一人の白人を消化する気力もなかった」と記し、「黄色人のぼく」にあるのは「ふかい疲れ」だけであり、「ぼくの黄ばんだ肌の色のように濁り、湿り、おもく沈んだ疲労だけ」であるとフランス人神父に述べたのも、夏目漱石が日本の「開化」を支配する「西洋の潮流」を渡ろうとしている「日本人は西洋人でないのだから、新らしい波が寄せる度に自分が其中で食客《いそうろう》をして気兼をしてゐる様な気持になる」のも、そして「日本人は西洋人でない」（夏目漱石）という変えようもない事実もそのすべてが、非西洋・日本の「西洋化」をめぐる自己矛盾を指し示していたのである。

それは戦後も変わる問題ではなかった。一九六〇年代、プリンストン大学へ二年間留学した江藤淳は、「近代化」論の矛盾を「肌の色」を用いて記している。日本にとって「近代化」は「単純な喜び」となりえない理由は「われわれは決して西洋人ではありえないことを肌の色によって知らねばならら」なかったからである、と。[*30] 日本の「近代化」は、序章で記したように、既存の教育水準の高さや商業資本の蓄積なくしては成し遂げられなかった。よって、いうまでもなく「近代化」は文字通りの純然たる「西洋化」とはなりえない面を当然もつが、西洋の権威化すなわち「西洋化」なくしてはなしえなかったことを考えれば、さらにはそれが西洋文明の受容・摂取・模倣、そして「消化」の過程であったことを考えれば、「近代化」に対する人々の意識において「近代化」と「西洋化」はほぼ同義であったといって差し支えはなかろう。

要するに、日本人エリート層にとって、人種的差異を問うこととは、それすなわち近代を問うことであり、人種的差異にまつわる「憂鬱」は、近代をめぐって日本が直面した、まぎれもない「憂鬱」を映し出していたのであった。

「肌の色」、そこに潜む「憂鬱」は明治以降、常にエリートたちについて離れぬ影のようにつきまとっていた。「肌の色」はどんなに努力をしても、逃れることも変えることもできはしない。「肌の色」という「憂鬱」は、近代日本が自己に見据えた影であり、現実だった。言いかえれば、「憂鬱」に映った「肌の色」、その「憂鬱」こそが、西洋に自己の承認を求めたがために遭遇した、自己矛盾の果てにあった日本のもうひとつの姿であった。日本を棄てられぬまま西洋に承認を求めた日本。いや、日本を棄てようとも、棄てきれないがために、生じた「憂鬱」という拭いきれないジレンマ。エリートたちの「肌の色」という人種体験は、日本が日本であるために自ら歩み選択した、「西洋化」という運命の自己矛盾を露呈することとなった。「憂鬱」とは近代日本の運命そのものを物語る系譜だったのである。

その後、「肌色」とは、日本人の人種意識を投影するかのような響きをもって浸透していった。

いうまでもなく、「肌色」という概念は同質性の極めて高い日本社会ゆえに生まれ浸透した言葉にほかならない。単一民族神話の反映ともいえるであろう。しかし、クレヨンや色鉛筆など文具における色の正式名称から「はだいろ」が消えたのは、二〇〇〇年以降のことである。

しかし、「はだいろ」が日本社会に浸透し、支持されたのは、単にそれだけではなかっただろう。なぜなら、「肌色」とは、黄色でもなく白色でもない、実に境界不明瞭で曖昧な概念であり、人種的差異の宿命性や、それまで日本が抱え続けてきた人種的自己矛盾を忘れさせるかのような響きをもち、それをひとびとが支持したであろう一面をも物語っているからである。「はだいろ」は変えようもないことは誰もが認識している現実であるからこそ、近現代日本の自尊心に関わるがゆえのある種のタブーでもあり続けた。そうであるがゆえに形成された「肌色」に見られる曖昧さが、なによりもそこに秘める言いようもない思いを指し示しているのではないか。

このような、同質性の高い日本人の人種意識にみられる曖昧さと不明瞭さをもって、多人種国家・移民国家の米国をはじめとする諸外国の抱える人種意識や人種問題などと安直に比較はできないだろう。人種をめぐる土壌も風土も社会的現実もあまりに異なる他国の事例と比べその濃淡を論じることは、西洋を基準に判断しようとする一方的なまなざしに過ぎないからである。このおぼろげで曖昧な日本人の人種意識は、その稀薄さを示すのではない。この言いようもない、しかし根深く根強く社会や人々の意識に浸透している憂鬱こそ、近代以降、日本の心性にありつづけた日本人の人種意識の本質を示しているからである。

その点で、その憂鬱は完全に消えてはいない。近代日本の光と影はともにいまもなお、せつないまでに、「肌色」の憂鬱となって、日本の心性にあり続けているのである。

＊1　文部省初等中等教育局『混血児指導記録一』一九五四年、八二頁
＊2　もともと日本には女郎屋や遊女屋など、江戸時代、来日する外国人らに非道徳極まりない性風俗と批判されながらも、その需要は減ることなく、さらに経済的理由によっては妻や娘を身売りさえした歴史をもつ日本男性の女性観からすれば、敗者の女性と勝者の男性がこのような関係にいたることは非難できる立場ではないと高崎節子は指摘する（高崎節子『混血児』同光社磯部書房、一九五二年、四六頁）
＊3　加納久朗「終戦連絡事務局次長の手記」『中央公論』一九五二年五月号、二四一頁。加納久朗（一八八六―一九六三）は銀行家で「明治四十四年東大政治科卒。横浜正金銀行に入り、カナダ、ロンドン各支店支配人を歴任。終戦当時は満支各支店の監督として北京に在った。現在、国際文化振興会理事長、国際電機取締役」（同二三六頁）
＊4　板垣直子「混血児の両親」『改造』一九五三年三月号、一六三頁
＊5　高崎節子、前掲『混血児』二〇頁
＊6　文部省初等中等教育局、前掲『混血児指導記録一』一一頁
＊7　文部省初等中等教育局『混血児指導記録二』一九五五年、一三、一四頁
＊8　文部省初等中等教育局『混血児指導記録三』一九五六年、一三二頁
＊9　文部省初等中等教育局、前掲『混血児指導記録二』一〇三頁
＊10　文部省初等中等教育局、前掲『混血児指導記録一』七九頁
＊11　文部省初等中等教育局『混血児指導記録四』一九五七年、五〇、五四頁
＊12　パンパンとの生活格差は銭湯でも明らかだった。パンパンが入るのは銭湯の御湯が最も綺麗な午後二時ごろで、パンパンたちは、「あちらの厚ぼつたい花模様などのタオルで髪を包み、これもあちらの歯ぶらしで今頃皆歯を磨いている。辺りに漂つている石鹸の香りが素敵である。皆爪立つて床の白いタオルからずつと身体を離して、如何にも潔癖げにしやがんでいる」。一方、夕食のかたづけをすませ、「主婦たちが子供をぞろ〴〵連れて来る八時頃の、あの、子供の泣き声、母親の怒鳴り声、世間話、笑い声、歌声などの大変な騒音や、不気味にくつゝきあうぬるりとした背中やお尻、そしてすえた臭いに濁つて、時には赤ん坊のうんちが浮んでたりする湯槽」だった。（高崎節子、前掲『混血児』三三、三四頁）
＊13　以上、会田雄次『アーロン収容所』中公文庫、一九七三年、一三九頁

＊14　同前、一三九、一四一頁
＊15　高崎節子、前掲『混血児』一七八、一八二、一八三頁
＊16　沢田美喜『混血児の母』毎日新聞社、一九五三年、八四、八五頁
＊17　オスヴァルト・シュペングラー著／村松正俊訳『西洋の没落』第二巻、改訂版、五月書房、一九七七年、九〇頁
＊18　梅棹忠夫『文明の生態史観』中公叢書、一九六七年、三一頁。もちろん、他国の文化・文明に対する憧憬や追随、対抗意識とは普遍的なものである。それは、古代エジプト・ギリシャ・ローマなど地中海文明にみられる模倣から、その後の欧州間の歴史・文化の随所に見受けられる優劣意識、さらに近代以降は新興国・米国の欧州に対する文化的劣等感などにもみられるわけであり、「文化意欲のあるところには、インフェリオリティ・コンプレックスがあるもの」（竹山道雄）である（『対立を超えて——日本文化の将来』養徳社、一九五〇年、七九頁）。しかし、なかでも日本は、劣等感や自尊心のありかたに潜む脆さともいえる他者依存性が著しく顕著であると思われる。そして、この脆さこそが、日本人の日本人であることに対し、常にどこかで抱いている、漠然とした不安であり、それが日本精神の中枢にあり続けているのではなかろうか
＊19　和辻哲郎ほか、前掲『対立を超えて——日本文化の将来』
＊20　以上、和辻哲郎「日本精神」梅原猛編『近代日本思想大系25　和辻哲郎集』一九七四年、筑摩書房、一八五、一八六頁
＊21　和辻哲郎ほか、前掲『対立を超えて——日本文化の将来』
＊22　吉田健一「日本人であることの不安」『日本に就て』ちくま学芸文庫、二〇一一年、一一一頁
＊23　加えて、「日本人論」「日本文化特殊論」の興隆する一因には、それだけ日本というものは曖昧さや不明瞭さをともなっているからともいえる
＊24　安田寛『唱歌と十字架——明治音楽事始め』音楽之友社、一九九三年、一六、三〇四—三〇六頁
＊25　磯田光一『鹿鳴館の系譜——近代日本文芸史誌』講談社文芸文庫、一九九一年、四九—五一頁
＊26　島崎藤村「椰子の実」『落梅集』筑摩書房、一九四九年、一二七、一二八頁
＊27　桑原隲蔵「黄禍論」『桑原隲蔵全集』第一巻、一九六八年、岩波書店、三二一—三四頁
＊28　谷崎潤一郎『陰翳礼讃』、篠田一士編『谷崎潤一郎随筆集』岩波文庫、二〇九、二一〇頁
＊29　萩原朔太郎「日本の女」『萩原朔太郎全集』第九巻、筑摩書房、一九七六年、二四八、二四九、二五一頁
＊30　江藤淳『江藤淳著作集四——西洋に就いて』講談社、一九六七年、二三三頁

あとがき

かねてより私は、日本人の自己認識や精神構造に関心を抱いていた。なかでも人種的自己認識に関して、どこか説明しがたい感情を抱く社会的空気を感じていた。

それは、多くの日本人が多かれ少なかれ持つ西洋に対する劣等感と、アジアに対する優越感とが表裏一体となった屈折した意識である。私はそれがどのように形成され、人々の心性に浸透し刻まれていったのかに興味を抱いてきた。その意識は日本社会にいかなる影響を及ぼし続けているのか、その歴史的過程を自分なりに探ってみたいと思ってきた。同時に、人間の根源的欲求と不可分にある偏見や差別意識の本質を、私は非西洋の「西洋化」を自らの運命とした近代日本の心性を通じて考察してみたかった。

人種意識とは、誰もが一度は感じたことがあるであろう生理的・本能的な感情に基づくものである。表だって語られることはなく、またそうであるからこそ拭いきれぬ情念ともいえる。私はこの人種意識を、煽情性に頼ることなく、政治外交史的側面からだけでもなく、社会・文化史的観点から描いてみたかった。人間の動物的本能や生理的感情がどれだけ人々に密接に、そして有機的に結合しているかを論じるうえでは、社会・文化史的コンテクストからのアプローチが有効であり、それこそが近代日本の人種的自己認識の特徴を考察するうえで最も有益な手段と考えたからである。

＊

本書は、二〇〇九年六月から一三年六月までかけて調査し執筆してきた書下ろし作品である。私にとっては第一作目の単著となるが、振り返れば、白戸直人氏から執筆依頼の手紙を頂いたのは二〇〇四年のことであった。筆者が日本学術振興会特別研究員（PD）の一年目を迎え、委嘱先である京都の国際日本文化研究センターと東京を行き来する生活が始まった頃のことである。それ以来、幾度も面会の機会を頂き、懇切に出版企画の励ましを頂いていた。だが、当時私は別の研究を始めていたこともあり、同時に、本研究テーマの持つある種特有の複雑さと厄介さにひとりの著者として向き合い、世に問うまでの勇気をなかなか持つことができず、原稿執筆に取りかかれずにいた。

かくも知識、経験ともに乏しい私が、白戸氏から手紙を頂き約一〇年を経て、ようやくこのように一つの作品として世に問うまでに至れたのも、諸先生方からの導き、図書館・資料館の方々のお力添え、そして実に多くの友人たちの支えによるものである。

長年にわたり私の主任指導教官を務めて下さった国際基督教大学の William Steele 先生をはじめとする歴史学科の諸先生方並びに他学科の諸先生方。国際日本文化研究センターにて受け入れ担当教官となって下さった園田英弘先生をはじめ諸先生方。ハーバード大学ライシャワー日本研究所のポストドクトラルフェローとして受け入れて下さった Theodore Bestor 先生をはじめとする諸先生方、スタッフ、同僚、ほか多くの諸先生方に感謝を申し上げたい。

また、等松春夫先生には大変な時間と労力を割いて頂き戦前・戦中・戦後の人種意識をめぐるご指導を頂いた。人種意識を捉えるには最も困難であろうこの時期を描いていながら本書に組み込めたのも、ひとえに等松先生の多大なお力添えによるものである。

資料調査に関しては、国際基督教大学図書館の方々には、執筆当初から言葉に表せぬほどの力添えと恩恵を頂いた。ほかにも法政大学図書館、青山学院大学図書館、ハーバード・イエンチンライブラリー、ワイドナーライブラリー（特に歴史調査部のFred Burchsted氏）、そして防衛研究所戦史研究センター史料室の菅野直樹主任研究官からは多くの力添えを頂いた。さらに、有形無形の力添えを下さった多くの方々、筆者を励まし支えてくれた友人たち、担当した学部・大学院講義を受講してくれた学生・院生にも感謝を申し上げたい。

あらためて申すまでもなく、本書は多くの先人の優れた研究に支えられている。心から敬服する諸先生方の研究と教えに深く感謝したい。とりわけ、平川祐弘先生の『和魂洋才の系譜――内と外からの明治日本』から私は、近代日本の精神構造に強い関心を抱く、大きなきっかけを得た。このことに自らを振り返る意味でも触れておきたい。

＊

本書の企画書を作成し始めたのは二〇〇九年四月、博士課程在学中の頃から本書テーマの研究を強く支持し、ご指導下さっていた園田英弘先生が亡くなられてから二年後のことである。園田先生が二〇〇七年四月にこの世を去られたことは、言葉に表せぬものがあった。翌年、私が渡米したのも、生前師から受けた進言によるものであり、中公叢書から一作目を出版させて頂くことを志したのも、師から受けた学恩に、わずかながらでも報いることができればという思いによる。その間、かなしみが離れたことは一度たりともない。だが、いささか逆説的ではあるが、あれだけのかなしみがなければ、渡米の決意も、本書執筆の覚悟もつかなかっただろう。生前、未熟な私に対し、自分の力を信じるように、と園田先生は常に励まして下さっていたが、師は、その不在をもって、私にそれを教えて下さろうとしたのだと思う。ここまで導いて下さった師に、あらためて心から感謝の意を捧げたい。

そして、本書の調査・執筆を始めた二〇〇九年から丸四年間、白戸氏には幾度もの拙稿のやりとりを重ねて下さり、大変な労力と時間を割いて頂いた。申すまでもなく、本書は、白戸氏のお力添えなくしては生まれえなかった。はじめにお手紙を頂いてから一〇年の月日を経て、私の長年の憧れである中公叢書から刊行を実現できたのも、ひとえに白戸氏のおかげに他ならない。実に長い間、辛抱強く伴走し続けて下さった白戸氏に心からの謝意を申し上げたい。

＊

最後に両親に感謝を述べたい。本を執筆することは、私の幼少の頃からの夢であり続けた。その夢を実現させてくれたのはまぎれもなく両親である。あまりにも優れた両親に対し、私は心配や迷惑ばかりかけてきたが（それはいまでも変わらないが）、私がこの世に生を享けたのも、そして拙いながらも私にとってひとつの大きな夢を叶えることができたのも、それはひとえに両親の愛情によるものである。

このような最愛の両親とめぐりあえた最大の幸運に感謝し、筆を擱きたい。

二〇一四年　春を迎えつつある米国マサチューセッツ州ケンブリッジにて

眞嶋亜有

眞嶋亜有（まじま・あゆ）

明治大学国際日本学部専任講師。
1976（昭和51）年東京都生まれ。2004年国際基督教大学大学院比較文化研究科博士課程修了。学術博士。日本学術振興会特別研究員、ハーバード大学ライシャワー日本研究所ポストドクトラル・フェロー、法政大学、国際基督教大学講師などを経て、2015年4月から明治大学国際日本学部専任講師着任予定。専門は近現代日本社会・文化史、比較文化論。
論文
「黄色人種という運命の超克――近代日本エリート層の〈肌色〉をめぐる人種的ジレンマの系譜」（栗山茂久、北澤一利編『近代日本の身体感覚』青弓社、2004年）所収
“Skin Color Melancholy in Modern Japan” Rotem Kowner and Walter Demel eds, *Race and Racism in Modern Asia: Western and Eastern Constructions.* Brill in Leiden（2012） 他多数

「肌色《はだいろ》」の憂鬱《ゆううつ》――近代《きんだい》日本《にほん》の人種《じんしゅ》体験《たいけん》

〈中公叢書〉

著 者 眞 嶋 亜 有

2014年7月10日 初版発行
2015年10月20日 3版発行

発行者 大 橋 善 光

発行所 中央公論新社
〒104-8320 東京都中央区京橋2-8-7
電話 03-3563-1431（販売）
03-3563-3664（編集）
URL http://www.chuko.co.jp/

印刷・製本 共同印刷

Published by CHUOKORON-SHINSHA, INC.
Printed in Japan ISBN978-4-12-004627-8 C1021
定価はカバーに表示してあります。

中公叢書既刊より

大停滞の時代を超えて　山崎正和著

人類の文明史を一貫した流れとして捉える壮大な歴史理解を踏まえ、人びとが閉塞感に苛だちがちな現在、目の前に起こりつつある事象の本質を解き明かし、時代への指針を示す評論集。

最後の岸田國士論　大笹吉雄著

岸田戯曲賞に名を残す岸田國士とは何者か。その多くの遺作群が上演されるたびに話題になるのはなぜか。真の岸田像を提出する画期的評伝。

芸術選奨文部科学大臣賞受賞

海軍戦略家　マハン　谷光太郎著

「海上権力史論」「海軍戦略」などにより、日本をはじめ近代の海軍に大きな影響を与え、軍人・歴史家・戦略研究家でもあった巨人の思想と生涯を第一級史料から描く決定版評伝。

イタリアン・セオリー　岡田温司著

特異な歴史性をまとうイタリアは現代思想に独特の介入を続けてきた。具体的な問題に関心が向かい、生政治、神学の世俗化、否定の思考等をめぐる強力な思考が繰り広げられている。

能を考える　山折哲雄著

「判官びいき」とは？　「翁」とは誰か？　谷崎、折口、和辻、柳田などの研究を手掛かりに能に潜む精神性をみつめ直し、世阿弥の企図や芸能の原点・伝承について新たな視点で問い直す。